『합부금광명경』권3

석독구결의 해독과 번역

『합부금광명경』 권3
석독구결의 해독과 번역

장경준 외

역락

　이 책은 청주고인쇄박물관에 소장된 고려시대 불경 자료인 『합부금광명경(合部金光明經)』 권3에 기입된 두 종류의 석독구결에 대해 판독안과 해독안을 기록하고, 그 중 점토석독구결에 근거한 현대 한국어 번역문과 기존의 한글대장경 번역문을 나란히 제시하여 서로 비교해 볼 수 있도록 한 것이다.

　석독구결은 한문을 우리말로 풀어 읽을 수 있도록 한문 원문에 토(吐)를 달아놓은 것인데 토를 달 때 한자를 바탕으로 만든 구결자를 이용하는가, 점이나 선 모양의 구결점을 이용하는가에 따라 자토(字吐)와 점토(點吐)의 두 종류로 구분된다. 자토구결과 점토구결은 문자 체계와 현토 방식을 달리하는 독자적인 것이어서 이 둘은 기본적으로 서로를 필요로 하지 않는다.

　그런데 『합부금광명경』 권3에는 특이하게도 자토와 점토가 모두 기입되어 있다. 이것은 이 자료의 한문 원문에 두 가지 번역문이 겹쳐져 있는 것과 마찬가지다. 실제로 이 문헌은 1994년에 처음 자토구결 자료로 보고되고 연구되다가 2004년에 점토의 존재가 발견되면서 비로소 점토구결 자료로도 연구되기 시작하였고, 현재 두 가지 유형의 석독구결이 함께 기입된 유일한 자료로 주목받고 있다.

　『합부금광명경』 권3에서 점토가 발견된 직후 당시 소장 연구자들의 연구 모임에서 이 자료의 점토구결을 중심으로 세 차례(2004년, 2005년, 2008년)에 걸쳐 공동 연구를 진행하였다. 하지만 이 때에는 1996년에 보급된 흑백 복사본과 2004년에 임시로 촬영된 사진 1종만을 가지고 판독을 진행할 수밖에 없는 한계가 있었다. 그러다 2019년 초에 당시 구결학회 임원진(회장 권인한, 부회장 장윤희, 김성주, 총무이사 이용)이 소장처와 교섭하여 연구용 사진 2종을 추가 확보하고 한국연구재단의 공동 연구 지원 사업에도 선정되어 연구의 전환점을 마련하게 되었다.

　그리하여 학회 차원에서 구성된 연구진은 3년여에 걸쳐 앞선 공동 연구의 성과를 기반으로 새로 확보한 사진 자료까지 최대한 활용하여 『합부금광명경』권3의 석독구결을 세밀하게 관찰, 분석하고 여기에 기입된 자토와 점토에 대한 판독 및 해독안을 정밀하게 다듬어 왔다. 그리고 복사본과 사진으로는 확인이 어려워 판독안에 '원본 실사 필요'로 메모해 놓은 부분을 중심으로 두 차례(2021년, 2023년) 원본을 실사하여 기존 판독안의 상당 부분을 수정 보완하였다. 또한 자체 세미나와 워크숍을 통해 판독 및 해독 과정에서 문제가 되는 부분에 대한 집중적인 검토와 더불어 다양한 개별 연구 주제에 대한 발표와 토론을 진행하였다. 이와 같이 진행되어 온 이번 공동 연구의 핵심 결과물이 바로 이 책이다.

이 책의 본문은 그동안 석독구결 자료의 판독 및 해독안을 공표할 때 사용하여 온 체재를 준용하여 구성하였다. 먼저 『합부금광명경』권3의 자토구결에 대한 판독안(P)과 해독안(Q)을 제시하고, 다음으로 점토구결에 대한 판독안(A)과 판독된 구결점의 대응 구결자 변환 표기(B)와 해독안(C)을 제시하고, 이어서 점토구결 해독안에 의거한 현대 한국어 번역문(D)과 해당 부분의 한글대장경 번역문(E)을 제시하고, 마지막으로 이 불경의 또 다른 한역본인 『금광명최승왕경(金光明最勝王經)』의 해당 부분에 대한 한문 원문과 현대어역(N)을 참고 자료로 제시하였다.

이를 통해 중국에서 『합부금광명경』이라는 이름으로 한역한 불경의 한문을 고려에서 당시 한국어로 번역하여 읽은 실상을 자토석독구결과 점토석독구결의 두 가지 양식으로 기록한 13세기 후반 자료의 구체적인 모습을 현대 연구자의 시각에서 객관적으로 기록하고, 한역된 불경 원문의 동일한 부분이 고려시대 석독구결 현토자와 현대의 역경원 번역자에게 각각 어떻게 이해되고 번역되었는지 비교해 볼 수 있도록 하였다.

한문 원문에 석독구결이 기입된 모습을 확인할 수 있는 가장 좋은 현실적인 방법은 원본을 정밀하게 촬영한 사진을 확대하여 보는 것이다. 제시된 판독안이 과연 올바로 기록된 것인지 검증하기 위해서도 사진 영인본의 확인은 꼭 필요하다. 그래서 이 책을 기획하면서 애초에는 석독구결의 판독 및 해독안과 더불어 해당 부분의 전체 사진을 나란히 볼 수 있도록 준비하였다. 그러나 소장처와의 협의 과정에서 독자의 이해를 위해 꼭 필요한 부분에 한하여 제한적으로 사진을 싣는 쪽으로 방침이 바뀌어 현재와 같은 구성이 되었다.

그리고 이 책의 부록으로는 『합부금광명경』 권3의 점토구결에 사용된 구결점의 사용 빈도와 해독 결과를 알기 쉽게 그림으로 요약한 점도(點圖)와 연구진 구성원들이 이 자료에 대해 연구한 결과를 발표한 개별 논문의 요약문을 실었다. 독자들은 이 논문들을 통해 『합부금광명경』 권3에 대한 전반적인 소개와 최신 연구 성과를 엿볼 수 있을 것이다.

그동안 어려운 여건 속에서도 묵묵히 성실하게 공동 연구에 참여하여 온 연구진 구성원 여러분의 노고에 깊이 감사드린다. 아울러 가까이 혹은 멀리서 우리 연구진을 격려해 주시고 응원해 주신 구결학회 회원 여러분과 이 책의 편집과 출간을 맡아주신 도서출판 역락의 선생님들께도 두 손 모아 감사의 말씀을 드린다.

2023. 10.

연구진을 대표하여 장경준 삼가 씀

〈일러두기〉

?: 구결점인지의 여부가 분명치 않음.

{ }: 판독된 구결점이나 부호를 해독에 반영하기 어려움.

-각: 각필로 기입되어 있음.

-복: 각필과 묵서로 기입되었는데 위치가 겹쳐 있음.

-잡: 각필과 묵서로 기입되었는데 위치가 근접해 있음.

-잡+: 각필과 묵서로 기입되었는데 위치가 멀리 떨어져 있음.

　※이 자료에는 일반적인 구결자와 달리 아주 가는 세필로 기입된 구결자들이 있다. 이것들은 자토구결보다 점토구결과 더 직접적인 관련이 있는 것으로 보인다. 따라서 잠정적으로 이들의 판독 결과는 점토구결을 기록하는 Ⓐ에서 [구결자]로 기록하였다.

　※이 자료의 2004년 사진본에는 기술적인 문제로 렌즈에 묻은 티끌이 마치 검은 점처럼 보이게 촬영된 부분이 있다. 하지만 원본에 없는 것이 분명하므로 판독안에 반영하지 않았다.

Ⓑ: 점토구결의 점토-자토 대응 표기

　※Ⓐ를 바탕으로 하되 판독된 구결점 각각에 대해 그에 대응하는 구결자로 표기하였다.

　※대응 관계가 분명하지 않은 경우에는 'X'(전체)나 'x'(부분)로 표시하였다.

　※해독에 반영하기 어려워 '{ }'로 표시한 요소나 구결점이 아닌 부호 등은 반영하지 않았다.

Ⓒ: 점토구결 해독안

　※Ⓑ를 바탕으로 하되 문장 성분을 한국어 어순으로 재배치하고 띄어쓰기를 추가하였다. 또한 부독자와 전훈독자에 '{ }'를 표시하여 자토구결과 같은 형식의 구결문으로 재구성하였다.

　※점토의 해독 결과를 자토로 표기한 Ⓑ와 Ⓒ에 각각 제시된 구결자들은 부분적으로 일치하지 않을 수 있다. 가령 Ⓐ에서 '45(/)'로 기록된 것은 Ⓑ에서 'ㆍ ㅣ ㅅ ㄷ'로 표기되는데, 이것이 Ⓒ에서는 환경에 따라 'ㆍ ㅣ ㅅ ㄷ', 'ㅔ ㅣ ㅅ ㄷ', 'ㅣ ㅅ ㄷ' 등으로 표기될 수 있다.

Ⓓ: 석독구결문에 의거한 현대 한국어 번역

　※Ⓒ를 바탕으로 하여 석독구결문의 어순과 어휘가 가능한 한 충실히 반영될 수 있도록 현대 한국어로 번역하였다.

Ⓔ: 한문 원문에 의거한 현대 한국어 번역

　※한글대장경에 수록된 동국대학교 역경원의 번역문을 인용하였다.

Ⓝ: 『金光明最勝王經』의 해당 부분 신수대장경 원문 입력 자료

　※괄호 안에는 동국대학교 전자불전연구소에서 제공하는 현대 한국어 번역문을 인용하였다.

목차

合部金光明經卷第三

合部金光明經卷第三[1]

隋大興善寺沙門釋寶貴合

陀羅尼寂淨地品第六[2]

梁三藏眞諦譯

[P]: 是時 師子相無礙光焰菩薩。與無量億衆 從座俱起。偏袒右肩 右膝著地。合掌恭敬 頂禮佛足。以種種華香寶幢幡蓋。以爲供養 而作是言。

[E]: 이때 사자상무애광염(師子相無礙光焰)보살이 한량없는 억의 대중과 자리에서 함께 일어나 오른 어깨를 드러내고 오른 무릎을 꿇고 합장하여 공경하며 부처님 발에 머리숙여 예배하며 가지가지 꽃과 향·보배·당기·번기와 일산을 가지고 공양하며 이렇게 말하였다.

[N]: 爾時。師子相無礙光焰菩薩。與無量億衆。從座而起。偏袒右肩 右膝著地。合掌恭敬 頂禮佛足。以種種花香寶幢幡蓋。而供養已 白佛言。

(그때 사자상무애광염보살이 한량없는 억 대중과 함께 자리에서 일어나 오른 어깨를 드러내고 오른 무릎을 땅에 대고 합장 공경하여 부처님 발에 정례(頂禮)하고 온갖 꽃, 향, 보배로 된 당기[幢]와 번기[幡]와 일산[蓋]으로 공양을 올리고 난 뒤에 부처님께 여쭈었다.)

---

1 제1장은 落張이다. 따라서 제1장은 한문 원문과 해당 부분의 역경원 번역만 제시한다.

2 재조본 고려대장경 인본 『合部金光明經』의 권두 표기는 다음과 같다. "合部金光明經卷第三 塲(함차)// 隋三大興善寺沙門釋寶貴合/陀羅尼最淨地品第六 梁三藏眞諦譯" 그리고 『金光明最勝王經』의 해당 부분 권두 표기는 신수대장경 입력본을 기준으로 다음과 같다. "金光明最勝王經卷第四// 大唐三藏沙門義淨奉　制譯// 最淨地陀羅尼品第六"

P: 以幾因緣 得菩提心。何者是菩提心。世尊。於菩提者。現在心不可得 未來心不可得 過去心不可得。離菩提者。菩提心 亦不可得。菩提者 不可言說。心者 亦無色無相。無事無業 非可造作。眾生者 亦不可得 亦不可知。

E: "어떤 인연으로 보리심을 얻으며, 무엇이 보리심입니까? 세존이시여, 보리에서는 현재의 마음도 얻지 못하고 미래의 마음도 얻지 못하고 과거의 마음도 얻지 못하며 보리를 떠나서도 보리심을 또한 얻지 못합니다. 보리란 말로도 할 수 없으며 마음 역시 빛깔[色]도 없고 모양도 없고 일도 없고[無事] 업도 없고[無業] 만들어 낼 수 있는 것도 아닙니다. 중생도 또한 얻을 수 없고 또한 알 수 없습니다.

N: 世尊。以幾因緣。得菩提心。何者是菩提心。世尊。卽於菩提 現在心不可得。未來心不可得。過去心不可得。離於菩提 菩提心 亦不可得。菩提者 不可言說。心亦無色無相。無有事業。非可造作。眾生亦不可得。亦不可知。
("세존이시여, 얼마만한 인연으로 깨달음의 마음을 얻으며, 무엇이 깨달음의 마음이옵니까? 세존이시여, 깨달음과 즉(卽)하여도 현재의 마음으로는 얻을 수 없고, 미래의 마음으로도 얻을 수 없고, 과거의 마음으로도 얻을 수 없사오며, 깨달음을 여의고도[離] 깨달음의 마음은 또한 얻을 수 없습니다. 깨달음이라는 것은 말로 할 수 없고, 마음도 빛깔도 없고, 모양도 사업(事業)도 없으니, 조작된 것도 없습니다. 중생도 또한 얻을 수 없으며, 알 수도 없습니다.)

P: 世尊。云何 諸法甚深之義 而可得知。

E: 세존이시여, 그런데 어떻게 모든 법의 매우 깊은 뜻을 얻어 알 수 있습니까?"

N: 世尊。云何 諸法甚深之義。而可得知。
(세존이시여, 어떻게 하여야 모든 법의 매우 깊은 뜻을 알 수 있겠나이까?")

P: 佛言。善男子。菩提祕密 事業造作 不可得知。離菩提 菩提心 亦不可得。菩提者 不可言說。心亦無相。眾生亦不可得知。

E: 부처님께서 말씀하셨다. "선남자여, 보리는 비밀하여서 일이나 조작 따위로는 알 수 없다. 보리를 떠나서도 보리심을 또한 얻을 수 없다. 보리란 말로 할 수도 없으며

마음 또한 모양이 없고 중생이란 것도 또한 얻어 알지 못한다.

N: 佛言。善男子。如是如是。菩提微妙。事業造作 皆不可得。若離菩提 菩提心 亦
不可得。菩提者 不可說。心亦不可說。無色相 無事業。一切衆生 亦不可得。
(부처님께서 말씀하셨다. "선남자야, 그렇고 그러하니라. 깨달음은 미묘하여 사업
도 조작(造作)된 것도 다 얻을 수 없느니라. 만일 깨달음을 여의면 깨달음의 마음도
또한 얻을 수 없다. 깨달음은 말할 수 없고, 마음도 역시 말할 수 없느니라. 빛깔과
모양도 없고 사업도 없으며, 온갖 중생도 얻을 수 없느니라.)

P: 何以故。如意 心亦如是。如心 菩提亦如是。如心 如菩提。衆生亦如是。如衆生
一切三世法 亦如是。

E: 왜냐 하면, 뜻과 같이 마음도 또한 이와 같고 마음과 같이 보리도 또한 이와 같으며
마음이나 보리와 같이 중생 또한 이와 같으며 중생과 같이 일체 삼세(三世)의 법도
또한 이와 같다."

N: 何以故。菩提及心 同眞如故。能證所證 皆平等故。非無諸法而可了知。
(왜냐 하면 깨달음과 마음은 진여(眞如)와 같기 때문이며, 증득하는 것[能證]과 증
득되는 것[所證]이 모두 평등하기 때문이다. 그러나 모든 법은 알 수 없는 것이 아
니니라.)

P: 佛言。善男子。如是 菩薩摩訶薩得名。是心通一切法。是說菩提菩提心。菩提非
過去 非未來 非現在。心亦如是。衆生亦如是。於如此中 亦不可得。

E: 부처님께서 말씀하셨다. "선남자여, 이와 같이 보살마하살의 이름을 얻으며 이 마
음이 일체법에 통한다. 이에 보리와 보리심을 설하나 보리는 과거도 아니요, 미래
도 아니요, 현재도 아니다. 마음도 또한 이와 같고 중생도 또한 이와 같으나 이와 같
은 가운데서도 또한 얻지 못한다.

N: 善男子。菩薩摩訶薩 如是知者。乃得名爲通達諸法。善說菩提及菩提心。菩提心
者。非過去 非未來 非現在。心亦如是。衆生亦如是。於中二相 實不可得。
(선남자야, 보살마하살이 이렇게 아는 이는 곧 모든 법에 통달하여 깨달음과 깨달

음의 마음을 잘 말한다고 이름하리라. 깨달음의 마음은 과거도 아니요, 미래도 아니요, 현재도 아니다. 마음도 또한 이와 같고, 중생도 이와 같다. 이 중에서 두 모양을 실로 얻을 수 없느니라.)

P: 何以故。一切法無生故。菩提不可得 菩提名不可得。眾生眾生名不可得。聲聞聲聞名不可得。緣覺緣覺名不可得。菩薩菩薩名不可得。佛佛名不可得。行非行不可得。行非行名不可得。於一切寂靜法中 而得安住。依一切功德善根 而得發出。是名初發菩提心。

E: 무슨 까닭인가? 일체의 법은 생김이 없으므로 보리를 얻지 못하고, 보리라는 이름도 얻지 못하고, 중생과 중생이란 이름도 얻지 못하고, 성문과 성문이란 이름도 얻지 못하고, 연각이나 연각이란 이름도 얻지 못하고, 보살이나 보살이란 이름도 얻지 못하고, 부처님이나 부처님의 이름도 얻지 못하고, 행(行)과 행이 아님[非行]도 얻지 못하고, 행과 행이 아니라는 이름도 얻지 못한다. 일체의 고요한 법 가운데서 편안히 머무르며 일체 공덕의 선근에 의하여 일으켜 나오나니, 이것을 처음 발하는 보리심이라 한다.

N: 何以故。以一切法皆無生故。菩提不可得。菩提名亦不可得。眾生眾生名不可得。聲聞聲聞名不可得。獨覺獨覺名不可得。菩薩菩薩名不可得。佛佛名不可得。行非行不可得。行非行名不可得。以不可得故。於一切寂靜法中。而得安住。此依一切功德善根。而得生起
(왜냐 하면 온갖 법은 모두 생겨남이 없기[無生] 때문이다. 깨달음은 얻을 수 없고, 깨달음이라는 이름도 얻을 수 없고, 중생과 중생이라는 이름도 얻을 수 없고, 성문과 성문이라는 이름도 얻을 수 없고, 독각과 독각이라는 이름도 얻을 수 없고, 보살과 보살이라는 이름도 얻을 수 없고, 부처와 부처라는 이름도 얻을 수 없고, 바른 행과 그른 행도 얻을 수 없고, 바른 행과 그른 행이라는 이름도 얻을 수 없느니라. 가히 얻을 수 없는 까닭에 온갖 고요한 법 가운데서 편히 머무름을 얻으며, 이 온갖 공덕선근에 의하여 나옴[生起]을 얻느니라.

P : (是名初發菩提心譬如寶須彌)山王ᆞ是乙名下檀波羅蜜因灬ノ才ぅ

Q : (是名初發菩提心 譬 寶須彌)山王 (如) 是乙 名下 檀波羅蜜因灬ノ才ぅ

A : (是名初發菩提心 譬如寶須彌)山王[+45(·.),11~21(··)#21(·.)³,구결자(ᶹ白ぅ 또는 ᶹㅁぅ)⁴]是[34(·)]名[54(·)]檀波羅蜜因[53(·),+55(·.)?-잡+?]⁵

B : (是名初發菩提心 譬如寶須彌)山王[xアㅅ乙,X]是[乙]名[下]檀波羅蜜因[灬,ノ才ぅ]

C : (是名初發菩提心 譬 寶須彌)山王 (如)xアㅅ乙X⁶ 是乙 名下 檀波羅蜜因灬ノ才ぅ

D : (①이것을 이름하여 처음 발하는 보리심이라 한다.) 비유하면 寶須彌山王과 같이 되니 이것을 일컬어 檀波羅蜜因이라고 하며

E : (이것을 이름하여 처음 발하는 보리심이라 한다.) 비유하면 보배로 된 수미산과 같으니 이것을 보시바라밀의 인(因)이라 한다.

N : 善男子。譬如寶須彌山王 饒益一切。此菩提心 利衆生故。是名第一布施波羅蜜因。

（선남자야, 마치 보배 수미산왕이 온갖 것을 이익케 하는 것과 같이, 이 깨달음의 마음도 중생을 이롭게 하기 때문에 이것을 제1 보시바라밀의 인(因)이라고 이름한다.）

---

3 11~21(··)#21(·.)의 유일례이다. 대응되는 자토는 없고 세필로 'ᶹ白ぅ' 또는 'ᶹㅁぅ'가 기입되어 있다.(▶ 55페이지 ①번)

4 세필로 기입된 구결자는 'ᶹ白ぅ' 또는 'ᶹㅁぅ'로 판독 가능하다. 원본 실사 결과 'ᶹ'의 오른쪽 획에서 떨어진 획처럼 보이는 것은 먹흔임은 분명하나 매우 가늘어서 구결자의 자획 일부로 보기는 어렵다. 두 번째 구결자를 'ㅂ'으로 보지 않고 'ㅁ'로 보는 견해는 성우철(2023) 참고.

5 +55(·.)의 왼쪽 묵점과 각필점만이 확인된다. 그러나 반복되는 동일한 환경에서 예외 없이 역사향쌍점이 현토되었기 때문에 역사향쌍점으로 잠정 판독하였다.(▶55페이지 ②번)

6 11~21(··)의 위치가 단점의 'ぅ'에 대응되는 점과 세필로 기입된 'ᶹ白ぅ'의 존재 등을 고려하여 'ᶹ白ぅ'로 해독할 가능성이 있다. 이때 '-ぅ'는 '幻化ぅ 幻化セ 衆生乙 見卜ぅ 名ぅ 幻諦ミ丶ノㅋㅣぅ〈구인15:08〉', '幻化ぅ丷ㅣぅ 幻化乙 見卜ぅ 衆生ㅋノㅣ乙[火] 名ぅ 幻諦ミ丶ノㅋㅣぅ〈구인15:08난상〉'와 같이 연결어미 '-오'로 파악할 수 있고, '是 如ㅊ 第五心ㅣ 上セ 種種セ 功德法藏ぅ十 猶ㅣ 滿足丷ア 未ㅣㅅセ ノ 是乙 名下 禪波羅蜜因灬ノ才ぅ〈금광02:07-08〉'에서 관찰되는 '-ノ'도 참고할 수 있다.

<금광3, 02:01-02>

P : 第二發心ㄱ 譬ㅅㄱ 如[ㅊ ㆍ ㅛㄱㅅ ㅡ]大地ㅣㅣ持[尸 ㆍ]一切(法)事ㅡノ尸乙 ㆍ 故ノ 是乙 名下尸波羅蜜因ㅡノㅋㅎ

Q : 第二 發心ㄱ 譬ㅅㄱ 大地ㅣㅣ 一切 (法)事ㅡノ尸乙 持尸 如ㅊ ㆍ ㅛㄱㅅ ㅡ 故ノ 是乙 名下 尸波羅蜜因ㅡノㅋㅎ

A : 第二發心[33(·)]譬[23~33(·)]如大地[22~32(·)]持一切[7](法)事[53(·),=+35(\)#35(\)]故[43(|),21(·)]是[34(·)]名[54(·)]尸波羅蜜因[53(·),+55(·.)]

B : 第二發心[ㄱ]譬[ㅅㄱ]如大地[ㅣㅣ]持一切(法)事[ㅡ,ノ尸乙]故[ㅛㄱㅅ ㅡ,ノ]是[乙]名[下]尸波羅蜜因[ㅡ,ノㅋㅎ]

C : 第二 發心ㄱ 譬ㅅㄱ 大地ㅣㅣ 一切 (法) 事ㅡノ尸乙 持(尸) 如(ㅊ ㆍ)ㅛㄱㅅ ㅡ 故ノ 是乙 名下 尸波羅蜜因ㅡノㅋㅎ

D : ②第二 發心은 비유하면 大地가 一切 法이니 事이니 하는 것을 지니는 것과 같은 까닭으로 이것을 일컬어 尸波羅蜜因이라 하며

E : 두 번째 발심이란 비유하면 대지와 같이 일체법의 일을 가진 까닭이라 이것을 지계[尸]바라밀의 인이라 이름한다.

N : 善男子。譬如大地持衆物故。是名第二持戒波羅蜜因。
(선남자야, 마치 대지(大地)가 모든 물건을 가지고 있는 것과 같기 때문에 이것을 제2 지계바라밀의 인이라고 이름한다.)

<금광3, 02:02-04>

P : 譬如[ㅊ]師子ㅣㅣ(臆長毫)獸ㆁ七 王ㅣㅣ四 有[ㅓㅎ]大神力 ㆍ [8]獨步ノ尸ㅿ 無[ㅎ]畏ノ尸 ㆍ 無[ㅎ ㆍㄱ]戰怖ノ尸 (如是第)三心乙 說ㆁ[9]羼提波羅蜜因ㅡノㅋㅎ

7　재조대장경에는 '一切'가 '一一'로 되어 있다.(第二發心譬如大地持一一法事故)

8　이 역독점부터 구결자의 굵기가 (보통의 경우보다) 굵어지고 있다.(▶55페이지 ③번)

9　먹이 다른 구결자에 비해 무척 흐리다. 나중에 기입해 넣은 것일 가능성이 있다.(▶55페이지 ④번)

Q: 譬 師子 リ (臆 長毫) 獸 氵 七 王 リ 罒 大神力 {有} 屮 氵 獨步 ノ ア ム 畏 ノ ア 無 氵 戰

怖 ノ ア 無{有} 氵 丷 ヿ 如 ㅊ (是 如 第)三心 乙 說 氵 羼提波羅蜜因 ㅡ ノ 才 ゟ

A: 譬[23~33(·)]如[역독선(우하향)]師子[22~32(·)](臆長毫)獸[42(·)]王[22~32(·),32(·),

구결자(リ)]有[10]大[11]神[합부]力[22~23(·),35(·)]獨步[+13(\)]無畏[+15~25(-),35(·)]

無有戰怖[+15~25(-),35(·),11(/)](如是第)三心[34(·)]說[22(·)]羼提波羅蜜因

[53(·),+55(·.)]

B: 譬[ㅅ ヿ]如師子[リ](臆長毫)獸[七]王[リ,罒]有大神力[屮,氵]獨步[ノ ア ム]無畏[ノ

ア,氵]無有戰怖[ノ ア,氵,丷 ヿ ㅊ](如是第)三心[乙]說[氵]羼提波羅蜜因[ㅡ,ノ 才 ゟ]

C: 譬ㅅ ヿ 師子 リ (臆長毫) 獸(氵)七[12] 王 リ 罒 大神力 {有} 屮 氵 獨步 ノ ア ム 畏 ノ ア

無 氵 戰怖 ノ ア 無{有} 氵 丷 ヿ 如 ㅊ (是 如 第)三 心 乙 說 氵 羼提波羅蜜因 ㅡ ノ 才 ゟ

D: ③비유하면 師子가 臆長毫한 것은 獸의 왕이라, 大神力을 지니고, 홀로 걷되 두려

워함 없고, 두려워 떪이 없고 한 것같이, 이와 같이 第三 心을 일러 羼提波羅蜜因이

라 하며

E: 비유하면 사자는 가슴에 긴 털이 있으며 짐승의 왕으로 큰 신통력이 있어 홀로 다

녀도 두려움이 없고 싸움의 공포도 없는 것과 같으니, 이와 같이 세 번째의 마음은

인욕바라밀의 인을 설한다.

N: 譬如師子有大威力。獨步無畏離驚恐故。是名第三忍辱波羅蜜因。

(마치 사자가 큰 위력이 있어 혼자 걸어서 두려움 없는 것처럼, 놀라고 무서움을 여

의었기 때문에 이것을 제3 인욕바라밀의 인이라고 이름한다.)

<금광3, 02:04-06>

P: 譬ㅅ ヿ 如[ㅊ]風輪 ヿ 那(羅延力勇壯)速疾 丷 ヿ 如[ㅊ]是 、 第四心 リ 不[灬 丷 氵 ㅊ ヿ ㅅ

---

10 '有'자와 '大'자 사이에 수직 방향의 선을 그었다가 지운 흔적이 있으며, '有'자의 오른쪽 아래에 글씨를 썼
다가 지운 흔적이 있다.(▶56페이지 ⑤번)

11 '大'자와 '神'자 사이에 수직 방향의 선을 그었다가 지운 흔적이 있다.(▶56페이지 ⑥번)

12 6장 16행의 '獸 氵 七'을 참고하여 (氵)를 보충하였다.

[᠁]退轉ッア、故[13](一?)[14]是乙(名毗梨耶波)羅蜜因一ノチゟ

Q: 譬入ㄱ 風輪ㄱ 那(羅延 力 勇壯) 速疾ッㄱ 如ㅊ 是 如ㅊ 第四心リ 退轉ッア 不冬
ッㄱ入一 故ノ 是乙 (名 毗梨耶波)羅蜜因一ノチゟ

A: 譬[=23~33(·)]如[역독선(좌하향)]風輪[33(·)]那(羅延力勇壯)速疾[11(/)]如是[11(·)]
第四心[22~32(·)]不退[합부]轉[15~25(-),43(∥)]故[21(·)]是[34(·)](名毗梨耶波)羅蜜
因[53(·),+55(·)]

B: 譬[入ㄱ]如風輪[ㄱ]那(羅延力勇壯)速疾[ッㄱㅊ]如是[ㅊ]第四心[リ]不退轉[ア,ㅗ
ㄱ入一]故[ノ]是[乙](名毗梨耶波)羅蜜因[一,ノチゟ]

C: 譬入ㄱ 風輪ㄱ 那(羅延 力 勇壯) 速疾ッㄱ 如ㅊ 是 如ㅊ 第四 心リ 退轉(ッ)ア 不
(ッ)ㅗㄱ入一 故ノ 是乙 (名 毗梨耶波)羅蜜因一ノチゟ

D: ④비유하면 風輪은 那羅延의 力이 勇壯 速疾한 것같이, 이와 같이 第四 心이 退轉
하지 않는 까닭으로 이것을 일컬어 毗梨耶波羅蜜因이라 하며

E: 비유하면 풍륜(風輪)이나 나라연(那羅延) 역사가 용감하고 씩씩하며 빠른 것처럼
이와 같이 네 번째의 마음은 물러서거나 뒤바뀌지 않으니 이것을 정진바라밀의 인
이라 한다.

N: 譬如風輪那羅延力。勇壯速疾心不退故。是名第四勤策波羅蜜因。
(마치 풍륜(風輪)에 있는 나라연(那羅延)이 힘이 세고 씩씩하고 빠른 것처럼 마음
이 물러나지 않기 때문에 이것을 제4 근책(勤策)바라밀의 인이라고 이름한다.)

<금광3, 02:06-08>

P: 譬如[ㅊ]七寶樓觀ㇱㅣ有[ㅌㅣㄱ乙]四階道、淸涼之風リ來ッㇱ♣吹[ア乙]四門
乙、如[ㅊ]是、第五心リ上ㅌ種種ㅌ功德法藏ㇱㅓ猶リ未[リㅗㅌノ]滿足ッア、

---

13 재조대장경에는 '故'자가 없다.(第四心不退轉是名毗梨耶波羅蜜因)

14 [교감] 이것이 구결자가 확실하다면 자형 상으로는 오히려 '一'에 더 가까워 보인다. 그러나 'ノ'가 쓰일
환경임이 분명하고 희미하지만 'ノ'에 대응되는 점토도 있기 때문에 'ノ'로 교감하였다.(▶56페이지 ⑦번)

是乙名下禪波羅蜜因ー丿チゟ

Q: 譬七寶樓觀ゟ十四階道有七刂丨乙清涼之風刂來ゝゟホ四門乙吹尸如ゑ是如ゑ第五心刂上七種種七功德法藏ゟ十猶刂滿足ゝ丿尸未刂ㅅ七丿是乙名下禪波羅蜜因ー丿チゟ

A: 譬[23~33(·)]如[역독선(좌하향)]七寶樓觀[44(·)]有[역독선(좌상향)]四階道清涼之風[22~32(·)]來吹四門[34(·),+11(/)]如是[11(·)]第五心[22~32(·)]上[42(·)]種種功德法藏[44(·)-각]猶[22~32(·)]未滿[합부]足[22~32(·),23~24(빼침),21(·)]是[34(·)]名[54(·)]禪波羅蜜因[53(·),+55(·.)]{+55(\·)}

B: 譬[ㅅ丨]如七寶樓觀[十]有四階道清涼之風[刂]來吹四門[乙,ゝ尸ゑ]如是[ゑ]第五心[刂]上[七]種種功德法藏[十]猶[刂]未滿足[刂,ゝラ七,丿]是[乙]名[下]禪波羅蜜因[ー,丿チゟ]

C: 譬ㅅ丨七寶樓觀十四階道有清涼之風刂來四門乙吹ゝ尸如ゑ是如ゑ第五心刂上七種種功德法藏十猶刂滿足未刂ゝラ七丿是乙名下禪波羅蜜因ー丿チゟ

D: ⑤비유하면 七寶 樓觀에 네 階道가 있거늘 清涼之風이 와서 네 門을 부는 것같이, 이와 같이 第五 心이 위의 갖가지 功德法藏에 아직 가득 차지 아니하니 이것을 일컬어 禪波羅蜜因이라 하며

E: 비유하면 칠보로 만든 망루[樓觀]에 네 계단의 길이 있어서 맑고 서늘한 바람이 네 문으로 불어오는 것처럼 이와 같이 다섯째 마음은 가지가지 공덕을 낳되 아직 법의 곳간[法藏]을 다 채우지 못함과 같으니 이것을 선정[禪]바라밀의 인이라 한다.

N: 譬如七寶樓觀有四階道。清涼之風來吹四門受安隱樂。靜慮法藏求滿足故。是名第五靜慮波羅蜜因。
(마치 7보로 만든 누각에 네 층계의 길이 있어 서늘하고 맑은 바람이 네 문에 불어오면 편안한 즐거움을 받는 것처럼, 정려(靜廬: 禪定)의 법의 광[法藏]이 만족을 구하기 때문에 이것을 제5 정려바라밀의 인이라고 이름한다.)

<금광3, 02:08-10>

P: 譬如[ゑ]日輪刂光耀焰盛ゝ丨如[ゑ]是·第六心刂能ゟ破滅[ゝ�丨ㅅ一]生死大

闇乙丶 故ノ 是乙 名下 般若波羅蜜(因)

Q: 譬 日輪刂 光耀焰盛ソ丶ヿ 如ㅊ 是 如ㅊ 第六心刂 能か 生死大闇乙 破滅丶ㅗヿ入

宀 故ノ 是乙 名下 般若波羅蜜(因)

A: 譬[23~33(·)]如[역독선(좌상향)]日輪[22~32(·)]光耀焰盛[11(/)]如是第六心

[22~32(·)]能[55(·)]破滅生死大闇[34(·),43(|)]故[21(·)]是[34(·)]名[54(·)]般若波羅

蜜(因)

B: 譬[入ヿ]如日輪[刂]光耀焰盛[ソヿㅊ]如是第六心[刂]能[か]破滅生死大闇[乙,ㅗヿ

入宀]故[ノ]是[乙]名[下]般若波羅蜜(因)

C: 譬入ヿ 日輪刂 光耀焰盛ソ丶ヿ 如ㅊ 是 如(ㅊ) 第六 心刂 能か 生死大闇乙 破滅

(ソ)ㅗヿ入宀 故ノ 是乙 名下 般若波羅蜜(因)(宀ノチか)

D: ⑥비유하면 日輪이 光耀焰盛한 것같이, 이와 같이 第六 心이 능히 生死大闇을 破

滅한 까닭으로 이것을 일컬어 般若波羅蜜因이라 하며

E: 비유하면 태양의 빛이 밝고 불꽃이 이글거리는 것처럼 이와 같이 여섯 번째 마음은

능히 생사의 큰 어두움을 깨어 없애므로 이것을 반야바라밀의 인이라 한다.

N: 譬如日輪光耀熾盛。此心速能破滅生死無明闇故。是名第六智慧波羅蜜因。

(마치 해가 치성하게 빛나는 것처럼, 이 마음도 나고 죽는 무명의 어둠[無明闇]을

재빨리 깨뜨려 없애기 때문에 이것을 제6 지혜바라밀의 인이라고 이름한다.)

<금광3, 02:10-13>

P: (譬)如[ㅊ]大富商主刂能令[刂尸丶]一切心願乙丶 ¹⁵滿足¹⁶如[ㅊ]是丶 第七心刂能か

令[刂ㅗヿ入宀]得か示度[丶]生死險惡道乙丶 故か能か令[刂ㅗヿ入宀]得[刂丶]多

刂ヿ功德寶乙丶 故ノ 是乙 名下方便勝智波羅蜜因宀ノチか

---

15 역독점이 기입될 자리가 아니다. 역독점을 지운 흔적이 보이는 것으로 보아 현토자의 실수로 보인다. 목
적격조사에 이끌린 것일 가능성이 있다.(▶56페이지 ⑧번)

16 역독점이 예상되는 자리에 무언가 지운 흔적이 보인다.(▶56페이지 ⑨번)

Q: (譬) 大富商主刂 能 一切 心願乙 滿足 令刂尸 如支 是 如支 第七心刂 能ゕ 得ろホ 生死險惡道乙 度 令刂去ㄱ入灬{故}ゕ 能ゕ 多刂ㄱ 功德寶乙 得刂 令刂去ㄱ入灬 故ノ 是乙 名下 方便勝智波羅蜜因亠ノオゕ

A: (譬)如大富商主[22~32(·)]能[55(·)]令一切心願[34(·)]滿足[23~24(·),+11(/)]如是[11(·)]第七心[22~32(·)]能[55(·)]令得[15(·)]度[역독선(우하향),역독선(좌상향)][17]生死險惡道[34(·),23~24(·),43(|)]故[55(·)]能[55(·)]令得多[33~43(·)]功德寶[34(·),22~32(·),23~24(·),43(|)]故[21(·)]是[34(·)]名[54(·)]方便勝智波羅蜜因[53(·),+55(·.)]

B: (譬)如大富商主[刂]能[ゕ]令一切心願[乙]滿足[亽刂,丷尸支]如是[支]第七心[刂]能[ゕ]令得[ホ]度生死險惡道[乙,刂,去ㄱ入灬]故[ゕ]能[ゕ]令得多[刂ㄱ]功德寶[乙,刂,亽刂,去ㄱ入灬]故[ノ]是[乙]名[下]方便勝智波羅蜜因[亠,ノオゕ]

C: (譬入ㄱ) 大富商主刂 能ゕ 一切 心願乙 滿足 令刂尸 如支 是 如支 第七 心刂 能ゕ 得ホ 生死險惡道乙 度 令刂去ㄱ入灬{故}ゕ 能ゕ 多刂ㄱ 功德寶乙 得刂 令刂去ㄱ入灬 故ノ 是乙 名下 方便勝智波羅蜜因亠ノオゕ

D: ⑦비유하면 大富商主가 능히 一切 心願을 만족하게 하는 것같이, 이와 같이 第七心이 능히 生死險惡道를 건너게 하는 까닭이며 능히 많은 功德寶를 얻게 하는 까닭으로 이것을 일컬어 方便勝智波羅蜜因이라 하며

E: 비유하면 큰 부자 상인은 능히 일체를 마음에 원하는 대로 만족하게 하는 것처럼 이와 같이 일곱 번째 마음은 능히 생사의 험악한 길을 건너게 하고 능히 공덕의 보배를 많이 얻게 하는 까닭으로 이를 방편승지(方便勝智)바라밀의 인이라 한다.

N: 譬如商主能令一切心願滿足。此心能度生死險道。獲功德寶故。是名第七方便勝智波羅蜜因。

(마치 우두머리 상인이 모든 사람이 마음에 원하는 대로 만족시켜 주는 것처럼, 이

---

17 '度'자에는 역독 표시와 관련된 것으로 보이는 두 개의 선이 있다. 이에 대해 이 둘이 모두 동사 '度'의 목적어 성분을 먼저 읽는다는 것을 표시한 것일 가능성과, 둘 중 하나(왼쪽 것)는 위의 '令'자가 '度'보다 나중에 읽는 것을 표시한 것일 가능성이 있다.(▶56페이지 ⑩번)

마음도 생사의 험한 길을 능히 벗어나서 공덕의 보배를 얻게 하기 때문에 이것을 제7 방편승지바라밀의 인이라고 이름한다.)

<금광3, 02:13-14>

P: 譬如[支]月刂淨丷阝尒圓滿(丷?)[18]丁、如[支]是、第八心刂一切境界阝十淸淨具足丷去丁入灬故丿是乙名下願波羅蜜因亠丿矛ろ

Q: 譬 月刂 淨丷阝尒 圓滿丷丁 如支 是 如支 第八心刂 一切 境界阝十 淸淨 具足丷去丁入灬 故丿 是乙 名下 願波羅蜜因亠丿矛ろ

A: 譬如月[22~32(·)]淨[15(·)]圓滿[11(/)]如是[11(·)]第八心[22~32(·)]一切境界[44(·)]淸淨具足[43(|)]故[21(·)]是[34(·)]名[=54(·)]願波羅蜜因[53(·),+55(·.)?[19]]

B: 譬如月[刂]淨[尒]圓滿[丷丁支]如是[支]第八心[刂]一切境界[十]淸淨具足[去丁入灬]故[丿]是[乙]名[下]願波羅蜜因[亠,丿矛ろ]

C: 譬 月刂 淨(丷阝)尒 圓滿丷丁 如支 是 如支 第八 心刂 一切 境界十 淸淨 具足(丷)去丁入灬 故丿 是乙 名下 願波羅蜜因亠丿矛ろ

D: ⑧비유하면 달이 맑아서 圓滿한(꽉 차게 둥근) 것같이, 이와 같이 第八 心이 一切 境界에 淸淨 具足한 까닭으로 이것을 일컬어 願波羅蜜因이라 하며

E: 비유하면 달이 깨끗하고 원만한 것처럼 이와 같이 여덟째 마음은 일체 경계를 청정하게 구족한 까닭으로 이것을 원(願)바라밀의 인(因)이라 이름한다.

N: 譬如淨月圓滿無翳。此心能於一切境界淸淨具足故。是名第八願波羅蜜因。
(마치 맑은 달은 원만(圓滿)하여 가리움[翳]이 없는 것처럼, 이 마음도 능히 온갖 경계에서 청정(淸淨)하고 구족(具足)하므로 이것을 제8 원바라밀의 인이라고 이름한다.)

---

18 [교감] 일반적인 ‘丷’의 자형보다 오른쪽 획이 길어서 ‘刂’처럼 보이기도 하지만 아랫 부분이 휘어진 점을 고려하여 ‘丷’로 판단하였다.(▶56페이지 ⑪번)

19 +55(·.)의 왼쪽 묵점만이 확인된다. 그러나 반복되는 동일한 환경에서 예외 없이 역사향쌍점이 현토되었기 때문에 역사향쌍점으로 잠정 판독하였다.(▶56페이지 ⑫번)

<금광3, 02:14-17>

P: 譬如[支]轉輪聖王ラ主兵寶臣刂如[ハ]意乙丶處分ソㄕ丶如[支]是丶第九心刂[20](善能莊)嚴[ソ彡]淸淨佛土乙丶功德灬普洽ソ㇒ホ廣刂利[刂[21]彡ソ去丁入灬]一切乙丶(故是名力波)羅蜜因亠ノ矛彡

Q: 譬 轉輪聖王ラ 主兵寶臣刂 意乙 如ハ 處分ソㄕ 如支 是 如支 第九心刂 (善能) 淸淨 佛土乙 (莊)嚴ソ彡 功德灬 普 洽ソ㇒ホ 廣刂 一切乙 利刂彡ソ去丁入灬 (故 是 名 力波)羅蜜因亠ノ矛彡

A: 譬[23~33(·)]如[역독선(좌하향)]轉輪聖王[23(·)#23(-),구결자(ラ)-각]主兵寶臣[22~32(·)]如意[34(·),32~42(·)]處分[+11(/)]如是[11(·)]第九心(善能莊)嚴[역독선(우하향)]淸淨佛土[34(·),55(·)]功德[43(·)]普洽[=15(·)]廣[22~32(·)]利一[22]切[34(·),22~32(·),55(·)](故是名力波)羅蜜因[53(·),+55(·.)]

B: 譬[入丁]如轉輪聖王[ラ]主兵寶臣[刂]如意[乙,ハ]處分[ソㄕ支]如是[支]第九(心善能莊)嚴淸淨佛土[乙,彡]功德[灬]普洽[ホ]廣[刂]利一切[乙,刂,彡](故是名力波)羅蜜因[亠,ノ矛彡]

C: 譬入丁 轉輪聖王ラ 主兵寶臣刂 意乙 如ハ 處分ソㄕ 如支 是 如支 第九 (心 善能) 淸淨 佛土乙 (莊)嚴(ソ)彡 功德灬 普 洽(ソ㇒)ホ 廣刂 一切乙 利刂彡(ソ去丁入灬)[23] (故 是 名 力波)羅蜜因亠ノ矛彡

D: ⑨비유하면 轉輪聖王의 主兵寶臣이 뜻대로 處分하는 것같이, 이와 같이 第九 心이 善能하게 淸淨 佛土를 莊嚴하며 功德으로 널리 적시어서(윤택하게 하여서) 널리 일체를 이롭게 하며 하는 까닭으로 이것을 일컬어 力波羅蜜因이라 하며

E: 비유하면 전륜성왕은 병사나 보물이나 신하를 주관하여 뜻대로 처분하듯 이와 같

---

20 사진 영인본에서는 '心刂' 부분이 보이지 않지만, 초기 복사본에서는 오른쪽과 같이 선명하게 보인다. 자료의 보수 과정에서 떨어져 나간 것으로 생각된다.(▶56페이지 ⑬번)

21 [교감] 'ソ'를 적었다가 '刂'로 수정하였다.(▶56페이지 ⑭번)

22 '一切'의 사이에 각필로 그린 마름모꼴의 사각형이 있다.(▶56페이지 ⑮번)

23 자토구결에 의거하여 보충한 'ソ去丁入灬'에 대응되는 점토는, '切'자에는 없으므로, 만일 현토되었다면 아마도 훼손된 '故'자에 달려 있었을 것이다.

이 아홉 번째 마음은 불국토를 능히 잘 장엄하고 청정히 한 공덕을 널리 미치어 일체를 널리 이롭게 하는 까닭으로 이것을 힘[力]바라밀의 인이라 이름한다.

N: 譬如轉輪聖王主兵寶臣隨意自在。此心善能莊嚴淨佛國土。無量功德廣利群生故。是名第九力波羅蜜因。

(마치 전륜성왕의 병사[兵寶]를 맡은 신하가 뜻대로 자재(自在)한 것처럼, 이 마음도 깨끗한 부처님 국토를 잘 장엄하여 한량없는 공덕으로 널리 중생을 이롭게 하기 때문에 이것을 제9 역(力)바라밀의 인이라고 이름한다.)

<금광3, 02:17-19>

P: 譬如[支ソ𠄎]虛空亠及轉[24]輪聖王亠ソ尸、(如是第十心)於一切境界𠄎十皆悉𠄎通達去𠃌入灬故(尔?)[25]於一(切法自在至)[(去𠃌入灬?)]灌頂位𠄎十、故ノ是乙名下智波羅蜜因亠ノ禾丨

Q: 譬 虛空亠 及 轉輪聖王亠ソ尸 如支ソ𠄎 (是 如 第十心) {於}一切 境界𠄎十 皆 悉𠄎 通達去𠃌入灬 故 {於}一(切法 自在) 灌頂位𠄎十 (至)ソ去𠃌入灬 故ノ 是乙 名下 智波羅蜜因亠ノ禾丨

A: 譬[23~33(·)]如[역독선(우하향)]虛空[53(·)]及轉輪聖王[53(·),+11(/),22(·)](如是第十心)於一切境界[44(·)]皆[42(·)]悉[22(·)]通達[43(|)]故於一(切法自在至)灌頂位[44(·)#44(/),43(|)][26]故[21(·)]是[34(·)]名[54(·)]智波羅蜜因[53(·),+51(·.)]

B: 譬[入𠃌]如虛空[亠]及轉輪聖王[亠,ソ尸支,𠄎](如是第十心)於一切境界[十]皆[七]悉[𠄎]通達[去𠃌入灬]故於一(切法自在至)灌頂位[十,去𠃌入灬]故[ノ]是[乙]名[下]智波羅蜜因[亠,ノ禾丨]

C: 譬入𠃌 虛空亠 及 轉輪聖王亠(ソ)尸 如支(ソ)𠄎 (是 如 第十 心) {於}一切 境界十

---

24 '轉'자의 좌측토로 무언가 기입했다가 지운 흔적이 있다.(▶56페이지 ⑯번)

25 [교감] '故'자의 아래에 묵흔이 있으나 어떤 구결자의 자형으로 판독하기 어려워 교감안에는 반영하지 않았다. 만약 이것이 구결자가 맞다면 문맥상 '尔'가 쓰일 환경이다.(▶56페이지 ⑰번)

26 54위치의 단점이 있는 것으로 보이나 종이의 색에 가까워 먹점이 아닌 것으로 보인다.(▶56페이지 ⑱번)

皆七 悉㇋ 通達(ソ)去ㄱ入灬 故(尔) {於}一(切法 自在) 灌頂位十 (至)(ソ)去ㄱ入灬 故ノ 是乙 名下 智波羅蜜因亠ノ禾丨

D: ⑩비유하면 虛空이니 轉輪聖王이니 하는 이같이, 이와 같이 第十 心이 一切 境界에 모두 다 通達한 까닭이며 一切法에 自在하여 灌頂位에 이른 까닭으로 이것을 일컬어 智波羅蜜因이라 한다.

E: 비유하면 허공이나 전륜성왕처럼 이와 같이 열 번째 마음은 일체 경계에 다 통달하여 일체법에 자재로이 관정위(灌頂位 : 十地)에 이르므로 이것을 지혜[智]바라밀의 인이라고 한다."

N: 譬如虛空及轉輪聖王。此心能於一切境界無有障礙。於一切處皆得自在至灌頂位故。是名第十智波羅蜜因。
(비유해 말하자면, 허공과 전륜성왕처럼, 이 마음도 온갖 경계에서 장애가 없고 온갖 곳에서 모두 자재함을 얻어 관정위(灌頂位)에 이르기 때문에 이것을 제10 지(智)바라밀의 인이라고 이름한다.)

<금광3, 02:19-20>

P: 佛言善男子㇋如[攴ソㄱ]是、十種乙菩薩摩訶薩尸菩提心因亠ノ禾ナㄱリ丨

Q: 佛 言 善男子㇋ 是 如攴ソㄱ 十種乙 菩薩摩訶薩尸 菩提心因亠ノ禾ナㄱリ丨

A: 佛[33(·)]言[22~32(·)]善男子如是[33(/)]十種[34(·)]菩薩摩訶薩[15~25(-)]菩提心因[53(·),+41(\)]

B: 佛[ㄱ]言[リ]善男子如是[ソㄱ]十種[乙]菩薩摩訶薩[尸]菩提心因[亠,ノ禾ナㄱリ丨]

C: 佛ㄱ 言リ(ニ尸) 善男子(㇋) 是 如(攴)ソㄱ 十種乙 菩薩摩訶薩尸 菩提心因亠ノ禾ナㄱリ丨

D: 부처님은 말씀하시기를, "선남자여, 이와 같은 열 가지를 菩薩摩訶薩의 菩提心因이라 하는 것이다."

E: 부처님께서 말씀하셨다. "선남자여, 이와 같은 열 가지가 보살마하살의 보리심의 인이다."

N: 善男子。是名菩薩摩訶薩十種菩提心因。如是十因。汝當修學。

(선남자야, 이것을 보살마하살의 열 가지 깨달음 마음의 인(因)이라고 이름하나니, 이런 열 가지 인을 너는 반드시 닦아 배워야 하느니라.)

<금광3, 02:21-22>

P: 佛言ㄲ二�尸²⁷善男子ㅎ 依[ㅎ]五種法乙、成就[ヽ ナ ㅎ セ 丨]菩薩摩訶薩檀波羅蜜乙、

Q: 佛 {言}ㄲ二ㅳ 善男子ㅎ 五種 法乙 依ㅎ 菩薩摩訶薩 檀波羅蜜乙 成就ヽ ナ ㅎ セ 丨

A: 佛[33(·)]言善男子[22(·)]依五種法[34(·),22(·)]成就[2자합부역독선(좌상향)]菩薩摩訶薩[15~25(-)]檀波羅蜜[34(·),42(-),51(·)]

B: 佛[ㄱ]言善男子[ㅎ]依五種法[乙,ㅎ]成就菩薩摩訶薩[尸]檀波羅蜜[乙,ナ ㅎ セ,丨]

C: 佛ㄱ 言(ㄲ二尸) 善男子ㅎ 五種 法乙 依ㅎ 菩薩摩訶薩尸 檀波羅蜜乙 成就(ヽ)ナ ㅎ セ 丨

D: ① 부처님은 말씀하시기를, "선남자여, 다섯 가지 법을 의지/의거하여 보살마하살의 檀波羅蜜을 성취할 수 있다.

E: 부처님께서 말씀하셨다. "선남자여, 다섯 가지 법에 의하여 보살마하살의 보시[檀]바라밀을 성취하게 된다.

N: 善男子。依五種法。菩薩摩訶薩成就布施波羅蜜。

(선남자야, 다섯 가지 법에 의하여 보살마하살은 보시바라밀을 성취하나니,)

<금광3, 02:22>

P: 何セヽㄱ乙²⁸者爲五刂ハ口ノ²⁹令ロヽナ尸入ㄱ

---

27 먹빛으로 보아 'ㄲ'자는 나중에 기입되었을 가능성이 있다.(▶56페이지 ⑲번)

28 'ㄴ'과 'ヽㄱ乙' 사이가 좀 떨어져 있는 점, 자형상의 분위기 등을 고려하면 'ㄴ'이 나중에 기입된 것일 가능성이 있다.(▶56페이지 ⑳번)

29 [교감] 이 'ノ'는 나중에 추가로 기입한 것이다.

Q: 何セッ1乙{者} {爲}五॥ハノ仒ロッナア入1

A: 何[34(/)#34~35(/)]者爲五[32~42(·),15(·.),23~33(\·)30]

B: 何[ッ1乙]者爲五[ハ,ノ仒ロ,ッナ亦ア入1]

C: 何ッ1乙{者} {爲}五(॥)ハノ仒ロッナ亦ア入1

D: 어떠한 것을 다섯 가지라고 하는가 하면,

E: 무엇이 다섯 가지인가?

N: 云何爲五。(어떤 것이 다섯 가지 법인가.)

<금광3, 02:22-24>

P: 一者信根乙ッ㐌 二者慈悲乙ッ㐌 三者無[㐌]求欲心、31 四者攝受[ッ㐌]一切衆生乙、五者願求[ッ㐌ッアチナ1(॥?)|]一切智智乙、

Q: 一者 信根乙ッ㐌 二者 慈悲乙ッ㐌 三者 求欲心 無㐌 四者 一切 衆生乙 攝受ッ㐌 五者 一切智智乙 願求ッ㐌ッアチナ1॥|

A: 一者信根[34(·),55(·)]二者慈悲[34(·),55(·)]三者無[역독선(우하향)]求欲心[55(·)]四者攝受一切衆生[34(·),55(·)]五者願求一切智智[34(·),55(·),+25(/)#25(/),52(··)]

B: 一者信根[乙,㐌]二者慈悲[乙,㐌]三者無求欲心[㐌]四者攝受一切衆生[乙,㐌]五者願求一切智智[乙,㐌,ッアチ,ナ1॥|]

C: 一者 信根乙(ッ)㐌 二者 慈悲乙(ッ)㐌 三者 求欲心 無㐌 四者 一切 衆生乙 攝受(ッ)㐌 五者 一切智智乙 願求(ッ)㐌ッアチナ1॥|

D: 첫째 信根을 하며, 둘째 자비를 하며, 셋째 求欲心이 없으며, 넷째 一切 衆生을 攝受하며, 다섯째 一切智智를 願求하며 하는 것이다.

---

30 '23~33(\·)'이 현토된 다른 예들에서는 대응되는 자토가 'ッナ亦入1'이나 'ッナ亦入1'이다. 『합부금광명경』 권3에 현토된 '\·'의 경우 전반적으로 'ナ亦'와 관련된다. 예를 들어 14장 1행의 52(\·) 역시 자토 구결의 'ッナ亦 |'에 대응되고, 14장 3행의 43(\·)에서도 'ナ亦1入⁓'로 대응된다.

31 '心'자의 15 위치쯤에 무언가 썼다가 지운 흔적이 있다.(▶57페이지 ㉑번)

E: 첫째는 믿음의 뿌리, 둘째는 자비, 셋째는 구하고자 하는 마음이 없는 것이요, 넷째는 일체 중생을 거두어들임이요, 다섯째는 일체지의 지혜를 원하여 구함이다.

N: 一者信根。 二者慈悲。 三者無求欲心。 四者攝受一切衆生。 五者願求一切智智。
(첫째는 신근(信根)이요, 둘째는 자비(慈悲)요, 셋째는 구(求)하는 욕심이 없는 것이요, 넷째는 온갖 중생을 거두어 줌[攝受]이요, 다섯째는 온갖 지혜의 지혜[一切智智]를 원하여 구하는 것이다.)

<금광3, 02:24-25>

P: 善³²男子 ₃ 依[₃]是五法乙 、 檀波羅蜜乙 能 ₅ 得(ㆍㆍ ₃ ?) ㆍ³³成就 ㆍ ナ ㅎ ㅌ |

Q: 善男子 ₃ 是 五法乙 依 ₃ 檀波羅蜜乙 能 ₅ 得 ㆍㆍ ₃ ㅊ 成就 ㆍ ナ ㅎ ㅌ |

A: 善男子[22(ㆍ)]依是五法[34(ㆍ),22(ㆍ)]檀波羅蜜[34(ㆍ)]能[55(ㆍ)]得[15(ㆍ)]成就[51(ㆍ)#51~52(/)]{13~23(ㆍ)}

B: 善男子[₃]依是五法[乙, ₃]檀波羅蜜[乙]能[₅]得[ㅊ]成就[|]

C: 善男子 ₃ 是 五法乙 依 ₃ 檀波羅蜜乙 能 ₅ 得 ㅊ 成就(ㆍ ナ ㅎ ㅌ) |

D: 선남자여, 이 다섯 법을 의거하여 檀波羅蜜을 능히 성취할 수 있다.”

E: 이 선남자는 이 다섯 가지 법에 의하여 보시바라밀을 능히 얻어 이룬다.”

N: 善男子。是名菩薩摩訶薩成就布施波羅蜜。
(선남자야, 이것을 보살마하살이 보시바라밀을 성취하는 것이라고 이름한다.)

---

32 재조대장경은 '善男子'의 앞에 '是'자가 있다. (是善男子依是五法檀波羅蜜能得成就)

33 [교감] ' ㆍㆍ ₃ ㅊ ' 내지 ' ₃ ㅊ '으로 판독할 수 있다. 한문 원문에서 得자가 동사 앞에 쓰여 '능히'의 의미로 해석되는 경우 대체로 '得 ₃ ㅊ '으로 현토되지만, (금광04:14)에 '得 ㆍㆍ ₃ '으로 현토된 예가 있고 자형상으로도 ' ㆍㆍ '의 첫 획이 분명하다고 보아 ' ㆍㆍ ₃ ㅊ '으로 판단하였다. (▶57페이지 ㉒번)

<금광3, 02:25-03:01>

P: 佛ㄱ言乃[34]ニ尸善男子阝依[阝]是五法乙、菩薩摩訶薩ㄱ成就[ソ(ナ?)[35]ホ七丨][36]尸波羅蜜乙、

Q: 佛ㄱ {言}乃ニ尸 善男子阝 是 五法乙 依阝 菩薩摩訶薩ㄱ 尸波羅蜜乙 成就ソナホ七丨

A: 佛[33(·)]言[22~32(·)]善男子[22(·)]依是五法[34(·),22(·)]菩薩摩訶薩成就尸波羅蜜[34(·),42(-),51(·)#51~52(·)]

B: 佛[ㄱ]言[リ]善男子[阝]依是五法[乙,阝]菩薩摩訶薩成就尸波羅蜜[乙,ナホ七,丨]

C: 佛ㄱ 言リ(ニ尸) 善男子阝 是 五法乙 依阝 菩薩摩訶薩 尸波羅蜜乙 成就(ソ)ナホ七丨

D: ②부처님은 말씀하시기를, "선남자야, 이 五法을 의거하여 菩薩摩訶薩은 尸波羅蜜을 성취할 수 있다.

E: 부처님께서 말씀하셨다. "선남자여, 이 다섯 가지 법에 의하여 보살마하살이 지계[尸]바라밀을 성취하니

N: 善男子。復依五法。菩薩摩訶薩。成就持戒波羅蜜。
(선남자야, 또 다섯 가지 법에 의하여 보살마하살이 지계바라밀을 성취하나니,)

<금광3, 03:01>

P: 何ソㄱ乙者爲五リハロノ今ロソナ尸入ㄱ

Q: 何ソㄱ乙{者}{爲}五リハロノ今ロソナ尸入ㄱ[37]

---

34 기입 위치와 필적으로 미루어 보아 '乃'는 'ニ尸'이 적힌 이후에 적은 별필(別筆)일 가능성이 높다. 이후에 나타나는 '乃' 또한 동일하다.(▶57페이지 ㉓번)

35 [교감] 'ナ'자의 가로획이 분명치 않아 'ノ'처럼 보이기도 하나 'ソナホ七丨'가 현토되는 환경이므로 'ナ'로 판단하였다.(▶57페이지 ㉔번)

36 '就'자의 왼쪽 아래에 썼다가 지우고 오른쪽에 다시 적은 듯하다.(▶57페이지 ㉕번)

37 『석독구결사전』에서는 'リハソロノ今ロソナ矛尸入ㄱ'〈금광3, 05:08-23〉과 'リハソロ今ロソナ矛入

A: 何[34(/)]者爲五

B: 何[ソㄱ乙]者爲五

C: 何ソㄱ乙{者} 爲五[38]

D: 어떠한 것을 다섯 가지라고 하는가 하면,

E: 어떤 것이 다섯 가지인가?

N: 云何爲五。(어떤 것이 다섯 가지인가.)

<금광3, 03:01>

P: 一者三業清淨ソ㢱

Q: 一者 三業 淸淨ソ㢱

A: 一者三業清淨[55(·)]

B: 一者三業清淨[㢱]

C: 一者 三業 淸淨(ソ)㢱

D: 첫째, 三業이 淸淨하며,

E: 첫째 삼업(三業)이 청정함이요,

N: 一者三業清淨。(첫째는 3업(業)이 청정한 것이요,)

ㄱ'〈금광3, 06:22-25〉을 'リハロノ令ロソナ矛尸入ㄱ'의 잘못으로 보았다. 그리고 'リハロ'는 'リ/계사+ハ/미상+ロ/어미?'로 분석하였다. 그러나 'リハ'는 점토석독구결에서도 인용 조사로 쓰이고 이두·균여향가·자토석독구결에서 나타나는 주격 조사 '弋(只)'와 이표기 관계에 있으므로(장경준 2009) 여기에서도 조사로 파악하는 것이 온당하다고 생각된다. 한편 이건식(1997)은 이를 모두 생략 표기로 보아 'リハ(ソ)ロ(ノ)令ロソナ(矛)(尸)入ㄱ'이 가장 원형에 근접하다고 하였다. 그리고 다음과 같은 예를 들어 〈금광〉의 'ソロノ令ロ'와 〈구인〉의 'ソロラ令ラ'의 동질성을 주장하였다.ㄱ. 佛子ろ 何可 {等}丨ソㄱ乙 菩薩摩訶薩尸 聞藏ミ/ノ令ロ/{爲}ソナ矛尸入ㄱ〈화소01:03〉ㄴ. 佛子ろ 云何七ソㄱ乙 用心ソㄱ丨十 能攴 一切 勝妙功德乙 獲尸丁/ノ令ロ/ソ矛尸入ㄱ〈화엄02:17-18〉ㄷ. 云何七ミ 十方七 諸ニㄱ 如來ミ 一切 菩薩ミ ノ矛 文字乙 離 不冬ソろ 而灬 諸ㄱ 法相ろ十
行ソニ亦七丨/ソロラ令ラ〈구인15:21-22〉ㄹ. 何可 等ソㄱ乙 {爲}五リ丨/ノ令ロ〈유가09:21〉

38 2장 22행의 동일 구성에 현토된 점토를 참고하면 [32~42(·),15(·.),23~33(\·)] 정도의 점토가 현토될 것으로 추정된다.

<금광3, 03:01-02>

P : 二者不[³ヽ₃]爲[₃ナ]一切衆生ラ、作[ヽ尸ヽ]煩惱因緣乙、

P : 二者不[冬ヽ₃]爲[₃ナ]一切衆生ラ、作[ヽ尸ヽ]煩惱因緣乙、

Q : 二者 一切 衆生ラ {爲}₃ナ 煩惱 因緣乙 作ヽ尸 不冬ヽ₃

A : 二者不爲一切衆生[23(·),=24(·)#23~24(·),21(·)³⁹]作煩惱因緣[34(·),15~25(-),55(·)]

B : 二者不爲一切衆生[ラ,₃,₃]作煩惱因緣[乙,尸,₃]

C : 二者 一切 衆生ラ {爲}₃ナ 煩惱 因緣乙 作(ヽ)尸 不(ヽ)₃

D : 둘째, 一切 衆生을 위하여 煩惱 因緣을 짓지 아니하며,

E : 둘째 일체 중생에게 번뇌를 만드는 인연이 되지 않음이요,

N : 二者不爲一切衆生作煩惱因緣。

　　(둘째는 온갖 중생을 위하여 번뇌의 인연을 짓지 않는 것이요,)

<금광3, 03:02-03>

P : 三者斷[ヽ_ロ]諸惡道乙、開[ヽ₃]善道(門)

Q : 三者 諸 惡道乙 斷ヽロ 善道門 開ヽ₃

A : 三者斷諸惡道[34(·),+15(·)]開善道(門)[34(·),3자합부]⁴⁰

B : 三者斷諸惡道[乙,ロ]開善道(門)[乙]

C : 三者 諸 惡道乙 斷(ヽ)ロ 善道(門)乙 開(ヽ)₃

D : 셋째, 모든 惡道를 끊고 善道門을 열며,

E : 셋째는 모든 나쁜 길을 끊고 선길의 문을 여는 것이요,

N : 三者閉諸惡道。開善趣門。

39　자토석독구결 자료에서는 '{爲}₃ナ'와 같은 구성 앞에 논항을 취하는 경우가 없으나 21위치의 단점이 명확히 보이는 것을 고려하여 반영하였다.(▶57페이지 ㉖번)

40　이 자료의 묵서 합부는 글자와 글자 사이를 짧은 선으로 연결한 모습으로 나타나는데, 이 용례는 특이하게 오른쪽 외부에 3글자를 곡선 모양으로 길게 연결한 형태로 나타난다.(▶57페이지 ㉗번)

(셋째는 모든 나쁜 갈래[惡道]를 막고 착한 갈래[善趣]의 문을 열어 놓는 것이며,)

<금광3, 03:03>

P : 四者過[ᵥᄀ]於聲聞亠緣覺亠ノアﾗ之地乙ㆍ

Q : 四者 {於}聲聞亠 緣覺亠ノアﾗ{之} 地乙 過ᵥᄀ

A : 四者過於聲聞[53(ㆍ)]緣覺[53(ㆍ),15~25(-),23(ㆍ)]之地[34(ㆍ),55(ㆍ)]

B : 四者過於聲聞[亠]緣覺[亠,ノア,ﾗ]之地[乙,ᄀ]

C : 四者 {於}聲聞亠 緣覺亠ノアﾗ{之} 地乙 過(ᵥ)ᄀ

D : 넷째, 聲聞이니 緣覺이니 하는 것의 地를 넘으며,

E : 넷째는 성문과 연각의 지위를 넘는 것이요,

N : 四者過於聲聞獨覺之地。
    (넷째는 성문과 독각의 지위를 넘어서는 것이며,)

<금광3, 03:03-04>

P : 五者一切(功德願)(ホ?)[41]滿足ᵥㄷ亻ᵥア入亠故ノᵥアﾆ十ㄱㅐㅣ

Q : 五者 一切 (功德 願)ᵥ彡ホ 滿足ᵥㄷ亻ᵥア入亠 故ノᵥアﾆ十ㄱㅐㅣ

A : 五者一切(功德願)滿足[+45(/),경계선]故[43(ㆍ),21(ㆍ),+25(/)#25(/),52(ㆍㆍ)]

B : 五者一切功德願滿足[ᵥアﾆ乙]故[亠,ノ,ᵥアﾆ,十ㄱㅐㅣ]

C : 五者 一切 功德 願 滿足(ᵥㄷ亻)ᵥア入乙亠 故ノᵥアﾆ十ㄱㅐㅣ

D : 다섯째, 一切 功德을 發願하여서 만족하고자 하는 까닭으로 하는 것이다.

E : 다섯째는 일체 공덕과 원(願)을 만족함이니

---

41 [교감] 송진에 오염된 부분에서는 흐릿하게 'ホ'자만 보인다. 그런데 'ホ'의 위치로 보아 그 위에 구결자 한두개가 더 있었음이 분명하고, 이 자료에서 '願ᵥ彡ホ'의 용례가 두 번 쓰였으며, '願彡ホ' 등의 용례가 없기 때문에 달리 재구할 근거가 없으므로 '願ᵥ彡ホ'으로 교감하였다.(▶57페이지 ㉘번)

N : 五者一切功德。皆悉滿足。

(다섯째는 온갖 공덕을 모조리 성취하는 것이다.)

<금광3, 03:04-05>

P : 善男子氵依[氵]是五法乙 、尸波羅蜜乙(能得成就)(???)⁴²ㄴㅣ

Q : 善男子氵 是 五法乙 依氵 尸波羅蜜乙 (能 得 成就)ソナホヒㅣ

A : 善男子依是五法[34(·),22(·)]尸波羅蜜[34(·)](能得成就)

B : 善男子依是五法[乙,氵]尸波羅蜜[乙]能得成就

C : 善男子(氵) 是 五法乙 依氵 尸波羅蜜乙 能 得 成就(ソナホヒㅣ)

D : 선남자야, 이 五法을 의거하여 尸波羅蜜을 능히 성취할 수 있다."

E : 선남자가 이 다섯 가지 법에 의하여 지계바라밀을 능히 얻어 성취한다."

N : 善男子。是名菩薩摩訶薩成就持戒波羅蜜。

(선남자야, 이것을 보살마하살이 지계바라밀을 성취하는 것이라고 이름한다.)

<금광3, 03:05-06>

P : 佛ㄱ言カニア善男子氵又依[氵]五法乙 、菩薩摩訶(薩成就)[ソ(ナ?)⁴³ホヒㅣ](羼)
提波羅蜜乙 、

Q : 佛ㄱ{言}カニア 善男子氵 又 五法乙 依氵 菩薩摩訶(薩 羼)提波羅蜜乙 (成就)ソ
ナホヒㅣ

A : 佛言[22~32(·)]善男子[22(·)]又依五法[34(·),22(·)]菩薩摩訶(薩成就羼)提波羅蜜
[34(·),42(-),51(·)#51~52(·)]

---

42 [교감] 현재 남아 있는 부분으로는 'ㅌㅣ'만 확인할 수 있으나 앞뒤에 반복되는 현토 양상을 고려하면
'ソナホヒㅣ'로 복원할 수 있다.(▶57페이지 ㉙번)

43 [교감] (금광03:05)의 'ソナホヒㅣ'와 동일한 근거에 의해 'ソナホヒㅣ'로 복원할 수 있다.

B : 佛言[ㅣ]善男子[ㅕ]又依五法[乙,ㅕ]菩薩摩訶薩成就羼提波羅蜜[乙,ㅏㅎㄴ,ㅣ]

C : 佛 言ㅣ(二ア) 善男子ㅕ 又 五法乙 依ㅕ 菩薩摩訶薩 羼提波羅蜜乙 成就(ㆍㅣ)ㅏㅎ
ㄴㅣ

D : ③부처님은 말씀하시기를, "선남자야, 또 五法을 의거하여 菩薩摩訶薩은 羼提波羅
蜜을 성취할 수 있다.

E : 부처님께서 말씀하셨다. "선남자여, 또 다섯 가지 법에 의하여 보살마하살이 인욕
[羼提]바라밀을 성취하니

N : 善男子。復依五法。菩薩摩訶薩成就忍辱波羅蜜。
(선남자야, 또 다섯 가지 법에 의하여 보살마하살이 인욕바라밀을 성취하나니,)

<금광3, 03:06>

P : 何ㆍㅣ乙者爲五

Q : 何ㆍㅣ乙{者} 爲五

A : 何[34(/)#34~35(/)]者爲五

B : 何[ㆍㅣ乙]者爲五

C : 何ㆍㅣ乙{者} {爲}五

D : 어떠한 것을 다섯 가지라고 하는가 하면,

E : 무엇이 다섯 가지인가?

N : 云何爲五。
(어떠한 것이 다섯 가지인가.)

<금광3, 03:06-07>

P : 一者伏[ㆍㅏ]貪瞋煩惱

Q : 一者 貪瞋 煩惱 伏ㆍㅏ

A : 一者伏[역독선(좌상향)]貪瞋煩惱

: 一者伏貪瞋煩惱

C: 一者 貪瞋 煩惱 伏

D: 첫째, 貪瞋 煩惱를 조복시키며,

E: 첫째 탐내고 성내는 번뇌를 항복시킴이요,

N: 一者能伏貪瞋煩惱。

　　(첫째는 탐욕과 성냄의 번뇌를 조복 받는 것이요,)

<금광3, 03:07>

P: 二者不[ᅩ丷๋ゝ]惜[尸ᄼ]身命乙ᄼ 不[ᅩ๋丷ᅒ]生[尸ᄼ]安樂止息ノ令乚之觀乙ᄼ

Q: 二者 身命乙 惜尸 不ᅩ丷๋ 安樂止息ノ令乚{之} 觀乙 生尸 不ᅩ๋丷ᅒ

A: 二者不[역독선(우하향)]惜[역독선(우하향)]身命[34(·),15~25(-)-각,35(·),2자합부,경계선-각]不[역독선(좌하향)]生[역독선(좌하향)]安樂止息[24(\),42(·),4자합부-각]之觀[34(·),15~25(-),35(·),55(·)]

B: 二者不惜身命[乙,尸,๋]不生安樂止息[ノ令,乚]之觀[乙,尸,๋,ᅒ]

C: 二者 身命乙 惜尸 不(丷)๋ 安樂止息ノ令乚{之} 觀乙 生尸 不(丷)๋(丷)ᅒ

D: 둘째, 身命을 아끼지 않고 安樂止息하는 觀을 내지 않고 하며,

E: 둘째는 몸과 목숨을 아끼지 않고 안락함을 취하지 않고서 지식(止息 : 寂)의 관(觀)을 행함이요,

N: 二者不惜身命。不求安樂止息之想。

　　(둘째는 몸과 목숨을 아끼지 않고 안락하게 쉴 생각을 내지 않는 것이요,)

<금광3, 03:07-08>

P: 三者思惟[丷ᅒ]往業乙ᄼ

Q: 三者 往業乙 思惟丷ᅒ

A : 三者思惟[2자합부역독선-각]⁴⁴往業[34(·),55(·)]

B : 三者思惟往業[乙, ㅅ]

C : 三者 往業乙 思惟(ㆍ)ㅅ

D : 셋째, 往業을 思惟하며,

E : 셋째는 지난 업을 사유함이요,

N : 三者思惟往業。遭苦能忍。

(셋째는 옛적 업[往業]을 생각하여 고통을 만나도 잘 참음이요,)

<금광3, 03:08-09>

P : 四者爲欲[ㅅ]成熟[ㅅㅣ、]⁴⁵一切衆生ㆡ功德善根乙、發[ㅣㅅ]慈悲心乙、

Q : 四者 一切 衆生ㆡ 功德 善根乙 成熟ㅅㅣ {爲欲}ㅅ 慈悲心乙 發ㅣㅅ

A : 四者爲欲成熟[2자합부역독선-각]一切衆生[=23(·),구결자(ㆡ)⁴⁶]功德善根[34(·),23~24(·),31(·)]發慈悲心[34(·),55(·),3자합부-각]

B : 四者爲欲成熟一切衆生[ㆡ]功德善根[乙,ㅅㅣ,ㅅ]發慈悲心[乙,ㅅ]

C : 四者 一切 衆生ㆡ 功德 善根乙 成熟ㅅㅣ {爲欲}ㅅ 慈悲心乙 發(ㆍ)ㅅ

D : 넷째, 一切 衆生의 功德 善根을 성숙시키고자 慈悲心을 發하며,

E : 넷째는 일체 중생에게 공덕의 선근을 성숙시키고자 자비심을 일으키는 것이요,

N : 四者發慈悲心。成就衆生諸善根故。

(넷째는 자비심을 내어 중생의 모든 선근(善根)을 성취함이요,)

---

44 일반적인 각필 역독선에 비해 짧다.(▶57페이지 ㉚번)

45 먼저 'ㆍㆍ'를 썼다가 그 위에 'ㅅㅣ'를 추가하여 'ㅅㅣㆍㆍ'로 고친 듯하다.(▶57페이지 ㉛번)

46 15위치에 아주 작은 글씨로 기입되어 있다.(▶57페이지 ㉜번)

<금광3, 03:09>

P: 五者爲[𠆢ソ矢[47]ナ1刂丨]得[ろ、]甚深無生法忍乙、

Q: 五者 甚深 無生法忍乙 得ろ[48]{爲}𠆢ソ尸矢ナ1刂丨

A: 五者爲得甚深無生法忍[34(·),22(·),31(·),+25(/),52(··)]

B: 五者爲得甚深無生法忍[乙,ろ,𠆢,ソ尸矢,ナ1刂丨]

C: 五者 甚深無生法忍乙 得ろ{爲}𠆢ソ尸矢ナ1刂丨

D: 다섯째, 甚深 無生法忍을 얻고자 하는 것이다.

E: 다섯째는 매우 깊은 무생법인(無生法忍)을 얻기 위함이다.

N: 五者爲得甚深無生法忍。
(다섯째는 매우 깊은 무생법인(無生法忍)을 얻는 것이다.)

<금광3, 03:09-10>

P: 善男子ろ是乙名下菩薩摩訶薩刂成就[ソ尸丁ノ礻ナ1刂丨]羼提波羅蜜乙、

Q: 善男子ろ 是乙 名下 菩薩摩訶薩刂 羼提波羅蜜乙 成就ソ尸丁ノ礻ナ1刂丨

A: 善男子[22(·)]是[34(·)]名[54(·)]菩薩摩訶薩[22~32(·)]成就羼提波羅蜜[34(·),+11(·),+41(\)#41(\)]

B: 善男子[ろ]是[乙]名[下]菩薩摩訶薩[刂]成就羼提波羅蜜[乙,丁,ノ礻ナ1刂丨]

C: 善男子ろ 是乙 名下 菩薩摩訶薩刂 羼提波羅蜜乙 成就(ソ尸)丁ノ礻ナ1刂丨

---

47 [교감] '尸矢'(?)로 적었던 구결자를 지우고 'ソ矢'로 다시 썼다. 'ソ矢'의 뒤에 'ナ1刂丨'가 이어지기 때문에 '矢'는 의존명사 'ᄃᆞ' + 계사 '-이-'의 구성으로 분석되어야 할 것이다. 따라서 어간과 의존명사가 바로 이어질 수 없으므로 'ソ'와 '矢' 사이에 어미 '尸'을 보충하는 것으로 교감하였다. 원문의 '忍'자에 'ソ尸矢'에 대응되는 것으로 파악할 수 있는 점토가 기입된 것도 이러한 판단을 뒷받침하는 근거가 될 수 있다.(▶58페이지 ㉝번)

48 자토석독구결에서 [의도]의 '-𠆢'는 이 예와 '白'이 선행하는 '供養ソ白{欲}𠆢ソ去1丨十1'〈화엄15:16〉, '問白{欲}𠆢'〈구인03:18〉를 제외하면 모두 용언 어간 'ソ-'나 '亽刂-'에 후행한다. 이때 '-ろ-'는 동사 어간의 말음을 첨기한 것일 수도 있으나 선어말어미를 표기했을 가능성도 있다.

D : 선남자야, 이것을 일컬어 菩薩摩訶薩이 羼提波羅蜜을 성취한다고 하는 것이다."

E : 선남자여, 이것이 보살마하살이 인욕바라밀을 성취하는 것이다."

N : 善男子。是名菩薩摩訶薩成就忍辱波羅蜜。

　(선남자야, 이것을 보살마하살이 인욕바라밀을 성취한 것이라고 이름한다.)

<금광3, 03:10-12>

P : 佛言善男子氵又依[氵]⁴⁹五法乙、菩薩摩訶薩ㄱ成就[ᐠᅡᄒᄐ]毗梨耶波羅蜜乙、

Q : 佛 言 善男子氵 又 五法乙 依氵 菩薩摩訶薩ㄱ 毗梨耶波羅蜜乙 成就ᐠᅡᄒᄐ

A : 佛[33(·)]言善男子[22(·)]又依五法[34(·),22(·)]菩薩摩訶薩[33(·)]成就[2자합부역독선(좌상향)]毗梨耶波羅蜜[34(·),42(-),51(·)#51~52(·)]

B : 佛[ㄱ]言善男子[氵]又依五法[乙,氵]菩薩摩訶薩[ㄱ]成就毗梨耶波羅蜜[乙,ᅡᄒᄐ,ㅣ]

C : 佛ㄱ 言(ㅣᄀᄼ) 善男子氵 又 五法乙 依氵 菩薩摩訶薩ㄱ 毗梨耶波羅蜜乙 成就(ᐠ)ᅡᄒᄐ

D : ④부처님은 말씀하시기를, "선남자야, 또 五法을 의거하여 菩薩摩訶薩은 毗梨耶波羅蜜을 성취할 수 있다.

E : 부처님께서 말씀하셨다. "선남자여, 또 다섯 가지 법에 의하여 보살마하살이 정진[毘梨耶]바라밀을 성취하니

N : 善男子。復依五法。菩薩摩訶薩成就勤策波羅蜜。

　(선남자야, 또 다섯 가지 법에 의하여 보살마하살이 근책바라밀을 성취하나니,)

---

49 '氵'자의 먹의 농도가 앞뒤 다른 자토에 비해 유난히 흐리고 통상의 위치보다 위쪽에 기입되어 있다. 다음 행의 '等'의 우측토 'ᐠᅡ乙'이 기입된 위치도 통상보다 위쪽이고 필체도 다르다. 'ᐠᅡ乙' 바로 아래에 다른 자토를 기입하고 지웠거나 종이가 손상된 흔적이 보인다.(▶58페이지 ㉞번)

<금광3, 03:12>

P: 何七等丷ㄱ乙爲五

Q: 何七 等丷ㄱ乙[50] 爲五

A: 何等[34(/)]{23(·)-각}爲五

B: 何等[丷ㄱ乙]爲五

C: 何 等丷ㄱ乙 爲五

D: 어떠한 것들을 다섯 가지라고 하는가 하면,

E: 어떤 것이 다섯 가지인가?

N: 云何爲五。
(어떤 것이 다섯인가.)

<금광3, 03:12-13>

P: 一者與[七]諸煩惱乙、不[夂丷㢱]得阝ホ共住丷尸、

Q: 一者 諸 煩惱乙 與七 得阝ホ 共住丷尸 不夂丷㢱

A: 一者與諸[33(·)]煩惱[34(·),42(·)]不得[15(·)]共住[15~25(-),55(·)][51]

B: 一者與諸[ㄱ]煩惱[乙,七]不得[ホ]共住[尸,㢱]

C: 一者 諸ㄱ 煩惱乙 與七 得ホ 共住(丷)尸 不(丷)㢱

D: 첫째, 모든 煩惱와 함께 능히 共住하지 않으며,

50 '何'가 부사로 쓰일 때에는 '亠', 명사를 수식할 때에는 'ㅎ/ノ'가 현토된다. 한편 '何'나 '云何'가 의문사로 쓰일 때에는 '七丷ㄱ'가 현토된다. '何等'은 거의 '何ㅎ 等(丨)丷ㄱ'으로 현토되고 이 자료에서도 마찬가지이나(유일례로 '何ノ'가 나타남), 여기에서만 '何七 等丷ㄱ'이라는 표기가 유일례로 나타난다. 보통 '云何七丷ㄱ'은 '엇혼'으로 읽고 '何ㅎ 等(丨)丷ㄱ'은 '어누 다혼'으로 읽는데, '何七 等丷ㄱ'은 그 어느 쪽으로도 읽기 어려운 특이한 현토인 것이다. '何七'이 '何ㅎ'의 오기일 가능성도 있으나, '엇혼'을 표기했을 가능성도 아주 없지는 않다고 생각된다.(▶58페이지 ㉟번)

51 '住'자의 오른쪽 상단에 구결자 '㢱'처럼 보이는 묵흔이 있다.(▶58페이지 ㊱번)

E: 첫째는 모든 번뇌와 함께 머물지 아니함이요,

N: 一者與諸煩惱不樂共住。
(첫째는 모든 번뇌와 함께 같이 있기를 즐겨하지 않는 것이고,)

<금광3, 03:13>

P: 二者福德火七未[ハソ丁丨十丁]具尸、不[冬ソケ]得ぅ亦安樂、

Q: 二者 福德火七 具尸 未ハソ丁丨十丁 得ぅ亦 安樂 不冬ソケ

A: 二者福{43(/)}德[34~44(·)][52]未具[15~25(-),32~42(·),44(.·),33(·)]不得[15(·)]安樂[15~25(-),55(·)]

B: 二者福德[火]未具[尸,ハ,ソ丁丨十,丁]不得[亦]安樂[尸,ケ]

C: 二者 福德火 具尸 未ハソ丁丨十丁 得亦 安樂尸 不(ソ)ケ

D: 둘째, 福德을 갖추지 않은 경우에는 능히 安樂하지 않으며,

E: 둘째는 복덕이 갖추어지지 않으면 안락함을 얻지 않음이요,

N: 二者福德未具不受安樂。
(둘째는 복덕이 갖추어지지 않으면 안락을 받지 않는 것이고,)

<금광3, 03:13-14>

P: 三者一切難行ノ尸ラ十不[冬ソケ]生[尸(、?)]猒心乙、

Q: 三者 一切 難行ノ尸ラ十[53] 猒心乙 生尸 不冬ソケ

---

52 11~21위치, 41위치, 42위치에 먹을 지운 듯한 흔적이 보인다. 아울러 43위치에서 시작되는 긴 사선은 외형상 빼침선으로 보이나, 43위치의 빼침선은 '𠆢ハ'으로 해독되는 점토로 추정되므로(안대현 2009; 문현수 2014) 맥락상 적절하지 않다. 이는 인쇄하는 과정에서 묻은 것일 가능성이 있다.(▶58페이지 ㊲번)

53 자토석독구결 자료에서 'ノ尸ラ十'는 이 예가 유일하다. 『유가사지론』 권20, 『금광명경』 권3에는 'ノ亽十'로 현토되고, 『화엄경』 권14, 『화엄경소』 권35, 『자비도량참법』 권4에는 'ノ亽ラ十'로 현토된다. 김지오(2010)에서도 이 예가 점토와 현토 양상이 다름을 지적하였으나 오기(誤記)로 단정하지는 않았다.

A: 三者一切難行[24(\),44(·)]⁵⁴不生[역독선-각]猒心[34(·),15~25(-),55(·)]

B: 三者一切難行[ノ솝,十]不生猒心[乙,尸,ホ]

C: 三者 一切 難行ノ솝十 猒心乙 生尸 不(ッ)ホ

D: 셋째, 一切 難行하는 것에 대해서 猒心을 내지 않으며,

E: 셋째는 일체 어려운 행에 싫어하는 마음을 내지 않음이요,

N: 三者於諸難行苦行之事不生厭心。

(셋째는 모든 어려운 행[難行]과 괴로운 행[苦行]에 싫증을 내지 않는 것이고,)

<금광3, 03:14-15>

P: 四者爲欲[人]利益[ッ 3 ホ]一切衆生乙 、成就ㅅ 刂 、大慈灬攝受ッ ホ

Q: 四者 一切 衆生乙 利益ッ 3 ホ 成就ㅅ 刂 {爲欲}人 大慈灬 攝受ッ ホ

A: 四者爲欲利益[2자합부역독선-각]一切衆生[34(·),15(·)]成就[23~24(·),31(·)]大慈[43(·)]攝受[55(·)]

B: 四者爲欲利益一切衆生[乙,ホ]成就[ㅅ刂,人]大慈[灬]攝受[ホ]

C: 四者 一切 衆生乙 利益(ッ 3)ホ 成就ㅅ刂 {爲欲}人 大慈灬 攝受(ッ)ホ

D: 넷째, 一切 衆生을 이롭게 하여서 성취하게 하고자 大慈로 攝受하며,

E: 넷째는 일체 중생을 이익하게 하고자 대자비를 성취하여 거두어들임이요,

N: 四者以大慈悲攝受利益。方便成熟一切衆生。

(넷째는 대자비로써 온갖 중생을 받아들여 이익을 주고 방편(方便)으로 성숙시키는 것이며,)

---

54 +15위치, 24위치, 51위치에 먹을 지운 듯한 흔적이 보인다. +15위치의 흔적은 'ノ尸 ホ 十'의 'ノ尸'과 관련될 가능성이 있다.(▶58페이지 ㊳번)

<금광3, 03:15>

P: 五者願求[ソゟソア矢ナヿㅣㅣ]不退轉地乙、

Q: 五者 不退轉地乙 願求ソゟソア矢ナヿㅣㅣ

A: 五者願求[2자합부역독선-각]不退轉地[34(·),55(·),+25(/),52(··)]

B: 五者願求不退轉地[乙,ゟ,ソア矢,ナヿㅣㅣ]

C: 五者 不退轉地乙 願求(ソ)ゟソア矢ナヿㅣㅣ

D: 다섯째, 不退轉地를 願求하며 하는 것이다.

E: 다섯째는 물러서지 않는 지위를 원하여 구함이다.

N: 五者願求不退轉地。
　　(다섯째는 불퇴전지(不退轉地)를 원하여 구하는 것이다.)

<금광3, 03:15-16>

P: 善男子ゟ是乙名下菩薩摩訶薩ㅣㅣ成就[ソアㅜノオナヿㅣㅣ]毗梨耶波羅蜜乙、

Q: 善男子ゟ 是乙 名下 菩薩摩訶薩ㅣㅣ 毗梨耶波羅蜜乙 成就ソアㅜノオナヿㅣㅣ

A: 善男子[22(·)]{34~35(||)}是[34(·)]名[=54(·)]菩薩摩訶薩成[합부]就[역독선(우하향)]毗梨耶波羅蜜[34(·),15~25(-),+11(·),+41(\)#41(\)]

B: 善男子[ゟ]是[乙]名[下]菩薩摩訶薩成就毗梨耶波羅蜜[乙,ア,ㅜ,ノオナヿㅣㅣ]

C: 善男子 ゟ 是乙 名下 菩薩摩訶薩 毗梨耶波羅蜜乙 成就(ソ)アㅜノオナヿㅣㅣ

D: 선남자야, 이것을 일컬어 菩薩摩訶薩이 毗梨耶波羅蜜을 성취한다고 하는 것이다."

E: 선남자여, 이것을 보살마하살이 정진바라밀을 성취함이라 한다."

N: 善男子。是名菩薩摩訶薩成就勤策波羅蜜。
　　(선남자야, 이것을 보살마하살이 근책바라밀을 성취한 것이라고 이름한다.)

<금광3, 03:16-17>

P: 佛ㅣ言ガニア善男子ゟ(又依五)法乙、成就[ソナ호セㅣ]菩薩摩訶薩ア禪那波羅

蜜乙、

Q: 佛ㄱ {言}ㄗ二ㄕ 善男子ㄋ (又) 五法乙 (依) 菩薩摩訶薩ㄕ 禪那波羅蜜乙 成就丷ナ㫆七丨

A: 佛[33(·)]言善男子[22(·)](又依五)法成就菩薩摩訶薩[15~25(-)]禪那波羅蜜[34(·),42(-),51(·)]

B: 佛[ㄱ]言善男子[ㄋ]又依五法成就菩薩摩訶薩[ㄕ]禪那波羅蜜[乙,ナ㫆七,丨]

C: 佛ㄱ 言(刂二ㄕ) 善男子ㄋ 又 五法 依(ㄋ) 菩薩摩訶薩ㄕ 禪那波羅蜜乙 成就(丷)ナ㫆七丨

D: ⑤부처님은 말씀하시기를, "선남자야, 또 五法을 의거하여 菩薩摩訶薩의 禪那波羅蜜을 성취할 수 있다.

E: 부처님께서 말씀하셨다. "선남자여, 또 다섯 가지 법에 의하여 보살마하살이 선정[禪那]바라밀을 성취하니,

N: 善男子。復依五法。菩薩摩訶薩成就靜慮波羅蜜。
(선남자야, 또 다섯 가지 법에 의하여 보살마하살이 정려바라밀을 성취하나니,)

<금광3, 03:17-18>

P: 何(ノ?)[55](等爲)五

Q: 何ノ (等 爲)五

A: 何(等爲)五

B: 何等爲五

C: 何 等 爲五

---

55 [교감] 이곳의 'ノ'는 위치나 자형이 특이하다. '何'의 말음으로는 일반적으로 '何七'과 '何㫆'가 쓰이는데, 3장 12행의 동일한 문맥에서는 '何七'이 쓰인 점과 'ノ'의 기입 위치와 자형이 일반적인 'ノ'와 다른 점에서 '何ノ'는 오기일 가능성이 있다(김지오 2010). 하지만 '何ノ 等丷ㄱ乙'도 불가능한 구성은 아니므로 오기로 판단하지 않았다.(▶58페이지 ㊴번)

D: 어떠한 것들을 다섯 가지라고 하는가 하면,

E: 어떤 것이 다섯 가지인가?

N: 云何爲五。
(어떤 것이 다섯 가지인가.)

<금광3, 03:18>

P: 一者一切善法乙 攝持不散ㆍㅎ

Q: 一者 一切 善法乙 攝持 不散ㆍㅎ

A: 一者一切善法[34(·)]攝持不散[55(·),4자합부-각]

B: 一者一切善法[乙]攝持 不散[ㅎ]

C: 一者 一切 善法乙 攝持 不散(ㆍ)ㅎ

D: 첫째, 一切 善法을 攝持 不散하며,

E: 첫째 일체의 선한 법을 거두어 가지고 흩어 버리지 않음이요,

N: 一者於諸善法。攝令不散故。
(첫째는 모든 선법(善法)을 잘 거두어서 흩어지지 않게 하는 것이요,)

<금광3, 03:18-19>

P: 二者解脫[ㅅ ㅣ ㅌ ㅕ](生死)二處(ㅏ 十?)[56]不著ㆍㅎ

Q: 二者 (生死) 二處ㅏ 十 解脫ㅅ ㅣ ㅌ ㅕ 不著ㆍㅎ

A: 二者解脫(生死)二處不[합부]著[55(·)]

---

56 [교감] 송진에 오염되고 현재는 원본이 훼손되어 확인할 수 없다. 여기서는 훼손되기 이전에 원본 조사와 초기 복사본을 통해 확인한 부분을 판독에 반영한 정재영(1998)의 전산입력본을 참조하여 반영하였다. 이런 경우에 이하에서는 '송진에 오염되어 원본 확인이 어려운 부분으로 정재영(1998)의 판독안을 반영하였다.'라로 기록하기로 한다.(▶58페이지 ㊵번)

B: 二者解脱生死二處不著[ゟ]

C: 二者 生死 二處 解脱 不著(丷)ゟ

D: 둘째, 生死 二處에서 해탈하게 하고자 집착하지 않으며,

E: 둘째는 해탈과 생사의 두 곳에 집착하지 않음이요,

N: 二者常願解脱不著二邊故。
   (둘째는 해탈을 늘 원하여 두 변(邊)에 집착하지 않는 것이요,)

<금광3, 03:19-20>

P: 三者願丷ゟホ得[ゟ]神通乙丶爲[ㅅ丷ア入灬]成熟[57][ㅅ刂丶]衆生ゟ善根乙丶故ノ
   丷ゟ

Q: 三者 願丷ゟホ 神通乙 得ゟ 衆生ゟ 善根乙 成熟ㅅ刂{爲}ㅅ丷ア入灬 故ノ丷ゟ

A: 三者願[15(·)]得神通[34(·),22(·)]爲成熟衆生[23(·)]善根[23~24(·),31(·),+45(/),
   43(·)]故[55(·)]

B: 三者願[ホ]得神通[乙,ゟ]爲成熟衆生[ゟ]善根[ㅅ刂,ㅅ,丷ア入乙,灬]故[ゟ]

C: 三者 願(丷ゟ)ホ 神通乙 得ゟ 衆生ゟ 善根 成熟ㅅ刂{爲}ㅅ丷ア入乙灬{故}ゟ

D: 셋째, 원하여서 神通을 얻어 衆生의 善根을 成熟하게 하고자 하기 때문이며,

E: 셋째는 신통을 얻기 원하나니 중생에게 선근을 성취하게 하기 위함이요,

N: 三者願得神通成就衆生諸善根故。
   (셋째는 신통을 얻어서 중생이 모든 선근(善根)을 성취하기를 원하는 것이요,)

---

57 '熟'이 재조대장경판 『합부금광명경』과 『금광명최승왕경』에는 '就'로 되어 있다. 맥락상 '成熟'과 '成就' 둘
    다 가능하나, 앞의 〈03:08-09〉에서도 "成熟 一切衆生 功德善根"이라는 표현이 있고 '成就'는 주로 '波羅密'
    과 함께 나타나므로 '熟'이 옳은 글자일 가능성이 높다.

<금광3, 03:20>

P: 四者發心ッぅホ洗浣[ッぅ]法界乙、爲[ㅅッアㅅ一]清淨[ㅅ 리 ·]心乙、故ノ·ッ
ぅ

Q: 四者 發心ッぅホ 法界乙 洗浣ッぅ 心乙 淸淨ㅅ리{爲}ㅅッアㅅ一 故ノ·ッぅ

A: 四者發心[15(·)]洗浣[2자합부역독선(우하향)]法界[34(·),22(·)]爲淸淨[2자합부역독
선(우하향)]心[34(·),23~24(·),31(·),+45(/),43(·)]故[55(·)]

B: 四者發心[ホ]洗浣法界[乙,ぅ]爲淸淨心[乙,ㅅ리,ㅅ,ッアㅅ乙,一]故[ぅ]

C: 四者 發心(ッぅ)ホ 法界乙 洗浣(ッぅ)ぅ 心乙 淸淨ㅅ리{爲}ㅅッアㅅ乙{故}ぅ

D: 넷째, 發心하여서 法界를 洗浣하여 마음을 淸淨하게 하고자 하기 때문이며,

E: 넷째는 법계를 깨끗이 씻기를 발심하니 마음을 청정하게 하기 위함이요,

N: 四者爲淨法界。蠲除心垢故。
(넷째는 법계(法界)를 깨끗하게 하기 위하여 마음의 때를 덜어 버리는 것이요,)

<금광3, 03:20-21>

P: 五者爲[ㅅッアㅅ一]斷[ㅅ리 ·]衆生ぅ一切煩惱根乙、故ノ·ッアㅊ ナ ㄱ 리 ㅣ

Q: 五者 衆生ぅ 一切 煩惱根乙 斷ㅅ리{爲}ㅅッアㅅ一 故ノ·ッアㅊ ナ ㄱ 리 ㅣ

A: 五者爲斷[역독선-각][58]衆生[23(·)]一切煩惱根[34(·),23~24(·),31(·),+45(/),43(·)]故
[21(·),+25(/),52(··)]

B: 五者爲斷衆生[ぅ]一切煩惱根[乙,ㅅ리,ㅅ,ッアㅅ乙,一]故[ノ,ッアㅊ,ナㄱ리ㅣ]

C: 五者 衆生ぅ 一切 煩惱根乙 斷ㅅ리{爲}ㅅッアㅅ一 故ノ·ッアㅊ ナ ㄱ 리 ㅣ

D: 다섯째, 衆生의 一切 煩惱根을 끊게 하고자 하기 때문인 것이다.

E: 다섯째는 중생의 일체 번뇌의 뿌리를 끊기 위함이다.

---

58 각필 역독선은 글자를 관통하는 역사향 반곡선으로 나타나는데, 이 예에서는 글자를 관통하지 않고 획
의 돌출된 부분에서 우하향 직선으로 표시된 것이 특이하다.(▶58페이지 ㊶번)

N : 五者爲斷衆生煩惱根本故。

(다섯째는 중생 번뇌의 근본을 끊고자 하는 것이다.)

<금광3, 03:21-22>

P : 善男子ぅ是乙名下菩薩摩訶薩ㅣ成就[ッ尸丁ノ才ナ¬ㅣㅣ]禪那波羅蜜乙、

Q : 善男子ぅ 是乙 名下 菩薩摩訶薩ㅣ 禪那波羅蜜乙 成就ッ尸丁ノ才ナ¬ㅣㅣ

A : 善男子[22(·)]是[34(·)]名[=54(·)]菩薩摩訶薩[22~32(·)]成就禪那波羅蜜[34(·),+11(·),+41(\)#41(\)]

B : 善男子[ぅ]是[乙]名[下]菩薩摩訶薩[ㅣ]成就禪那波羅蜜[乙,丁,ノ才ナ¬ㅣㅣ]

C : 善男子ぅ 是乙 名下 菩薩摩訶薩ㅣ 禪那波羅蜜乙 成就(ッ尸)丁ノ才ナ¬ㅣㅣ

D : 선남자야, 이것을 일컬어 菩薩摩訶薩이 禪那波羅蜜을 성취한다고 하는 것이다."

E : 선남자여, 이것을 보살마하살이 선정바라밀을 성취함이라고 한다."

N : 善男子。是名菩薩摩訶薩成就靜慮波羅蜜。

(선남자야, 이것을 보살마하살이 정려바라밀을 성취한 것이라고 이름한다.)

<금광3, 03:22-23>

P : 佛ㄱ言ㅋ二尸善男子ぅ59又有[七ナㅣ]五法、菩薩摩訶薩ㅣ成就[ノ才一]般若波羅
蜜乙、

Q : 佛ㄱ{言}ㅋ二尸 善男子ぅ 又 五法 有七ナㅣ 菩薩摩訶薩ㅣ 般若波羅蜜乙 成就ノ
才一

A : 佛[33(·)]言[22~32(·)]善男子[22(·)]又有[역독선(우하향)]五法[42(·),52(·)]菩薩摩訶
薩[22~32(·)]成就般若波羅蜜[34(·),+52~53(\)#+53(\)]

B : 佛[ㄱ]言[ㅣ]善男子[ぅ]又有五法[七,ナ]菩薩摩訶薩[ㅣ]成就般若波羅蜜[乙,ノ才

---

59 'ぅ'자를 겹쳐서 두 번 쓴 듯하다.(▶58페이지 ㊷번)

ㅗ]

C: 佛ㄱ 言ㅣ(ㅡ尸) 善男子ㄋ 又 五法 有ㄷㅊ(丨) 菩薩摩訶薩ㅣ 般若波羅蜜ㄹ 成就ノ矛ㅗ

D: ⑥부처님은 말씀하시기를, "선남자야, 또 五法이 있다, 菩薩摩訶薩이 般若波羅蜜을 성취함이.

E: 부처님께서 말씀하셨다. "선남자여, 또 다섯 가지 법이 있어서 보살마하살이 반야바라밀을 성취하니

N: 善男子。復依五法。菩薩摩訶薩成就智慧波羅蜜。
(선남자야, 또 다섯 가지 법에 의하여 보살마하살이 지혜바라밀을 성취하나니,)

<금광3, 03:23-24>

P: 云何ㅅㄱㄹ[60]爲五

Q: 云何ㅅㄱㄹ 爲五

A: 云何[34(/)]爲五

B: 云何[ㅅㄱㄹ]爲五

C: 云何ㅅㄱㄹ 爲五

D: 어떠한 것을 다섯 가지라고 하는가 하면,

E: 어떤 것이 다섯 가지인가?

N: 云何爲五。
(어떤 것이 다섯 가지인가.)

60 주위의 자토와 필체가 다르다.(▶58페이지 ㊸번)

P: 一者一切諸佛亠菩薩亠聰慧大智刂二ㄱ刂亠ノア乙供養ソゟ親近ソゟソ白ノア
厶心ゟ十無[ㅣ]猒足ノア丶

Q: 一者 一切 諸佛亠 菩薩亠 聰慧大智刂二ㄱ刂亠ノア乙 供養ソゟ 親近ソゟソ白ノ
ア厶 心ゟ十 猒足ノア 無ㅣ

A: 一者一切諸佛[53(·)]菩薩[53(·)]聰慧大智[22~32(·),52~53(:)#=53(:)[61],+35(\),구결
자(二ㄱ刂亠)[62]]{45(·)}供養[35(·)]親近[35(·),+13(··)]心[44(·)]無猒[63]足[+15~25(-),
55(·)]

B: 一者一切諸佛[亠]菩薩[亠]聰慧大智[刂,二x亠,ノア乙]供養[ゟ]親近[ゟ,白ノア厶]
心[十]無猒足[ノア,ㅣ]

C: 一者 一切 諸佛亠 菩薩亠 聰慧大智刂二x亠ノア乙 供養(ソ)ゟ 親近(ソ)ゟ(ソ)白
ノア厶 心十 猒足ノア 無ㅣ

D: 첫째, 一切 諸佛이니 菩薩이니 聰慧大智이신 이이니 하는 이를 공양하고 친근하고
하되 마음에 猒足함이 없으며,

E: 첫째 모든 부처님과 보살의 총명한 지혜와 큰 지혜에 가까이하여 공양하여 마음에
싫증내거나 만족함이 없으며,

N: 一者常於一切諸佛菩薩及明智者。供養親近不生厭背。
(첫째는 언제나 온갖 모든 부처님과 보살과 밝은 지혜 있는 이에게 공양하고 친근
하여 싫어하거나 배반하는 마음을 내지 않는 것이고,) <금광3, 03:25-04:01>

P: 二者諸佛如來ア說白ノㄱ甚深法乙心ゟ十常刂樂ノ聞白ノア厶無有[ㄸゟ]猒足ノ

---

61 현토 위치상 52(:)로 볼 수 있으나 이 자료에서 52(:)는 'ㄸ ㅏ ㄸ ㅣ'로 해독되므로, 52(:)일 가능성은 낮아
보인다. 이 자료에서 53(:)은 자토와의 대응을 고려하면 '二ㄱ亠' 정도로 해독되는 점토로 볼 수 있는데,
위의 점토는 52위치와 53위치의 사이에 위치한다는 점과 대응되는 자토가 '二ㄱ刂亠'라는 점을 고려하
면 53(:)과 변별되는 52~53(:)일 가능성이 있다.(▶58페이지 ㊹번)

62 3장 24행의 난하(欄下)에 아주 작고 가는 묵서로 기입되어 있다.(▶58페이지 ㊺번)

63 41위치에 11시 방향의 묵선이 있다.(▶58페이지 ㊻번)

　　　　　　ﾊﾞ 丶

Q: 二者 諸 佛 如來ﾉﾞ 說白ﾉㄱ 甚深 法乙 心ﾗﾄ 常ﾘ 樂ﾉ 聞白ﾉﾉﾑ 猒足ﾉﾞ 無{有}ㄴﾞ

A: 二者諸佛如來[15~25(-)]說[33(··)]甚深法[34(·),구결자(乙)[64]]心[=44(·)]常 [22~32(·)]樂[21(·)]聞[+13(··)]無有猒足[+15~25(-),55(·)]

B: 二者諸佛如來[ﾉﾞ]說[白ﾉㄱ]甚深法[乙]心[ﾄ]常[ﾘ]樂[ﾉ]聞[白ﾉﾉﾑ]無有猒足 [ﾉﾞ,ﾞ]

C: 二者 諸 佛 如來ﾉﾞ 說白ﾉㄱ 甚深 法乙 心ﾄ 常ﾘ 樂ﾉ 聞白ﾉﾉﾑ 猒足ﾉﾞ 無 {有}ﾞ

D: 둘째, 諸 佛 如來의 말씀하신 매우 깊은 법을 마음에 항상 즐겨 들되 猒足함이 없으며,

E: 둘째는 모든 부처님 여래께서 매우 깊은 법을 설하심에 마음에 항상 듣기를 즐거워하여 싫증내거나 만족함이 없으며,

N: 二者諸佛如來說甚深法。心常樂聞無有厭足。
(둘째는 모든 불여래(佛如來)께서 매우 깊은 법을 말씀하시는 것을 마음에 늘 즐겨 듣고자 하며 싫증내지 않는 것이요,)

사진 이미지 자료

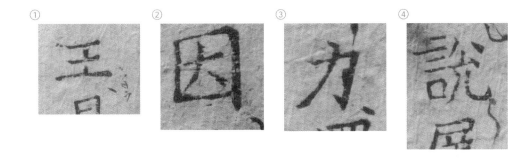

①　　②　　③　　④

⑤ ⑥ ⑦ ⑧

⑨ ⑩ ⑪ ⑫

⑬ ⑭ ⑮ ⑯

⑰ ⑱ ⑲ ⑳

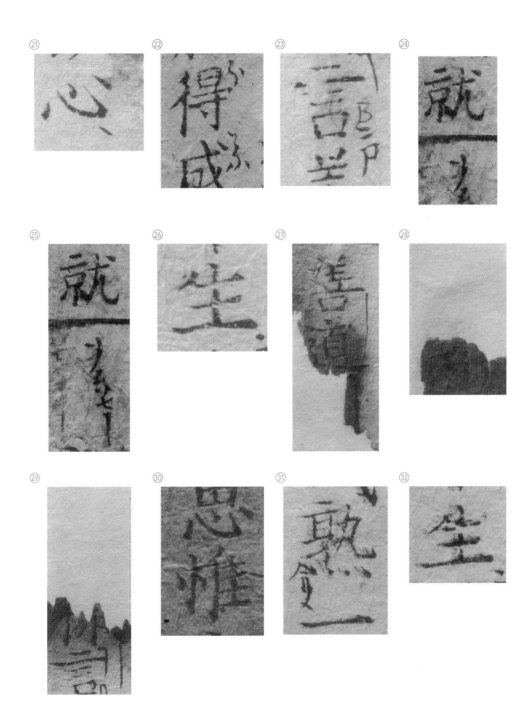

<금광3, 04:01>

P: 三者眞俗勝智乙丷ㅎ

Q: 三者 眞俗 勝智乙丷ㅎ

A: 三者眞俗勝智[34(·),55(·)]

B: 三者眞俗勝智[乙,ㅎ]

C: 三者 眞俗 勝智乙(丷)ㅎ

D: 셋째, 眞俗 勝智를 하며,

E: 셋째는 진과 속[眞俗]에 가장 훌륭한 지혜[勝智]요,

N: 三者眞俗勝智樂善分別。
   (셋째는 진(眞)과 속(俗)을 훌륭한 지혜로 즐겨 잘 분별하는 것이고,)

<금광3, 04:01-02>

P: 四者見思煩惱乙如[ㅊ丷ㄱ]是、勝智灬能ㅎ分別丷ㅎ斷丷ㅎ

Q: 四者 見思煩惱乙 是 如ㅊ丷ㄱ 勝智灬 能ㅎ 分別丷ㅎ 斷丷ㅎ

A: 四者見思煩惱[34(·)]如是[33(/)]勝智[43(·)]能[55(·)]分別[22(·)]斷[55(·)]

B: 四者見思煩惱[乙]如是[丷ㄱ]勝智[灬]能[ㅎ]分別[ㅎ]斷[ㅎ]

C: 四者 見思煩惱乙 是 如(ㅊ)丷ㄱ 勝智灬 能ㅎ 分別(丷)ㅎ 斷(丷)ㅎ

D: 넷째, 見思煩惱를 이와 같은 勝智로 능히 분별하여 끊으며,

E: 넷째는 진리를 잘못 보는 견혹(見惑)과 잘못 생각하는 사혹[見思]의 번뇌를 이와 같이 훌륭한 지혜로 능히 분별하여 끊음이요,

N: 四者見修煩惱。咸速斷除。

(넷째는 견(見: 見惑)과 수(修: 修惑)의 번뇌를 모두 빨리 끊는 것이고,)

<금광3, 04:02-03>

P: 五者於世間ㄴ五明ㄴ之法ㆍ十(皆)ㄴ(悉)ㆍ通達ᄼ白ᄼ尸矢ナㄱ∥ㅣ

Q: 五者 {於}世間ㄴ 五明ㄴ{之} 法ㆍ十 (皆)ㄴ (悉)ㆍ 通達ᄼ白ᄼ尸矢ナㄱ∥ㅣ

A: 五者於世間[42(·)]五明[42(·)]之法(皆悉)通達[55(·),+25(/),52(··)]

B: 五者於世間[ㄴ]五明[ㄴ]之法皆悉通達[白,ᄼ尸矢,ナㄱ∥ㅣ]

C: 五者 {於}世間ㄴ 五明ㄴ{之} 法(十) 皆 悉 通達(ᄼ)白ᄼ尸矢ナㄱ∥ㅣ

D: 다섯째, 世間의 五明의 법에 대하여 모두 다 통달하며 하는 것이다.

E: 다섯째는 세간의 다섯 가지 밝은 법[五明]을 모두 다 통달함이다.

N: 五者世間伎術五明之法。皆悉通達。
　　(다섯째는 세간의 기술과 5명(明)[1]의 법을 모조리 통달하는 것이다.)

<금광3, 04:03-04>

P: 善男子ㆍ是乙名下菩薩摩訶薩∥成就[ᄼ尸丁ノ才ナㄱ∥ㅣ](般若波羅)蜜乙ㄱ

Q: 善男子ㆍ 是乙 名下 菩薩摩訶薩∥ (般若波羅)蜜乙 成就ᄼ尸丁ノ才ナㄱ∥ㅣ

A: 善男子[22(·)]是[34(·)]名[54(·)]菩薩摩訶薩[22~32(·)]成就(般若波羅)蜜[2][34(·),+11(·),+41(\)#41(\)]

B: 善男子[ㆍ]是[乙]名[下]菩薩摩訶薩[∥]成就般若波羅蜜[乙,丁,ノ才ナㄱ∥ㅣ]

C: 善男子ㆍ 是乙 名下 菩薩摩訶薩∥ 般若波羅蜜乙 成就(ᄼ尸)丁ノ才ナㄱ∥ㅣ

D: 선남자야, 이것을 일컬어 菩薩摩訶薩이 般若波羅蜜을 성취한다고 하는 것이다."

1　모든 학문을 종합해서 5개의 학문으로 나눈 인도의 학문 구분 방법. 5명처(明處)라고도 한다. ① 성명(聲明) ② 공교명(工巧明) ③ 의방명(醫方明) ④ 인명(因明) ⑤ 내명(內明)의 다섯을 말한다.

2　'蜜'자 하단에 'ᵕ' 모양의 각필선이 크게 그어져 있다. (▶93페이지 ①번)

60　『합부금광명경』권3 석독구결의 해독과 번역

E : 선남자여, 이것을 보살마하살이 반야바라밀을 성취한다고 한다.”

N : 善男子。是名菩薩摩訶薩成就智慧波羅蜜。

(선남자야, 이것을 보살마하살이 지혜바라밀을 성취하였다고 이름하느니라.)

<금광3, 04:04-05>

P : 佛言善男子彡 又依[彡]³五乙、 法菩薩摩(訶薩成)就[(丷 ナ ㅎ ㅣ?)]⁴方便勝智波羅蜜乙、

Q : 佛 言 善男子彡 又 五法乙 依彡 菩薩摩(訶薩) 方便勝智波羅蜜乙 成就 丷 ナ ㅎ ㅣ

A : 佛言善男子[22(·)]又依五法[34(·),22(·)]菩薩摩(訶薩成)就方便勝智波羅蜜 [34(·),42(-),51(·)]

B : 佛言善男子[彡]又依五法[乙,彡]菩薩摩訶薩成就方便勝智波羅蜜[乙,ナㅎㅌ,ㅣ]

C : 佛 言(ㅣㄹㄹ) 善男子彡 又 五法乙 依彡 菩薩摩訶薩 方便勝智波羅蜜乙 成就(丷) ナ ㅎ ㅌ ㅣ

D : ⑦부처님은 말씀하시기를, “선남자야, 또 다섯 법을 의거하여 菩薩摩訶薩이 方便勝智波羅蜜을 성취할 수 있다.

E : 부처님께서 말씀하셨다. “선남자여, 또 다섯 가지 법에 의지하여 보살마하살이 방편승지(方便勝智)바라밀을 성취하니

N : 善男子。復依五法。菩薩摩訶薩成就方便波羅蜜。

(선남자야, 또 다섯 가지 법에 의하여, 보살마하살이 방편바라밀을 성취하나니,)

3　[교감] '法'자에 달려야 할 '乙'이 '五'에 잘못 달려 있다.(▶93페이지 ②번)

4　[교감] 원본 확인이 어려운 부분으로 정재영(1998)의 판독안을 반영하였다. 반복되는 패턴의 문장에서 토가 일치하지 않는 곳이 있는데, 일치하지 않는 부분은 점토의 양상도 다르다. 이 점을 고려하면 이 사례에서는 '-ナㅎㅌㅣ'로 현토된 다른 부분에서와 같은 점토(42(-), 51(·))가 달려 있으므로 '-ナㅎㅌㅣ'로 추정할 근거로 삼을 수 있다.(▶93페이지 ③번)

P: 何者爲五

Q: 何者 爲五

A: 何者爲五

B: 何者爲五

C: 何⁵者 爲五⁶

D: 어떠한 것을 다섯 가지라고 하는가 하면,

E: 어떤 것이 다섯 가지인가?

N: 云何爲五。
(어떤 것이 다섯 가지인가.)

<금광3, 04:05-06>

P: 一者於一切衆生⌐意欲煩惱行⌐ノ令十心悉ㄅ通達ゝ ㅏ

Q: 一者 {於}一切 衆生⌐⁷意欲 煩惱行⌐ノ令十心 悉ㄅ 通達ゝ ㅏ

A: 一者(於)一切衆生意欲煩惱行[53(·),24(\),44(·)]心悉[22(·)]通達[55(·)]

B: 一者於一切衆生意欲煩惱行[⌐,ノ令,十]心悉[ㄅ]通達[ㅏ]

C: 一者 {於}一切 衆生 意欲 煩惱行⌐ノ令十 心 悉ㄅ 通達(ゝ)ㅏ

D: 첫째, 一切 衆生이니 意欲 煩惱行이니 하는 것에 대하여 마음이 다 통달하며,

E: 첫째 일체 중생의 뜻의 욕심과 번뇌의 행을 다 통달함이요,

N: 一者於一切衆生意樂煩惱心行差別。悉皆通達。
(첫째는 온갖 중생의 의락(意樂)·번뇌(煩惱)·심행(心行)의 차별을 모조리 통달하는

---

5   2장 22행의 동일 구성에는 [34(/)]가 현토되어 있다.

6   2장 22행의 동일 구성에는 [32~42(·),15(·.),23~33(\)]가 현토되어 있다.

7   '⌐'는 문맥상 '衆生'이 아니라 '意欲'에 현토되어야 할 것이 잘못 현토된 것으로 보인다.(▶93페이지 ④번)

것이고,)

<금광3, 04:06-07>

P: 二者無[ソ1]量、對治亠諸法亠ノ今七之門乙心3十皆曉了ソケ

Q: 二者 量 無ソ1 對治亠 諸法亠ノ今七{之} 門乙 心3十 皆 曉了ソケ

A: 二者無量[=33(/)]對治[53(·)]諸法[53(·),=24(\),42(·)]之門[34(·)]心[44(·)]皆[42(·)]曉了[55(·)]

B: 二者無量[ソ1]對治[亠]諸法[亠,ノ今,七]之門[乙]心[十]皆[七]曉了[ケ]

C: 二者 量 無ソ1 對治亠 諸法亠ノ今七{之} 門乙 心十 皆七 曉了(ソ)ケ

D: 둘째, 한량 없는 對治이니 諸法이니 하는 門을 마음에 모두 曉了하며,

E: 둘째는 한량없이 번뇌를 끊는[對治] 모든 법의 문(門)을 마음으로 다 밝게 아는 것이요,

N: 二者無量諸法對治之門。心皆曉了。
(둘째는 한량없는 모든 법의 대치(對治)의 문(門)을 마음에 모두 깨쳐 아는 것이고,)

<금광3, 04:07-08>

P: 三者大慈大悲灬入出ノ尸ム自在亐[8]ソケ

Q: 三者 大慈大悲灬 入出ノ尸ム 自在亐ソケ

A: 三者大慈大悲[43(·)]入出[+13(\)#+12~13(\)]自在[45(·),55(·)]

B: 三者大慈大悲[灬]入出[ノ尸ム]自在[亐,ケ]

C: 三者 大慈大悲灬 入出ノ尸ム 自在亐(ソ)ケ

D: 셋째, 大慈大悲로 入出하는 데에 自在히 하며,

8 [교감] 먼저 'ソナ1'(?)을 적었다가 '亐'로 수정한 것으로 보인다.(▶93페이지 ⑤번)

E: 셋째는 대자대비로 출입이 자재함이요,

N: 三者大慈悲定。出入自在。

(셋째는 대자비의 정(定：禪定)에 들고나는 것이 자재한 것이며,)

<금광3, 04:08-09>

P: 四者於摩訶波羅蜜 氵十多 刂能 氵修行 ㄟ氵成就滿足 丿尸入乙悉 氵皆乚願求 ㄟ氵

Q: 四者 {於}摩訶波羅蜜 氵十 多 刂 能 氵 修行 ㄟ氵 成就 滿足 丿尸入乙 悉 氵 皆乚 願 求 ㄟ氵

A: 四者於摩訶波羅蜜[44(·)]多[22~32(·)]能[55(·)]修行[=22(·)]成就滿足[+45(\),경계선]悉[22(·)]皆[=42(·)]願求[55(·)]

B: 四者於摩訶波羅蜜[十]多[刂]能[氵]修行[氵]成就滿足[丿尸入乙]悉[氵]皆[乚]願求[氵]

C: 四者 {於}摩訶波羅蜜 十 多 刂 能 氵 修行(ㄟ)氵 成就 滿足 丿尸入乙 悉 氵 皆乚 願求(ㄟ)氵

D: 넷째, 摩訶波羅蜜에 대하여 많이 능히 修行하여 成就 滿足함을 다 모두 願求하며,

E: 넷째는 마하바라밀다(摩訶波羅蜜多)에서 능히 수행하여 성숙하고 만족하기를 다 원하여 구함이요,

N: 四者於諸波羅蜜多。皆願修行成就滿足。

(넷째는 모든 바라밀다에서 다 원대로 닦아 행하여 만족하게 성취하고,)

<금광3, 04:09-10>

P: 五者一切佛法乙了達攝受 丿尸入乙皆悉願求 ㄟ氵ㄟ尸矢ナ丁刂丨

Q: 五者 一切 佛法乙 了達 攝受 丿尸入乙 皆 悉 願求 ㄟ氵ㄟ尸矢ナ丁刂丨

A: 五者一切佛法[34(·)]了達攝受[+45(\)]皆悉願求[55(·),+25(/),52(··)]

B: 五者一切佛法[乙]了達攝受[丿尸入乙]皆悉願求[氵,ㄟ尸矢,ナ丁刂丨]

C: 五者 一切 佛法乙 了達 攝受ノ尸入乙 皆 悉 願求(ソ)ㅅソ尸矢ナ丁リ丨

D: 다섯째, 一切 佛法을 了達 攝受함을 모두 다 願求하며 하는 것이다.

E: 다섯째는 일체 불법을 밝게 통달하여 거두어들이기를 다 원하여 구함이다.

N: 五者一切佛法。皆願了達。攝受無遺。
(다섯째는 온갖 부처님 법을 모두 환히 통달하여 남김 없이 거두어 받기를 원하는 것이다.)

<금광3, 04:10-11>

P: 善男子ㄋ是乙名𠄌菩薩摩訶薩リ[9]成就[ソ尸丁ノオナ丁リ丨]方便勝智波羅蜜乙、

Q: 善男子ㄋ 是乙 名𠄌 菩薩摩訶薩リ 方便勝智波羅蜜乙 成就ソ尸丁ノオナ丁リ丨

A: 善男子[22(·)]是[34(·)]名[54(·)]菩薩摩訶薩[22~32(·)]成就方便勝智波羅蜜[34(·),+11(·),+41(\)#41(\)]

B: 善男子[ㄋ]是[乙]名[𠄌]菩薩摩訶薩[リ]成就方便勝智波羅蜜[乙, 丁, ノオナ丁リ丨]

C: 善男子ㄋ 是乙 名𠄌 菩薩摩訶薩リ 方便勝智波羅蜜乙 成就(ソ尸)丁ノオナ丁リ丨

D: 선남자야, 이것을 일컬어 菩薩摩訶薩이 方便勝智波羅蜜을 성취한다고 하는 것이다."

E: 선남자여, 이것을 보살마하살이 방편승지바라밀을 성취한다고 한다."

N: 善男子。是名菩薩摩訶薩成就方便勝智波羅蜜。
(선남자야, 이것을 보살마하살이 방편승지(方便勝智)바라밀을 성취한 것이라고 이름하느니라.)

9 'リ'를 지나치게 내려 써서 거의 '成'자의 우측에 기입되었다.(▶93페이지 ⑥번)

<금광3, 04:11-12>

P: 佛言善男子又有[匕ナ丨]五法、菩薩摩訶薩刂成就[丿ネ亠]願波羅蜜乙、

Q: 佛 言 善男子 又 五法 有匕ナ丨 菩薩摩訶薩刂 願波羅蜜乙 成就丿ネ亠

A: 佛[33(·)]言[22~32(·)]善男子[22(·)]又有[역독선(좌하향)][10]五法[52(·)]菩薩摩訶薩[22~32(·)]成就願波羅蜜[34(·),+52~53(\)#+52(\)#+53(\)]

B: 佛[乛]言[刂]善男子[ろ]又有五法[ナ]菩薩摩訶薩[刂]成就願波羅蜜[乙,丿ネ亠]

C: 佛乛 言刂(ニ尸) 善男子ろ 又 五法 有ナ(丨) 菩薩摩訶薩刂 願波羅蜜乙 成就丿ネ亠

D: ⑧부처님은 말씀하시기를, “선남자야, 또 다섯 법이 있다, 菩薩摩訶薩이 願波羅蜜을 성취하는 것이.

E: 부처님께서 말씀하셨다. “선남자여, 또 다섯 가지가 있으니 (없음)

N: 善男子。復依五法。菩薩摩訶薩成就願波羅蜜。
(선남자야, 또 다섯 가지 법에 의하여 보살마하살이 원(願)바라밀을 성취하나니,)

<금광3, 04:12>

P: 何者爲五刂ハ

Q: 何者 {爲}五刂ハ

A: 何者爲五

B: 何者爲五

C: 何者 爲五

D: 어떠한 것을 다섯 가지라고 하는가 하면,

E: (없음)

---

10 역독선이 특이하게 ‘有’에서 ‘法’까지 이어지는데, ‘匕’이 끝나는 부분에서 끊어졌다가 조금 왼쪽으로 다시 길게 이어진다.(▶93페이지 ⑦번)

: 云何爲五。 (어떤 것이 다섯 가지인가.)

\<금광3, 04:12-13\>

P: 一者於一切法ᶑ本ᵞᵗ來ノ尸厶[11]不生ᵛ᷇ 不滅ᵛᵎ 不有ᵛ᷇ 不無ᵛ᷇ ᵛᵎ ᵎ ᴦ
ナ心安樂ᵚ 住ᵛ ᷇

Q: 一者 {於}一切 法ᶑ 本ᵞᵗ 來ノ尸厶 不生ᵛ᷇ 不滅ᵛᵎ 不有ᵛ᷇ 不無ᵛ᷇ ᵛᵎ
ᴦ ナ 心 安樂ᵚ 住ᵛ ᷇

A: 一者於一切法[22~32(·)]本[43(빼침)]來[=+13(\)#13(\)]不生[35(·)]不滅[35(·)]不有
[35(·)?]不無[35(·),44(/)]心安樂[45(·)-잡+]住[55(·)]

B: 一者於一切法[ᶑ]本[ᵞᵗ]來[ノ尸厶]不生[᷇]不滅[ᵎ]不有[᷇]不無[᷇,ᵛᵎ ᴦ
ナ]心安樂[ᵚ]住[᷇]

C: 一者 {於}一切 法ᶑ 本ᵞᵗ 來ノ尸厶 不生(ᵛᵎ)᷇ 不滅(ᵛᵎ)᷇ 不有(ᵛᵎ)᷇ 不無(ᵛᵎ)
᷇ ᵛᵎ ᴦ ナ 心 安樂ᵚ 住(ᵛᵎ)᷇

D: 첫째, 一切 法이 본래부터 오되 나지 않고 없어지지 않고 있지 않고 없지 않고 한
것에 대하여 마음이 안락히 머무르며,

E: 첫째는 일체법은 본래 생기지도 않고 없어지지도 않으며 있지도 않고 없지도 않음
에 대하여 마음을 안락하게 머묾이요,

N: 一者。於一切法從本以來。不生不滅非有非無。心得安住。
(첫째는 온갖 법은 본래부터 지금까지 오는데, 나지도 않고 멸하지도 않고, 있는 것
도 아니요 없는 것도 아니라 하여 마음에 안주함을 얻었고,)

---

11 [교감] 〈금광〉에는 (이유는 잘 모르지만) '-尸厶'가 압도적이고 '-ᴦ厶'는 두 번밖에 쓰이지 않았다. 또 그 '-
ᴦ厶'의 사례도 앞뒤 문맥과 대응되는 점토의 위치를 고려하면 '-尸厶'의 오기일 가능성이 있다('前現ノ尸
厶'(금광5:24, 금광6:5) 참조. 공교롭게도 〈유가〉 권20에서도 '-尸厶'만 쓰이고 '-ᴦ厶'는 용례가 없음). 또한 '前現ノ尸厶'(금광
6:13)의 경우 '-尸厶'에 대응하는 점토의 위치가 한자의 자획에서 그다지 멀리 떨어져 있지 않은 점을 고
려하면 대응되는 점토의 위치를 가지고 '-ᴦ厶' 혹은 '-尸厶'로 단정하기도 쉽지 않다. 여기서는 대응되
는 점토의 존재, 앞뒤 문맥의 현토 양상, 〈금광〉과 〈유가〉에서의 빈도 등을 종합적으로 고려하여 '-尸厶'
로 교감하였다.(▶93페이지 ⑧번)

<금광3, 04:13-14>

P: 二者(觀一)切諸法ㅐ 最妙ᄼᄉ 一切垢清淨ᄼㄱㅅ乙 、心得ᄼ 3 ホ安住ᄼ 5

Q: 二者 (一)切 諸法ㅐ 最妙ᄼᄉ 一切 垢 淸淨ᄼㄱㅅ乙 (觀) 心 得ᄼ 3ホ[12] 安住ᄼ
5

A: 二者(觀一)切諸法[22~32(·)]最妙[15(·)]一切垢淸淨[=45(/)-잡+,22(·)]心得[15(·)]安
住[55(·)]

B: 二者觀一切諸法[ㅐ]最妙[ホ]一切垢淸淨[ᄼㄱㅅ乙, 5]心得[ホ]安住[5]

C: 二者 一切 諸法ㅐ 最妙(ᄼ 3)ホ 一切 垢 淸淨ᄼㄱㅅ乙 觀(ᄼ) 3 心 得ホ 安住(ᄼ)
5

D: 둘째, 一切 諸法이 最妙하여서 一切 垢가 淸淨함을 觀하여 마음이 능히 편안히 머
무르며,

E: 둘째는 일체 모든 법의 가장 미묘함을 관(觀)하여 일체의 더러움[垢]과 깨끗함[淸
淨]에 마음의 편안함을 얻어 머묾이요,

N: 二者。觀一切法最妙理趣離垢淸淨。心得安住。
(둘째는 온갖 법의 가장 묘한 이치는 때를 여의어서 깨끗한 것이라고 관찰하여 마
음에 안주함을 얻었고,)

<금광3, 04:15-16>

P: (三者過)一切相乙 、心如如乙ᄼ 3 無作ᄼ 5 無行ᄼ 5 不異ᄼ 5 不動ᄼ 5ᄼ 3ホ(安
心於如)

Q: (三者) 一切 相乙 (過) 心 如如乙ᄼ 3 無作ᄼ 5 無行ᄼ 5 不異ᄼ 5 不動ᄼ 5ᄼ 3
ホ (安心於如)

---

12 '得ᄼ 3ホ'은 금광명경 자토구결에만 2회 나오는데 모두 '능히'로 해석되는 문맥에 쓰였다. 이것은 금광
명경에서 '得 3ホ'을 오기한 것으로 볼 수도 있고 '得'을 음독하는 것이 석독하는 것과 의미가 같았다고
볼 수도 있을 것이다.

Ⓐ : (三者過)一切相[34(·),33(/)]心如如[34(·),=22(·)]無作[35(·)]無行[35(·)]不異[35(·)]
不動[35(·),15(·)](安心於如)

Ⓑ : 三者過一切相[乙,ㆍㅣ]心如如[乙,ㆍㅣ]無作[ㆆ]無行[ㆆ]不異[ㆆ]不動[ㆆ,ㆁ]安心於
如

Ⓒ : 三者 一切 相乙 過ㆍㅣ 心 如如乙(ㆍ)ㅣ 無作(ㆍ)ㆆ 無行(ㆍ)ㆆ 不異(ㆍ)ㆆ 不動
(ㆍ)ㆆ(ㆍㅣ)ㆁ 心 於如 安

Ⓓ : 셋째, 一切 相을 벗어난 마음 如如[13]를 하여 지음 없고 행함 없고 다르지 않고 움직
이지 않고 하여서 마음을 如에 편안히 있게 하며,

Ⓔ : 셋째는 일체의 모습[相]을 벗어나 마음이 여여(如如)하여 지음도 없고 행함도 없고
달라지지도 않고 움직이지도 않아서 마음이 여여함에 안주함이요,

Ⓝ : 三者。過一切想是本眞如。無作無行不異不動。心得安住。
(셋째는 온갖 상(想)을 지나감은 이것은 진여에 근본한 것이므로 지음도 없고 행함
도 없고 다르지도 않고 움직이지도 않아 마음에 안주함을 얻었고,)

<금광3, 04:16-17>

Ⓟ : (四)者爲[ㅅノㅌㅌ]利益[ㆍㆍ]衆生乙ㆍ事ㆢ於俗諦中ㅣㅏ得ㅣㆄ(安心住)

Ⓠ : (四)者 衆生乙 利益ㆍㅣ{爲}ㅅノㅌㅌ 事ㆢ {於}俗諦 中ㅣㅏ 得ㅣㆄ (安心住)

Ⓐ : 四者爲利益衆生[34(·),31(·),24(\),23(·),42(·)]{55(·)-잡+}[14]事[43(·)-잡,구결자(ㆢ)-
복]於俗諦[2자합부-각]{23(·)-각}中[44(·)]得[15(·)]安心住

Ⓑ : 四者爲利益衆生[乙,ㅅ,ノ今,ㅣ,ㅌ]事[ㆢ]於俗諦中[ㅏ]得[ㆄ]安心住

---

13 如如: 만유 제법의 실상(實相)을 가리키는 말. 우주 만유의 본체, 또는 있는 그대로의 진실한 모습을 뜻함.
본래 여(如)라는 말은 '같다'는 의미의 술어에 불과하지만 불교의 용례상으로는, 사물의 진수(眞髓)를 가리
키는 주어이자 명사로서 쓰이게 된 것이다.

14 55위치의 단점을 해독에 반영하여 'ㆍㆄㆍㅅ' 또는 'ㆍㆄㅅㆍㅅ'로 해독할 가능성도 있다.

C: 四者 衆生乙 利益(ソ){爲}ㅅノ今ラヒ[15] 事灬 {於}俗諦 中十 得ホ 心 安 住

D: 넷째, 衆生을 利益되게 하고자 하는 일로 俗諦 가운데 능히 마음을 편안히 하여 머무르며,

E: 넷째는 중생의 일을 이익하게 하기 위하여 세속의 진리[俗諦] 가운데서 편안한 마음을 얻어 머묾이요,

N: 四者。爲欲利益諸衆生事。於俗諦中。心得安住。
(넷째는 모든 중생의 일을 이롭게 하기 위하여 속제(俗諦) 중에서 마음에 안주함을 얻었고,)

<금광3, 04:17>

P: (五)者於奢摩他亠毗鉢舍那亠ノ今十同時阝十能ケ住ソケソ尸矢ナㄱ刂丨

Q: (五)者 {於}奢摩他亠 毗鉢舍那亠ノ今十 同時阝十 能ケ 住ソケソ尸矢ナㄱ刂丨

A: 五者於奢摩他[53(·)]毗鉢舍那[53(·),24(\),44(·)]同時[44(·)]能[55(·)]住[55(·),25(/)-잡+,52(··)]

B: 五者於奢摩他[亠]毗鉢舍那[亠,ノ今,十]同時[十]能[ケ]住[ケ,ソ尸矢,ナㄱ刂丨]

C: 五者 {於}奢摩他亠 毗鉢舍那亠ノ今十 同時十 能ケ 住(ソ)ケソ尸矢ナㄱ刂丨

D: 다섯째, 奢摩他니 毗鉢舍那니 하는 것에 대하여 동시에 능히 머무르며 하는 것이다.

E: 다섯째는 사마타(奢摩他: 止)와 비발사나(毘鉢舍那: 觀)에 동시에 능히 머묾이다.

N: 五者。於奢摩他毘鉢舍那。同時運行。心得安住。
(다섯째는 정사마타(奢摩他: 止)와 비바사나(毘鉢舍那: 觀)를 동시에 운행(運行)하여 마음에 안주함을 얻었다.)

---

15 자토구결은 'ノヒヒ', 점토구결은 'ノ今ラヒ'으로 현토되어 있다.(▶93페이지 ⑨번)

<금광3, 04:18>

P: 善男子是乙名下菩薩摩訶薩ㅣ成就[ᄼ尸丁ノ才ナㄱㅣㅣ]願波羅蜜乙、

Q: 善男子 是乙 名下 菩薩摩訶薩ㅣ 願波羅蜜乙 成就ᄼ尸丁ノ才ナㄱㅣㅣ

A: 善男子[22(·)]是名[54(·)]菩薩摩訶薩[22~32(·)]成就願波羅蜜[34(·),+11(·),+41(\)#41(\)]

B: 善男子[ㆍ]是名[下]菩薩摩訶薩[ㅣ]成就願波羅蜜[乙,丁,ノ才ナㄱㅣㅣ]

C: 善男子ㆍ是(乙)名下菩薩摩訶薩ㅣ願波羅蜜乙成就(ᄼ尸)丁ノ才ナㄱㅣㅣ

D: 선남자야, 이것을 일컬어 菩薩摩訶薩이 願波羅蜜을 성취한다고 하는 것이다."

E: 선남자여, 이것을 보살마하살이 원(願)바라밀을 성취함이라고 한다."

N: 善男子。是名菩薩摩訶薩成就願波羅蜜。
(선남자야, 이것을 보살마하살이 원바라밀을 성취한 것이라고 이름하느니라.)

<금광3, 04:18-20>

P: 佛ㄱ言ㅣ二尸善男子ㆍ依[ㆍ]此五法乙、菩薩摩訶薩ㅣ成就[ᄼ才ㆆセㅣ]力波羅蜜乙、

Q: 佛ㄱ 言ㅣ二尸 善男子ㆍ 此 五法乙 依ㆍ 菩薩摩訶薩ㅣ 力波羅蜜乙 成就ᄼ才ㆆ セㅣ

A: 佛[33(·)]言善男子[22(·)]依此五法[34(·),22(·)]菩薩摩訶薩[33(·)]成就力波羅蜜[42(-),51(·)]

B: 佛[ㄱ]言善男子[ㆍ]依此五法[乙,ㆍ]菩薩摩訶薩[ㄱ]成就力波羅蜜[才ㆆセ,ㅣ]

C: 佛ㄱ言(ㅣ二尸)善男子ㆍ此 五法乙 依ㆍ菩薩摩訶薩ㄱ力波羅蜜(乙)成就(ᄼ)才ㆆセㅣ

D: ⑨부처님은 말씀하시기를, "선남자야, 이 다섯 법을 의거하여 菩薩摩訶薩은 力波羅蜜을 성취할 수 있다.

E: 부처님께서 말씀하셨다. "선남자여, 이 다섯 가지 법에 의하여 보살마하살이 힘[力]

바라밀을 성취하니

N: 善男子。復依五法。菩薩摩訶薩成就力波羅蜜。

(선남자야, 또 다섯 가지 법에 의하여 보살마하살이 역(力)바라밀을 성취하나니,)

<금광3, 04:20>

P: 何者爲五

Q: 何者 爲五

A: 何者爲五

B: 何者爲五

C: 何者 爲五

D: 어떠한 것을 다섯 가지라고 하는가 하면,

E: 어떤 것이 다섯 가지인가?

N: 云何爲五。 (어떤 것이 다섯 가지인가.)

<금광3, 04:20-21>

P: 一者一切衆生 㢱 心行險惡智力 亠 能 㢱 解 丶 㢱

Q: 一者 一切 衆生 㢱 心行 險惡 智力 亠 能 㢱 解 丶 㢱

A: 一者一切衆生[23(·)]心行險惡[34(·)]智力[43(·)]能[55(·)]解[55(·)]

B: 一者一切衆生[㢱]心行險惡[乙]智力[亠]能[㢱]解[㢱]

C: 一者 一切 衆生 㢱 心行 險惡 乙 智力 亠 能 㢱 解(丶) 㢱

D: 첫째, 一切 衆生의 心行 險惡을 智力으로 능히 풀며,

E: 첫째 일체 중생의 마음이나 행함에 험악함을 지혜의 힘으로 능히 앎이요,

N: 一者。以正智力能了一切衆生心行善惡。

(첫째는 바른 지혜의 힘으로써 온갖 중생의 마음과 행의 선과 악을 잘 알며,)

P: 二者能ゕ令[ﾘゕ]一切衆生乙入[ㆍ]於甚深ゝㅌㅌ之法ゟㅏ、

Q: 二者 能ゕ 一切 衆生乙 {於}甚深ゝㅌㅌ{之}法ゟㅏ 入 令ﾘゕ

A: 二者能[55(ㆍ)]令一切衆生[34(ㆍ)]入於甚深[11~21(-),42(ㆍ)]之法[44(ㆍ),=23~24(ㆍ),55(ㆍ)]

B: 二者能[ゕ]令一切衆生[乙]入於甚深[ㅌ,ㅌ]之法[ㅏ,ﾘ,ゕ]

C: 二者 能ゕ 一切 衆生乙 {於}甚深(ゝ)ㅌㅌ{之}法ㅏ 入 令ﾘゕ

D: 둘째, 능히 一切 衆生을 매우 깊은 法에 들게 하며,

E: 둘째는 능히 일체 중생으로 하여금 매우 깊은 법에 들어가게 함이요,

N: 二者。能令一切衆生。入於甚深微妙之法。
   (둘째는 온갖 중생으로 하여금 매우 깊은 법에 능히 들어가게 하며,)

P: 三者一切衆生ﾘ往還[ノアﾑ]生死ゟㅏ、隨[ノゝㅏノㅣㅅ乙]其因緣乙、如[ㅊ]
   是、見知ゝゕ

Q: 三者 一切 衆生ﾘ 生死ゟㅏ 往還ノアﾑ 其 因緣乙 隨ノゝㅏノㅣㅅ乙 是 如ㅊ 見
   知ゝゕ

A: 三者一切衆生[22~32(ㆍ)]往還[2자합부역독선-각]生死[44(ㆍ),+13(\)]隨其因緣[34(ㆍ),
   21(ㆍ)#11~21(ㆍ),45(ㆍ/)#44~45(ㆍ/)]如是[11(ㆍ)#+11(ㆍ)]見知[55(ㆍ)]

B: 三者一切衆生[ﾘ]往還生死[ㅏ,ノアﾑ]隨其因緣[乙,ノ,ゝㅏノㅣㅅ乙]如是[ㅊ]見
   知[ゕ]

C: 三者 一切 衆生ﾘ 生死ㅏ 往還ノアﾑ 其 因緣乙 隨ノゝㅏノㅣㅅ乙 是 如ㅊ 見知
   (ゝ)ゕ

D: 셋째, 一切 衆生이 生死에 往還하되 그 인연을 따라 하는 것을 이와 같이 見知하며,

E: 셋째는 일체 중생이 나고 죽음에 돌고 도는 것을 그 인연에 따라 이와 같이 보고 아

는 것이요,

N: 三者。一切衆生輪迴生死。隨其緣業。如實了知。
(셋째는 온갖 중생이 생사(生死)에 떠도는 것을 그 업연을 따라 여실히 알고 있으며,)

<금광3, 04:23>

P: 四者於一切衆生氵三聚氵十智力ᅩ能氵分別ᄼ氵知氵

Q: 四者 {於}一切 衆生氵 三聚氵十 智力ᅩ 能氵 分別ᄼ氵 知氵

A: 四者於一切衆生[23(·)]三聚[44(·)]智力[43(·)]能[55(·)]分別[22(·)]知[55(·)]

B: 四者於一切衆生[氵]三聚[十]智力[ᅩ]能[氵]分別[氵]知[氵]

C: 四者 {於}一切 衆生氵 三聚十 智力ᅩ 能氵 分別ᄼ氵 知氵

D: 넷째, 一切 衆生의 三聚에 대하여 智力으로 능히 分別하여 알며,

E: 넷째는 일체 중생의 삼취(三聚 : 삼악도)를 지혜의 힘으로 능히 분별하여 아는 것이요,

N: 四者。於諸衆生三種根性。以正智力能分別知。
(넷째는 모든 중생의 세 가지 근성(根性: 根器)에서 바른 지혜의 힘으로써 잘 분별하여 알며,)

<금광3, 04:23-24>

P: 五者如理乙、爲[ᄉᄼᅙ]種소¹⁶刂、爲[ᄉᄼᅙ]熟소¹⁷刂、爲[ᄉᄼᅙᄼᅙ]脫소¹⁸
刂、如[ᄎ]是、說法ノ尸ㅿ智力ᅩ故ノᄼ尸矢ナᄀ刂丨

---

16 [교감] 'ᅀ'의 자형으로 적었으나 'ᄉ'를 적은 것으로 이해할 수 있다.(▶93페이지 ⑩번)
17 [교감] 'ᅀ'의 자형으로 적었으나 'ᄉ'를 적은 것으로 이해할 수 있다.(▶93페이지 ⑪번)
18 [교감] 'ᅀ'의 자형으로 적었으나 'ᄉ'를 적은 것으로 이해할 수 있다.(▶93페이지 ⑫번)

Q: 五者 理乙 如 種厶刂{爲}亽ソ㇇ 熟厶刂{爲}亽ソ㇇ 脫厶刂{爲}亽ソ㇇ソ㇁ 是 如支 說法ノ尸厶 智力灬 故ノソ尸矢ナ㇆刂丨

A: 五者如理[34(·)]爲種[23~24(·),31(·)[19],35(·)]爲熟[23~24(·),31(·)[20],35(·)]爲脫[24(·),31(·)[21],35(·),22(·)]如是說法[+13(\)]智力[43(·)-잡]故[21(·),+25(/)#25(/),52(··)]

B: 五者如理[乙]爲種[厶刂,亽,㇇]爲熟[厶刂,亽,㇇]爲脫[厶刂,亽,㇇,㇁]如是說法[ノ尸厶]智力[灬]故[ノ,ソ尸矢,ナ㇆刂丨]

C: 五者 理乙 如(八) 種厶刂{爲}亽(ソ)㇇ 熟厶刂{爲}亽(ソ)㇇ 脫厶刂{爲}亽(ソ)㇇(ソ)㇁ 是 如(支) 說法ノ尸厶 智力灬 故ノソ尸矢ナ㇆刂丨

D: 다섯째, 이치대로 심게 하고자 하고 성숙하게 하고자 하고 벗어나게 하고자 하고 하여 이와 같이 說法하되 智力 때문에 하는 것이다.

E: 다섯째는 이치와 같이 심고 성숙하게 하고 해탈시키니 이와 같이 설법함은 다 이 지혜의 힘 때문이다.

N: 五者。於諸衆生如理爲說。令種善根成熟度脫。皆是智力故。
(다섯째는 모든 중생에게 이치와 같이 위하여 설명하여 그들에게 선근을 심어 성숙하여 해탈케 함이니, 모두 지혜의 힘인 까닭이다.)

<금광3, 04:24-25>

P: 善男(子是)乙名下菩薩摩訶薩刂成就[ソ尸丁ノ㫈ナ㇆刂丨]力波羅蜜乙、

Q: 善男(子 是)乙 名下 菩薩摩訶薩刂 力波羅蜜乙 成就ソ尸丁ノ㫈ナ㇆刂丨

A: 善男(子是)名[54(·)]菩薩摩訶薩[22~32(·)]成就力波羅蜜[34(·),+11(·),+41(\),경계

---

19 자토구결에 일부가 가려져 있다. 이런 점을 고려하면 점토가 먼저 기입되고 그 뒤에 자토가 기입되었을 가능성이 있다.(▶94페이지 ⑬번)

20 자토구결에 일부가 가려져 있다.(▶94페이지 ⑭번)

21 자토구결에 일부가 가려져 있다.(▶94페이지 ⑮번)

선]

B: 善男子是名[下]菩薩摩訶薩[刂]成就力波羅蜜[乙,丁,ノ才ナㄱ刂丨]

C: 善男子(氵) 是(乙) 名下 菩薩摩訶薩刂 力波羅蜜乙 成就(ヽ尸)丁ノ才ナㄱ刂丨

D: 선남자야, 이것을 일컬어 菩薩摩訶薩이 力波羅蜜을 成就한다고 하는 것이다."

E: 선남자여, 이것을 보살마하살이 힘바라밀을 성취한다고 한다."

N: 善男子。是名菩薩摩訶薩成就力波羅蜜。

<금광3, 04:25-05:02>

P: 佛ㄱ言刂二尸(善男子復)有[ヒナ丨]五法、菩薩摩訶薩刂修行ヽ氵ホ成就[ノ才
  ㅡ]智(波羅蜜)

Q: 佛ㄱ 言刂二尸 (善男子 復) 五法 有ヒナ丨 菩薩摩訶薩刂 修行ヽ氵ホ 智(波羅蜜)
  成就ノ才ㅡ

A: 佛言(善男子復)有五法[52(·)]菩薩摩訶薩[22~32(·)]修行[15(·)]成就智(波羅蜜)

B: 佛言善男子復有五法[ナ]菩薩摩訶薩[刂]修行[ホ]成就智波羅蜜

C: 佛 言 善男子 復 五法 有ナ(丨) 菩薩摩訶薩刂 修行(ヽ氵)ホ 智波羅蜜 成就(ノ才
  ㅡ)

D: ⑩부처님은 말씀하시기를, "善男子야, 또 五法이 있다, 菩薩摩訶薩이 修行하여서
  智波羅蜜을 成就하는 것이.

E: 부처님께서 말씀하셨다. "선남자여, 다시 다섯 가지 법이 있어서 보살마하살이 수
  행하여 지혜[智]바라밀을 성취하니

N: 善男子。復依五法。菩薩摩訶薩成就智波羅蜜。
  (선남자야, 또 다섯 가지 법에 의하여 보살마하살이 지(智)바라밀을 성취하나니,)

<금광3, 05:02>

P: (何)ソ 1 乙[22]等爲五リハ

Q: (何) 等ソ 1 乙 {爲}五リハ

A: 何等[34(/)]爲五

B: 何等[ソ 1 乙]爲五

C: 何 等ソ 1 乙 爲五

D: 어떠한 것들을 다섯이라고 하는가 하면

E: 어떤 것이 다섯 가지인가?

N: 云何爲五。(어떤 것이 다섯 가지인가.)

<금광3, 05:02-03>

P: 一七(子?)[23]者於一切法3 十分別[ノ 尸 厶]善惡乙 、具足[ソ 尔]智能 、

Q: 一七 子{者} {於}一切 法3 十 善惡乙 分別ノ 尸 厶 智能 具足ソ 尔

A: 一者於一切法[=44(·)]分別善惡[34(·),+13(\)#+12~13(\)]具足[2자합부역독선-각]智能

B: 一者於一切法[十]分別善惡[乙,ノ 尸 厶]具足智能

C: 一者 {於}一切 法十 善惡乙 分別ノ 尸 厶 智能 具足(ソ 尔)

D: 첫째, 모든 법에 대해 善惡을 分別하되 智와 能을 具足하며

E: 첫째 일체법에서 선악을 분별하는 지혜와 능력을 구족함이요,

N: 一者。能於諸法。分別善惡。(첫째는 모든 법에서 선과 악을 잘 분별하고,)

---

22 [교감] '等'에 달아야 할 'ソ 1 乙'을 '何'에 잘못 달았는데, 현토자가 '等'에 교정부호를 달아서 수정하였다.(▶94페이지 ⑯번)

23 [교감] 기존에 '十'로 판독했던 구결자의 자형은 이용(2013)의 지적처럼 '子'일 가능성이 있으며, 〈자비〉에 '二七子 號リ', '三七子 名1' 등의 용례가 발견되어 "七子"의 표기로 판단하였다.(▶94페이지 ⑰번)

<금광3, 05:03-04>

P: 二者於黑白法阝十遠離ソ𢒑攝受ソ𢒑今[24]刂ノ尸ム具足[ソケ]智能、

Q: 二者 {於}黑白法阝十 遠離ソ𢒑 攝受ソ𢒑亽刂ノ尸ム 智能 具足ソケ

A: 二者於黑白法[44(·)]遠[35(·)]離[지시선-묵,각[25]]攝受[35(·),24(·)-잡,+13(\)#+12~13(\)]具足智能

B: 二者於黑白法[十]遠[𢒑]離攝受[𢒑,亽刂,ノ尸ム]具足智能

C: 二者 {於}黑白法十 遠離(ソ)𢒑 攝受(ソ)𢒑亽刂ノ尸ム 智能 具足(ソケ)

D: 둘째, 黑白法에 대해 遠離하고 攝受하고 하게 하되 智와 能을 具足하며,

E: 둘째는 흑백(黑白 : 선악)의 법을 멀리 여의거나 거두어들이는 지혜와 능력이 구족함이요,

N: 二者。於黑白法。遠離攝受。(둘째는 악한 것은 멀리하고, 선한 것은 받아들이는 것이며,)

<금광3, 05:04>

P: 三者於生死涅槃阝十不猒ソ𢒑不喜ソ𢒑今[26]刂ノ尸ム具足[ソケ]智能、

Q: 三者 {於}生死涅槃阝十 不猒ソ𢒑 不喜ソ𢒑亽刂ノ尸ム 智能 具足ソケ

A: 三者於生死涅槃[44(·)]不猒[35(·)]不喜[35(·),23~24(·),+13(\)#+12~13(\)]具足智能[55(·)]

B: 三者於生死涅槃[十]不猒[𢒑]不喜[𢒑,亽刂,ノ尸ム]具足智能[ケ]

C: 三者 {於}生死涅槃十 不猒(ソ)𢒑 不喜(ソ)𢒑亽刂ノ尸ム 智能 具足(ソ)ケ

---

24 [교감] '今'의 자형으로 적었으나 '亽'를 적은 것으로 이해할 수 있다.(▶94페이지 ⑱번)

25 '遠'자와 '離'자의 우측 사이에 먹으로 지시선이 그어져 있는데, 그 안쪽에 각필로 그은 지시선도 보인다. 이 선은 '離'에 현토될 35(·)가 윗 글자인 '遠'에 현토되었음을 지시한다.(▶94페이지 ⑲번)

26 [교감] '今'의 자형으로 적었으나 '亽'를 적은 것으로 이해할 수 있다.(▶94페이지 ⑳번)

D: 셋째, 生死涅槃에 대해 싫어하지 않고 기뻐하지 않고 하게 하되 智와 能을 具足하며,

E: 셋째 생사와 열반을 싫어하지도 않고 기뻐하지도 않는 지혜와 능력이 구족함이요,

N: 三者。能於生死涅槃。不厭不喜。(셋째는 나고 죽는 것을 싫어하지도 열반을 기뻐하지도 않는 것이다.)

<금광3, 05:04-05>

P: 四者大福德ㄴ行ᅳ大智慧ㄴ行ᅳノア乙ᄀ得ㅎ亦度[ノアㅿ]究竟ㅎ十、具足[ッ ㅎ]智能、

Q: 四者 大福德ㄴ 行ᅳ 大智慧ㄴ 行ᅳノア乙ᄀ 得ㅎ亦 究竟ㅎ十 度ノアㅿ 智能 具足ッㅎ

A: 四者大福德[42(·)]行[53(·)]大智慧[42(·)]行[53(·),+35(\),43(·)]得[15(·)]度究竟[44(·),+13(\)#+12~13(\)]具足智能[55(·)]

B: 四者大福德[ㄴ]行[ᅳ]大智慧[ㄴ]行[ᅳ,ノア乙,ᄀ]得[亦]度究竟[十,ノアㅿ]具足智能[ㅎ]

C: 四者 大福德ㄴ 行ᅳ 大智慧ㄴ 行ᅳノア乙ᄀ 得亦 究竟十 度ノアㅿ 智能 具足(ッ)ㅎ

D: 넷째, 大福德의 行이니 大智慧의 行이니 하는 것으로 능히 究竟에 건너게 함에 있어서 智와 能을 具足하며,

E: 넷째 큰 복과 덕의 행과 큰 지혜의 행으로 구경의 깨달음을 얻는 지혜와 능력을 구족하며,

N: 四者。具福智行。至究竟處。(넷째는 복과 지혜를 함께 행하여 구경처(究竟處)에 이르는 것이고,)

<금광3, 05:06-07>

P: 五者一切諸佛ㄴ不共法等ッㄱ=ᅳ及ハ一切智智ᅳノ솝十具足[ッㅎッア矢ナㄱ

(刂 丨?)[27]]灌頂智能、

Q: 五者 一切 諸佛七 不共法 等丷㇆刂亠 及八 一切 智智亠ノ令十 灌頂 智能 具足丷ㄅ丷尸矢𠂇㇆刂丨

A: 五者一切諸佛[42(·)]不共法等[52~53(/)#53(/)#52(/)-잡]及[32~42(·)]一切智智[53(·),24(\),44(·)]具[2자합부]足[역독선(좌상향),2자합부역독선-각]灌頂智能[55(·),+25(/),52(··)]

B: 五者一切諸佛[七]不共法等[丷㇆刂亠]及[八]一切智智[亠,ノ令,十]具足灌頂智能[ㄅ,丷尸矢,𠂇㇆刂丨]

C: 五者 一切 諸佛七 不共法 等丷㇆刂亠 及八 一切 智智亠ノ令十 灌頂 智能 具足(丷)ㄅ丷尸矢𠂇㇆刂丨

D: 다섯째, 일체 모든 부처의 不共法 등이니 및 일체 智智니 하는 것에 대해 灌頂의 智와 能을 갖추며 하는 것이다.

E: 다섯째는 모든 부처님만이 지니신 함께하지 못하는 법[不共法] 등 및 일체지의 지혜를 구족하는 관정(灌頂)의 지혜와 능력이다.

N: 五者。受勝灌頂。能得諸佛不共法等及一切智智。
(다섯째는 훌륭한 관정(灌頂)을 받아 모든 부처님의 불공법(不共法)과 일체지지(一切智智)를 얻는 것이다.)

<금광3, 05:07-08>

P: 善男子ㄋ是乙名下菩薩摩訶薩刂成就[丷尸下[28]ノ𢀳𠂇㇆刂丨]智波羅蜜乙、

Q: 善男子ㄋ 是乙 名下 菩薩摩訶薩刂 智波羅蜜乙 成就丷尸丁ノ𢀳𠂇㇆刂丨

A: 善男子[22(·)]是[34(·)]名[=54(·)]菩薩摩訶薩[22~32(·)]成就智波羅蜜[34(·),+11(·),+41(\)#41(\)]

27 [교감] 원본 확인이 어려운 부분으로 정재영(1998)의 판독안을 반영하였다.(▶94페이지 ㉑번)

28 [교감] 피인용문의 마지막 부분이므로 '下'는 '丁'의 오기가 분명하다.(▶94페이지 ㉒번)

B: 善男子[氵]是[乙]名[丅]菩薩摩訶薩[刂]成就智波羅蜜[乙,丁,ノ𠂇𠂇丁刂丨]

C: 善男子氵 是乙 名丅 菩薩摩訶薩刂 智波羅蜜乙 成就(丷尸)丁ノ𠂇𠂇丁刂丨

D: 善男子야, 이것을 일컬어 菩薩摩訶薩이 智波羅蜜을 성취한다고 하는 것이다."

E: 선남자여, 이것을 보살마하살이 지혜바라밀을 성취한다고 한다."

N: 善男子。是名菩薩摩訶薩成就智波羅蜜。
(선남자야, 이것을 보살마하살이 지바라밀을 성취한 것이라고 이름하느니라.)

<금광3, 05:08>

P: 佛丨言乃二尸善男子氵何丷丨乙者波羅蜜義刂八丷口ノ令口丷𠂇𠂇尸入丨

Q: 佛丨 {言}乃二尸 善男子氵 何丷丨乙{者} 波羅蜜義刂八丷口ノ令口丷𠂇𠂇尸入丨

A: 佛[33(·)]言善男子[22(·)]何[34(/)]者波羅蜜義[32~42(·),15(·.),=23~33(\·)[29]]

B: 佛[丨]言善男子[氵]何[丷丨乙]者波羅蜜義[八,ノ令口,丷𠂇𠂇尸入丨]

C: 佛丨 言(刂二尸) 善男子氵 何丷丨乙 波羅蜜 義(刂)八ノ令口丷𠂇𠂇尸入丨

D: 부처님은 말씀하시기를, "善男子야, 무엇을 波羅蜜의 뜻이라고 하는가 하면

E: 부처님께서 말씀하셨다. "선남자여, 어떤 것이 바라밀의 뜻인가?

N: 善男子。何者是波羅蜜義。(선남자야, 어떤 것이 이 바라밀의 뜻인가.)

---

29 '\·' 모양으로 판독하였는데, 점이 역사선의 아래쪽으로 치우쳐 있다. '23~33(\·)'이 현토된 다른 예들에서는 대응되는 자토가 '丷𠂇𠂇尸入丨'이나 '丷𠂇𠂇入丨'이다. 『합부금광명경』 권3에 현토된 '\·'의 경우 전반적으로 '𠂇𠂇'와 관련된다. 예를 들어 14장 1행의 52(\·) 역시 자토구결의 '丷𠂇𠂇丨'에 대응되고, 14장 3행의 43(\·)에서도 '𠂇𠂇丨入⺍'로 대응된다.(▶94페이지 ㉓번)

<금광3, 05:08-09>

P: 行道ㄴ勝利乙丷尸矢是波羅蜜義刂亽

Q: 行道ㄴ 勝利乙丷尸矢 是 波羅蜜義刂亽

A: 行道勝利[34(·),+25(/)]是波羅蜜義[22~32(·),55(·)]

B: 行道勝利[乙,丷尸矢]是波羅蜜義[刂,亽]

C: 行道勝利乙丷尸矢 是 波羅蜜 義刂亽

D: ①行道勝利를 하는 것이 波羅蜜의 뜻이며

E: 훌륭하고 이로운 도를 행함이 바라밀의 뜻이요,

N: 所謂。修習勝利。是波羅蜜義。(이른바, 뛰어난 일을 닦아 익히는 것이 이 바라밀의 뜻이요,)

<금광3, 05:09>

P: 大甚深智乙滿足丷尸矢是波羅蜜義刂亽

Q: 大甚深智乙 滿足丷尸矢 是 波羅蜜義刂亽

A: 大甚深智[34(·)]滿足[+25(/)]是波羅蜜義[55(·)]

B: 大甚深智[乙]滿足[丷尸矢]是波羅蜜義[亽]

C: 大甚深智乙 滿足丷尸矢 是 波羅蜜 義(刂)亽

D: ②大甚深智를 충족하는 것이 波羅蜜의 뜻이며

E: 크고 매우 깊은 지혜를 만족하는 것 이것이 바라밀의 뜻이요,

N: 滿足無量大甚深智。是波羅蜜義。(한량없이 크고 매우 깊은 지혜를 만족시키는 것이 이 바라밀의 뜻이요,)

<금광3, 05:10>

P : 行非行(乙?)[30]法乙心 氵 十 不[冬 ㆍㄹ 尖]執著、是波羅蜜義 刂 少

Q : 行非行 法乙 心 氵 十 執著 不 冬 ㆍㄹ 尖 是 波羅蜜義 刂 少

A : 行非行法心不[역독선-각]執著[15~25(-),+25(/)]是波羅蜜義[55(·)]

B : 行非行法心不執著[ㄹ, ㆍㄹ 尖]是波羅蜜義[少]

C : 行非行法(乙) 心(十) 執著(ㆍ)ㄹ 不ㆍㄹ 尖 是 波羅蜜 義(刂)少

D : ③行非行法을 마음에 執著하지 않는 것이 波羅蜜의 뜻이며

E : 행과 행 아닌 법을 마음에 집착하지 않음 이것이 바라밀의 뜻이요,

N : 行非行法。心不執著。是波羅蜜義。
(올바른 행과 그릇된 행의 법에 마음이 집착하지 않는 것이 이 바라밀의 뜻이요,)

<금광3, 05:10-11>

P : 生死ㄱ過失 刂 少(涅槃功)德 刂 ㄱ 刂 氵 ㄴ 丨 ㆍ氵 正覺正觀 ㆍㄹ 尖 是波羅蜜義 刂 少

Q : 生死ㄱ 過失 刂 少 (涅槃 功)德 刂 ㄱ 刂 氵 ㄴ 丨 ㆍ氵 正覺 正觀 ㆍㄹ 尖 是 波羅蜜義 刂 少

A : 生死[33(·)]過失[22~32(·)-잡+,55(·)-잡+](涅槃功)德正覺正觀[+25(/)]是波羅蜜義[55(·)]

B : 生死[ㄱ]過失[刂, 少]涅槃功德正覺正觀[ㆍㄹ 尖]是波羅蜜義[少]

C : 生死ㄱ 過失 刂 少 涅槃 功德 正覺 正觀 ㆍㄹ 尖 是 波羅蜜 義(刂)少

D : ④生死는 過失이며 涅槃은 功德이라 하여 바로 깨닫고 바로 보는 것이 波羅蜜의 뜻이며

E : 생사의 과실(過失)·열반의 공덕·바른 깨달음[正覺]·바른 관[正觀] 이것이 바라밀

---

30 [교감] 송진에 오염된 부분이어서 분명치 않으나 '乙'로 판독된다. 아래의 '法' 자에 달아야 할 '乙'을 위에 잘못 달아서 지운 것으로 보아 구결문에는 반영하지 않는 것으로 교감하였다.(▶94페이지 ㉔번)

의 뜻이라 한다.

N: 生死過失涅槃功德正覺正觀。是波羅蜜義。

(나고 죽는 것은 허물[過失]이요, 열반은 공덕이라고 바르게 깨닫고 바르게 보는 것이 이 바라밀의 뜻이요,)

<금광3, 05:11-12>

P: 愚人ᅩ智人ᅩノア乙(皆悉攝)受ᄽアᄎ是波羅蜜義ㅣㅏ

Q: 愚人ᅩ 智人ᅩノア乙 (皆 悉 攝)受ᄽアᄎ 是 波羅蜜義ㅣㅏ

A: 愚人[53(·)]智人[53(·),+35(\)-잡+](皆悉攝)受是波羅蜜義[55(·)]

B: 愚人[ᅩ]智人[ᅩ,ノア乙]皆悉攝受是波羅蜜義[ㅏ]

C: 愚人ᅩ 智人ᅩノア乙 皆 悉 攝受(ᄽアᄎ) 是 波羅蜜 義(ㅣ)ㅏ

D: ⑤愚人이니 智人이니 하는 이를 다 攝受하는 것이 波羅蜜의 뜻이며

E: 어리석은 사람 지혜로운 사람을 다 거두어들임 이것이 바라밀의 뜻이요,

N: 愚人智人皆悉攝受。是波羅蜜義。

(어리석은 사람이나 지혜 있는 사람을 모조리 거두어 주는 것이 이 바라밀의 뜻이요,)

<금광3, 05:12-13>

P: 能ㅏ現[ᄽアᄎ]種種ᄐ珍妙法寶乙 、是波羅蜜義ㅣㅏ

Q: 能ㅏ 種種ᄐ 珍妙法寶乙 現ᄽアᄎ 是 波羅蜜義ㅣㅏ

A: 能[55(·)]現[역독선(우하향)]種種[42(·)]珍妙法寶[34(·),+25(/)]是波羅蜜義[55(·)]

B: 能[ㅏ]現種種[ᄐ]珍妙法寶[乙,ᄽアᄎ]是波羅蜜義[ㅏ]

C: 能ㅏ 種種ᄐ 珍妙法寶乙 現ᄽアᄎ 是 波羅蜜 義(ㅣ)ㅏ

D: ⑥능히 갖가지 珍妙法寶를 나타내는 것이 波羅蜜의 뜻이며

E: 능히 가지가지 보배롭고 미묘한 법의 보배를 나타내는 것 이것이 바라밀의 뜻이요,

N: 能現種種珍妙法寶。是波羅蜜義。

(가지가지 진기하고 묘한 법의 보배를 능히 나타내는 것이 이 바라밀의 뜻이요,)

<금광3, 05:13>

P: 無礙ㅅ解脫ㅅㄴ智乙滿足ッ尸矢是波羅蜜義ㅣぅ

Q: 無礙ㅅ 解脫ㅅㄴ 智乙 滿足ッ尸矢 是 波羅蜜義ㅣぅ

A: 無礙[31(·)]解脫[31(·),42(·)]智[34(·)]滿足[+25(/)]是波羅蜜[42(·)]義[55(·)]

B: 無礙[ㅅ]解脫[ㅅ,ㄴ]智[乙]滿足[ッ尸矢]是波羅蜜[ㄴ]義[ぅ]

C: 無礙ㅅ 解脫ㅅㄴ 智乙 滿足ッ尸矢 是 波羅蜜ㄴ 義(ㅣ)ぅ

D: ⑦無礙와 解脫의 智를 충족하는 것이 波羅蜜의 뜻이며

E: 걸림 없는 해탈의 지혜를 만족하는 것 이것이 바라밀의 뜻이요,

N: 無礙解脫智慧滿足。是波羅蜜義。

(장애 없이 해탈하고 지혜가 원만한 것이 이 바라밀의 뜻이요,)

<금광3, 05:14>

P: 法界ㅡ衆生界ㅡノ尸乙正分別ッぅ知ッ尸矢是波羅蜜義ㅣぅ

Q: 法界ㅡ 衆生界ㅡノ尸乙 正 分別ッぅ 知ッ尸矢 是 波羅蜜義ㅣぅ

A: 法界[53(·)]衆生界[53(·),+35(\)]正[42(·)-잡+]分別[22(·)]知[+25(/)]是波羅蜜[42(·)]義[55(·)]

B: 法界[ㅡ]衆生界[ㅡ,ノ尸乙]正[ㄴ]分別[ぅ]知[ッ尸矢]是波羅蜜[ㄴ]義[ぅ]

C: 法界ㅡ 衆生界ㅡノ尸乙 正ㄴ 分別(ッ)ぅ 知ッ尸矢 是 波羅蜜ㄴ 義(ㅣ)ぅ

D: ⑧法界니 衆生界니 하는 것을 바로 分別하여 아는 것이 波羅蜜의 뜻이며

E: 법계와 중생계를 분별하여 아는 것 이것이 바라밀의 뜻이요,

N: 法界衆生界正分別知。是波羅蜜義。

(법계와 중생계를 바르게 분별하여 아는 것이 이 바라밀의 뜻이요,)

<금광3, 05:14-15>

P: 檀 等ソ亅刂亠及智亠ノ尸乙能尒令[刂ソ尸矢]至[刂、]不退轉地阝十、是波羅蜜義刂尒

Q: 檀 等ソ亅刂亠 及 智亠ノ尸乙 能尒 不退轉地阝十 至刂 令刂ソ尸矢 是 波羅蜜義刂尒

A: 檀[31]等[52~53(/)#53(/)#52(/)]及[=32~42(·)]智[53(·),+35(\)]能[55(·)]令至不退轉地[44(·),22~32(·),23~24(·),+25(/)]是波羅蜜[42(·)]義[55(·)]

B: 檀等[ソ亅刂亠]及[八]智[亠,ノ尸乙]能[尒]令至不退轉地[十,刂,亽刂,ソ尸矢]是波羅蜜[七]義[尒]

C: 檀 等ソ亅刂亠 及八 智亠ノ尸乙 能尒 不退轉地十 至刂 令刂ソ尸矢[32] 是 波羅蜜七 義(刂)尒

D: ⑨檀 등이니 및 智니 하는 것을 능히 不退轉地에 이르게 하는 것이 波羅蜜의 뜻이며

E: 보시[檀]·지계 등과 지혜로써 능히 물러서지 않는 경지에 이르게 함 이것이 바라밀의 뜻이라 한다.

N: 施等及智。能令至不退轉。是波羅蜜義。
(보시 등과 지혜에서 물러서지 않는 데[不退轉] 이르게 하는 것이 이 바라밀의 뜻이요.)

<금광3, 05:15-16>

P: 能尒令[刂ソ尸矢]滿足[、]無生法忍乙、是波羅蜜義刂尒

---

31 '檀'자와 '等'자 사이에 먹으로 'ㄷ'자 모양이 그어져 있다.(▶94페이지 ㉕번)

32 '令刂'의 '刂'는 사동접미사이므로 바로 뒤에 'ソ'가 오는 것은 부자연스럽다. '令刂ソ尸矢'라는 구성은 자토석독구결 자료 가운데 이 책에서만 네 번 나타나지만, 이 책에 기입된 자토에는 오류가 많다는 점에서 이 점토를 '令刂ソ尸矢'가 아니라 '令刂尸矢'로 볼 수도 있다. 그러나 '{爲}氵ソ'와 같이 어간 뒤에 'ソ'가 오는 다른 예가 존재하므로 자토를 참고하여 '令刂ソ尸矢'로 해독하였다.(▶94페이지 ㉖번)

Q: 能㢱 無生法忍乙 滿足 令刂丷尸矢 是 波羅蜜義刂㢱

A: 能[55(·)]令滿足無生法忍[34(·),23~24(·),+25(/)]是波羅蜜[42(·)]義[55(·)]

B: 能[㢱] 令滿足無生法忍[乙,亽刂,丷尸矢]是波羅蜜[七]義[㢱]

C: 能㢱 無生法忍乙 滿足 令刂丷尸矢 是 波羅蜜七 義(刂)㢱

D: ⑩능히 無生法忍을 충족시키는 것이 波羅蜜의 뜻이며

E: 능히 무생법인을 만족하게 하는 이것이 바라밀의 뜻이요,

N: 無生法忍能令滿足。是波羅蜜義。(무생법인(無生法忍)을 만족하게 하는 것이 이 바라밀의 뜻이요,)

<금광3, 05:16-17>

P: 一切衆生ラ功德善根乙能㢱令[刂丷尸矢]成熟、是波羅蜜義刂㢱

Q: 一切 衆生ラ 功德 善根乙 能㢱 成熟 令刂丷尸矢 是 波羅蜜義刂㢱

A: 一切衆生[23(·)]功德善根[34(·)]能[55(·)]令成熟[23~24(·),+25(/)]是波羅蜜[42(·)]義[55(·)]

B: 一切衆生[ラ]功德善根[乙]能[㢱]令成熟[亽刂,丷尸矢]是波羅蜜[七]義[㢱]

C: 一切 衆生ラ 功德 善根乙 能㢱 成熟 令刂丷尸矢 是 波羅蜜七 義(刂)㢱

D: ⑪일체 衆生의 功德 善根을 능히 成熟시키는 것이 波羅蜜의 뜻이며

E: 일체 중생의 공덕의 선근을 능히 성숙하게 하는 것 이것이 바라밀의 뜻이요,

N: 一切衆生。功德善根能令成熟。是波羅蜜義。
(온갖 중생으로 하여금 공덕(功德)과 선근(善根)을 잘 성숙시키는 것이 이 바라밀의 뜻이요,)

<금광3, 05:17-18>

P: 於菩提道場ろ十丷ろ佛慧亠十力亠四無所畏亠不共法亠等丷丁乙成就丷尸矢是波羅蜜義刂㢱

Q: {於}菩提 道場ㅣ十ㆍㅣ 佛慧ㅡ 十力ㅡ 四無所畏ㅡ 不共法ㅡ 等ㆍㅣㄱ乙 成就ㆍ尸 矢 是 波羅蜜義ㅣㅎ

A: 於菩提道場[44(ㆍ),22(ㆍ)]佛慧[53(ㆍ)]十力[53(ㆍ)]四無所畏[53(ㆍ)]不共法[53(ㆍ)]等 [34(/)]成就[+25(/)]是波羅蜜義[55(ㆍ)]

B: 於菩提道場[十,ㅣ]佛慧[ᅳ]十力[ᅳ]四無所畏[ᅳ]不共法[ᅳ]等[ㆍㅣㄱ乙]成就[ㆍ尸 矢]是波羅蜜義[ㅎ]

C: {於}菩提道場 十(ㆍ)ㅣ 佛慧ㅡ 十力ㅡ 四無所畏ㅡ 不共法ㅡ 等ㆍㅣㄱ乙 成就ㆍ尸 矢 是 波羅蜜 義(ㅣ)ㅎ

D: ⑫菩提道場에서 佛慧니 十力이니 四無所畏니 不共法이니 하는 것 等을 成就하는 것이 波羅蜜의 뜻이며

E: 보리의 청량(清涼)한 도량에서 부처님의 지혜 십력(十力)·사무외(四無畏)·십팔불공법(十八不共法) 등을 성취하는 것 이것이 바라밀의 뜻이요,

N: 能於菩提成佛十力四無所畏不共法等。皆悉成就。是波羅蜜義。
(깨달음[菩提]에서 부처님의 10력(力), 4무소외(無所畏), 불공법(不共法)들을 능히 이루어 모조리 성취하는 것이 이 바라밀의 뜻이요,)

<금광3, 05:18-19>

P: 生死ㅣㅣ涅槃ㅣㅣㆍ尸入ㄱ皆是ㄱ妄見ㅣㄱ乙能ㅎ度ノ尸厶無[ㆍᄀ(ㄱ?)][33]ㆍ尸 矢]餘刂 ㆍ是波羅蜜義ㅣㅎ

Q: 生死ㅣㅣ 涅槃ㅣㅣㆍ尸入ㄱ 皆 是ㄱ 妄見ㅣㄱ乙 能ㅎ 度ノ尸厶 餘刂 無ㅸㆍ尸 矢 是 波羅蜜義ㅣㅎ

A: 生死[22~32(ㆍ),51(ㆍ)]涅槃[22~32(ㆍ),51(ㆍ),15~25(-),23~33(ㆍ)]皆[42(ㆍ)]是[33(ㆍ)]妄

---

33 [교감] 'ㆍᄀ'으로 토를 단 것은 문법적으로 이해하기 어렵다. 이와 관련하여 'ㅸ'에 대응되는 점토가 관찰되고, 문맥상 '無ㅸ-'로 읽으면 자연스럽게 해독이 되며, 'ㅸ'의 자획을 성글게 쓰면 'ㆍᄀ'처럼 보일 수도 있다는 점을 고려하여 여기서는 'ㅸ'로 교감하였다. 현토자가 어떤 저본의 구결자를 베꼈으며 그 과정에서 저본에 기입된 'ㅸ'자를 'ㆍᄀ'으로 오인한 결과일 가능성도 있다.(▶94페이지 ㉗번)

見[33~43(·),34(·),구결자(ㄹ),경계선]能[55(·)]度[+13(\)#+12~13(\),경계선[34]]無餘[45(·),=+15~25(/)]是波羅蜜[42(·)]義[55(·)]

B: 生死[刂,丨]涅槃[刂,丨,尸,入丁]皆[七]是[丁]妄見[刂丁,乙,구결자(乙)]能[夕]度[ノ尸厶]無餘[七,丷尸矢]是波羅蜜[七]義[夕]

C: 生死刂丨 涅槃刂丨(丷)尸入丁 皆七 是丁 妄見刂丁乙 能夕 度ノ尸厶 餘 無七丷尸矢 是 波羅蜜七 義(刂)夕

D: ⑬生死이다 涅槃이다 하는 것은 모두 이는 妄見이거늘 능히 건너게 하되 남김없이 하는 것이 波羅蜜의 뜻이며

E: 생사와 열반이 다 이 망령된 견해이니 능히 모두 제도하여 남음 없음 이것이 바라밀의 뜻이라 한다.

N: 生死涅槃了無二相。是波羅蜜義。(생사와 열반에 두 가지 모습이 없는 줄 아는 것이 이 바라밀의 뜻이요,)

<금광3, 05:19-20>

P: 濟度[丷尸矢]一切乙、是波羅蜜義刂夕

Q: 一切乙 濟度丷尸矢 是 波羅蜜義刂夕

A: 濟度一切是波羅蜜[=42(·)]義[55(·)]

B: 濟度一切是波羅蜜[七]義[夕]

C: 一切(乙) 濟度(丷尸矢) 是 波羅蜜七 義(刂)夕

D: ⑭일체를 濟度하는 것이 波羅蜜의 뜻이며

E: 일체를 제도하는 것 이것이 바라밀의 뜻이요,

N: 濟度一切。是波羅蜜義。(온갖 중생을 제도하는 것이 이 바라밀의 뜻이요,)

34 이 경계선은 '┌'와 '┐' 모양으로 되어 있다. 위에 있는 역사선의 위치가 13이 아니라 +13 또는 +12~13임을 나타내기 위한 것으로 추정된다.(▶94페이지 ㉘번)

<금광3, 05:20-21>

P: 一切外人刂來丷氵氽相丿詰難丷𠫔㇆乙善(能解釋)(丷氵?)[35]令[刂丷尸矢]其乙降伏丶是波羅蜜義刂彡

Q: 一切 外人刂 來丷氵氽 相丿 詰難丷𠫔㇆乙 善(能 解釋)丷氵 其乙 降伏 令刂丷尸矢 是 波羅蜜義刂彡

A: 一切外人[22~32(·)]來[15(·)]相[=21(·)#11(·)]詰[합부]難[34(|)#34~35(|)]善(能解釋)令其[34(·)]降伏[23~24(·),+25(/)]是波羅蜜[42(·)]義[55(·)]

B: 一切外人[刂]來[氽]相[丿]詰難[丷𠫔㇆乙]善能解釋令其[乙]降伏[亽刂,丷尸矢]是波羅蜜[七]義[彡]

C: 一切 外人刂 來(丷氵)氽 相丿 詰難丷𠫔㇆乙 善能 解釋(丷氵氽) 其乙 降伏 令刂丷尸矢 是 波羅蜜七 義(刂)彡

D: ⑮일체 外人이 와서 서로 詰難하거늘 잘 解釋하여서 그를 降伏시키는 것이 波羅蜜의 뜻이며

E: 일체 외도들이 와서 서로 힐난함에 능히 잘 해석하여 그들을 항복시키는 것 이것이 바라밀의 뜻이요,

N: 一切外道來相詰難。善能解釋。令其降伏。是波羅蜜義。
(온갖 외도가 와서 힐난하더라도 잘 해석하여 그들로 하여금 항복케 하는 것이 이 바라밀의 뜻이요,)

<금광3, 05:21-22>

P: 能彡轉[丷尸矢]十二行(法輪(乙?)[36]是波羅)蜜義刂彡

Q: 能彡 十二行 (法輪)乙 轉丷尸矢 (是 波)羅蜜義刂彡

---

35 [교감] 송진에 오염된 부분이어서 사진으로는 확인하기 어렵다. 원본 실사 결과 '丷氵'가 확인되어 '丷氵'로 판독하였다.(▶95페이지 ㉙번)

36 [교감] 원본 확인이 어려운 부분으로 정재영(1998)의 판독안을 반영하였다.

A: 能[55(·)]轉十二行(法輪是波)羅蜜[42(·)]義[55(·)]

B: 能[ㅎ]轉十二行法輪是波羅蜜[ㄷ]義[ㅎ]

C: 能ㅎ 十二行 法輪 轉(ㆍ尸矢) 是 波羅蜜ㄷ 義(ㅣ)ㅎ

D: ⑯능히 十二行 法輪을 轉하는 것이 波羅蜜의 뜻이며

E: 능히 십이행법륜(十二行法輪: 三轉法輪)을 굴리는 것 이것이 바라밀의 뜻이요,

N: 能轉十二妙行法輪。是波羅蜜義。(열두 가지 묘한 행의 법바퀴를 잘 굴리는 것이
이 바라밀의 뜻이요,)

<금광3, 05:22-23>

P: 無[ㄷㅎ]所[ㆍ]著ノ尸ㆍ 無[ㄷㅎ]所[ㆍ]見ノ尸ㆍ 無[ㄷㅎ]患累、無[ㄷㅎㆍ尸矢]
異ㆍㄱ思惟ㆍ是波羅蜜義ㅣㅓㄱㅣㅣ

Q: 著ノ尸 所 無ㄷㅎ 見ノ尸 所 無ㄷㅎ 患累 無ㄷㅎ 異ㆍㄱ 思惟 無ㄷㅎㆍ尸矢 是
波羅蜜義ㅣㅓㄱㅣㅣ

A: 無所著[+15~25(-),35(·)]無所見[=+15~25(-)#+15(-),35(·)]無患累[35(·)]無[역독선
(좌상향)]異[33(/)]思惟是波羅蜜[42(·)]義[22~32(·),52(··)]

B: 無所著[ノ尸,ㅎ]無所見[ノ尸,ㅎ]無患累[ㅎ]無異[ㆍㄱ]思惟是波羅蜜[ㄷ]義[ㅣ,ㅓ
ㄱㅣㅣ]

C: 著ノ尸 所 無ㅎ 見ノ尸 所 無ㅎ 患累 無ㅎ 異ㆍㄱ 思惟 無(ㅎㆍ尸矢) 是 波羅蜜
ㄷ 義ㅣㅓㄱㅣㅣ

D: ⑰집착하는 바 없고 보는 바 없고 患累 없고 다른 思惟 없고 한 것이 波羅蜜의 뜻이
다."

E: 집착하는 것도 없고 보는 것도 없고 근심도 없고 다른 생각도 없음 이것을 바라밀
의 뜻이라 한다.

N: 無所著無所見無患累。是波羅蜜多義。
(집착[著]이 없고 소견[見]이 없고 근심의 번뇌[患累]가 없는 것이 이 바라밀의 뜻
이니라.)

P: 善男子ㅣ 初菩薩地(ㅣ?)³⁷十ㄱ是相ㅣㅣ前現ノㄱ(ㅿ?)³⁸三千大千世界ㅣ十無[ㄴㅣ]

量、無[ㆍㆍ]邊、種種ㄴ寶藏ㅣㅣ皆(ㄴ?)³⁹悉ㅣ盈滿ㅣㅣㅊㅅノㄱㅅㄹ菩薩ㄱ悉見ㆍ

ㅣ ナ ㅎ ⁴⁰ ㅎ ㄴ

Q: 善男子ㅣ 初 菩薩地ㅣ十ㄱ 是 相ㅣㅣ 前現ノㄱㅿ 三千大千世界ㅣ十 量 無ㄴㅣ 邊

無ㆍㆍ 種種ㄴ 寶藏ㅣㅣ 皆ㄴ 悉ㅣ 盈滿ㅣㅣㅊㅅノㄱㅅㄹ 菩薩ㄱ 悉 見ㆍㆍ ナ ㅎ ㄴ ㅣ

A: 善男子[22(ㆍ)]初菩薩地[44(ㆍ)]是相[22~32(ㆍ)]前現[=13(\)#+13(\)]三千大千世界

[=44(ㆍ)]無量[55(ㆍ)]{23~33(ㆍ)}無邊[33(/)]種種[=42(ㆍ)]寶藏[22~32(ㆍ)]皆[42(ㆍ)]悉盈

滿[23~24(ㆍ),23(ㆍ),42(ㆍ),45(\)#44~45(\)]菩薩[33(ㆍ)]悉[22(ㆍ)]見[42(-),51(ㆍ)]

B: 善男子[ㅣ]初菩薩地[十]是相[ㅣㅣ]前現[ノㄱㅿ]三千大千世界[十]無量[ㅣ]無邊[ㆍㆍ]

ㄱ]種種[ㄴ]寶藏[ㅣㅣ]皆[ㄴ]悉盈滿[ㅅㅣ,ㅊ,ㄴ,ノㄱㅅㄹ]菩薩[ㄱ]悉[ㅣ]見[ナ ㅎ ㄴ,

ㅣ]

C: 善男子ㅣ 初 菩薩地十 是 相ㅣㅣ 前現ノㄱㅿ 三千大千世界十 量 無ㅣ 邊 無ㆍㆍㄱ 種

種ㄴ 寶藏ㅣㅣ 皆ㄴ 悉 盈滿ㅅㅣㅊノㄱㅅㄹ 菩薩ㄱ 悉ㅣ 見(ㆍㆍ)ナ ㅎ ㄴ

D: ①선남자야, 보살의 초지(初地)에서는 이런 모습이 앞에 나타나는데, 三千大千世
界에 한량없고 끝이 없는 갖가지 보장(寶藏)이 다 가득 채워져 있는 것을 보살은 다
볼 수 있다.

E: 선남자여, 보살의 초지(初地)에서 이런 모습이 나타나니 삼천대천세계의 한량없고
끝이 없는 가지가지 보물 등이 창고에 다 가득 찬 것을 보살이 다 본다.

---

37 [교감] 자형 불명. 'ㅣ'의 아래 부분만 보이지만 충분히 'ㅣ'로 볼 수 있다. '二地ㅣ十ㄱ'(금광5:25)의 사례와
비슷함.(▶95페이지 ㉚번)

38 [교감] 송진에 오염된 부분이어서 사진으로는 확인하기 어렵다. 원본 실사 결과 'ノㄱㅿ'가 분명히 판독
되었다.(▶95페이지 ㉛번)

39 [교감] 일반적인 'ㄴ'의 자형과는 차이가 있으나 달리 읽을 가능성은 거의 없다.(▶95페이지 ㉜번)

40 [교감] 'ㄱ'을 적었다가 'ㅎ'으로 수정하였다.(▶95페이지 ㉝번)

N : 善男子。初地菩薩。是相先現。三千大千世界。無量無邊種種寶藏。無不盈滿。
菩薩悉見。

(선남자야, 초지(初地)의 보살에게는 이런 모습이 미리 나타난다. 삼천대천세계의
한량없고 끝없는 갖가지 보배 곳간은 가득 차지 않은 것이 없는 것을 보살은 모두
본다.)

사진 이미지 자료

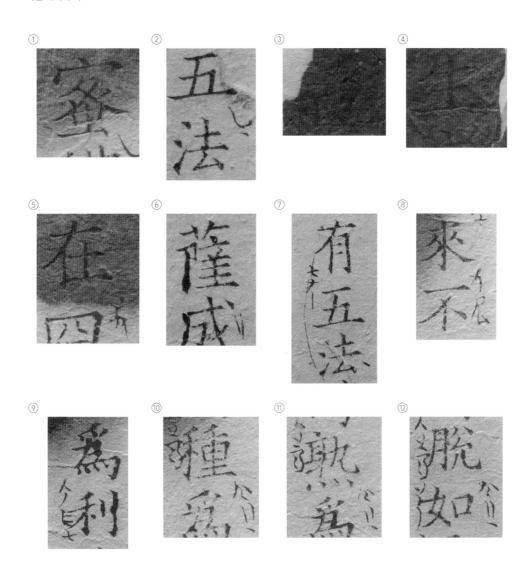

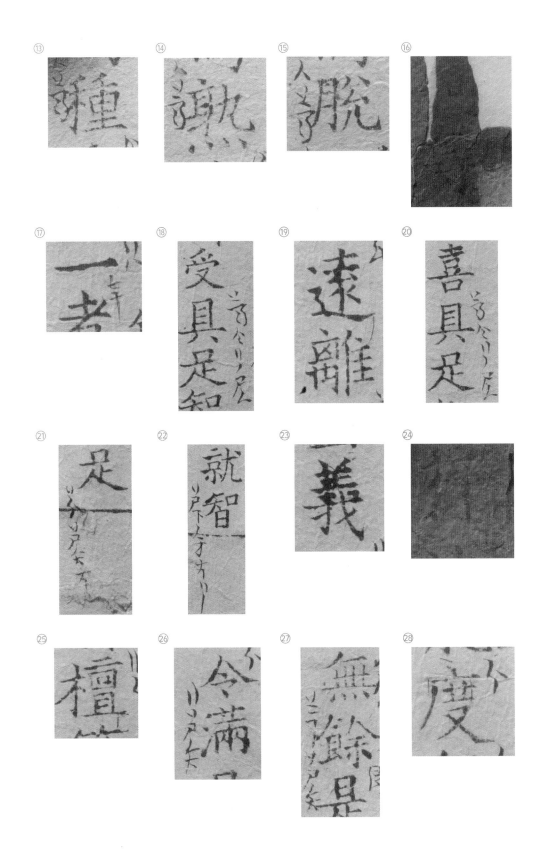

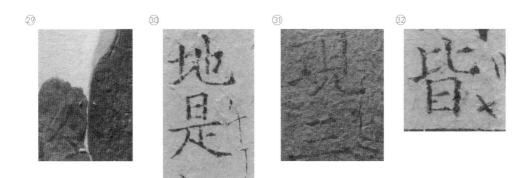

<금광3, 05:25-06:02>

P: 善男子氵菩薩二地氵十ㄱ是相ㅣㅣ前現ノアム三千大千世界ㅌ地平丷ㄱ矢如[ㅊ丷
ㄱㅋ十]掌、無[氵]量、無[丷ㄱ]數、種種ㅌ妙色ㅣㅣㄱ淸淨丷ㅌㅌ之寶灬ノㄱ莊嚴
ㅌ之具ㅣㅣ丷氵ㅌノㄱㅅ乙菩薩ㄱ悉氵見丷ㅓㅎㅌㅣ

Q: 善男子氵菩薩二地氵十ㄱ是相ㅣㅣ前現ノアム三千大千世界ㅌ地平丷ㄱ矢掌
如ㅊ丷ㄱㅋ十量無氵數無丷ㄱ種種ㅌ妙色ㅣㅣㄱ淸淨丷ㅌㅌ{之}寶灬ノㄱ莊
嚴ㅌ{之}具ㅣㅣ丷氵ㅌノㄱㅅ乙菩薩ㄱ悉氵見丷ㅓㅎㅌㅣ

A: 善男子[22(·)]菩薩[15~25(-)]二地[44(·),33(·)]是相[22~32(·)]前[1]現[+13(\)]三千
大千世界[42(·)]地平[=25(/)#24~25(/)]如掌[11(·)#11(/),=44(/)]無量[55(·)]無數
[33(/)]種種妙色[33~43(·)]淸淨[11~21(-),42(·)]之寶[43(·),33(\)]莊嚴[42(·)]之具
[22~32(·),23~24(빼침),=45(\)]菩薩[33(·)]悉[=22(·)]見[42(-),51(·)]

B: 善男子[氵]菩薩[尸]二地[十,ㄱ]是相[ㅣㅣ]前現[ノアム]三千大千世界[ㅌ]地平[丷ㄱ
矢]如掌[ㅊ,丷ㄱㅋ十]無量[氵]無數[丷ㄱ]種種妙色[ㅣㅣㄱ]淸淨[ㅌ,ㅌ]之寶[灬,ノ
ㄱ]莊嚴[ㅌ]之具[ㅣㅣ,丷氵ㅌ,ノㄱㅅ乙]菩薩[ㄱ]悉[氵]見[ㅓㅎㅌ,ㅣ]

C: 善男子氵菩薩尸二地十ㄱ是相ㅣㅣ前現ノアム三千大千世界ㅌ地平丷ㄱ矢掌
如ㅊ丷ㄱㅋ十量無氵數無丷ㄱ種種妙色ㅣㅣㄱ淸淨(丷)ㅌㅌ{之}寶灬ノㄱ莊
嚴ㅌ{之}具ㅣㅣ丷氵ㅌノㄱㅅ乙菩薩ㄱ悉氵見ㅓㅎㅌㅣ

D: ②선남자야, 보살의 二地에서는 이런 모습이 앞에 나타나는데, 三千大千世界의 땅
이 평평한 것이 손바닥과 같은 곳에 한량없고 수 없는 갖가지 妙色인 청정한 보배
로 된 莊嚴의 도구가 있었던 것을 보살은 다 볼 수 있다.

E: 선남자여, 보살의 이지(二地)에서 이런 모습이 나타나니 삼천대천세계의 땅이 손바
닥처럼 평평하여 한량없고 수도 없는 가지가지 미묘한 색의 청정한 보배로 장엄한
도구를 보살이 다 본다.

---

1 '前'자의 왼편에 刻手名이 적혀 있으나, 잘려나간 부분이라 어떤 글자인지 판단하기 어렵다. 南權熙(1998)
에서는 이것을 '立省'으로 판독하였다. 崔然柱(2005)에서는 이것을 '立成'으로 잘못 표기하여 이 인물이 고
려대장경 각성 사업에 참여한 일이 없다고 기술하였으며, 최중호(2005)에서도 이러한 내용을 그대로 인
용하고 있다.(▶128페이지 ①번)

N : 善男子。二地菩薩。是相先現。三千大千世界。地平如掌。無量無邊種種妙色。
清淨珍寶。莊嚴之具。菩薩悉見。

(선남자야, 2지(地) 보살에게는 이런 모습이 미리 나타난다. 삼천대천세계의 땅은 손바닥처럼 평탄하고, 한량없고 끝없는 갖가지 묘한 빛[色]과 깨끗하고 진기한 보배의 장엄거리가 있는 것을 보살은 모두 본다.)

<금광3, 06:02-04>

P : 善男子ゞ菩薩三地ゞ十ㄱ是相ㅣ前現ノアム自身ㅣ勇健ッㄱㅎ十鎧仗ㅗ莊嚴ッゞ
一切怨賊乙皆ㅌ能ゞ摧伏ㅅ²ㅣㅏノㄱㅅ乙菩薩ㄱ悉ゞ見ッナㅎㅂㅣ

Q : 善男子ゞ 菩薩 三地ゞ十ㄱ 是 相ㅣ 前現ノアム 自身ㅣ 勇健ッㄱㅎ十 鎧仗ㅗ 莊
嚴ッゞ 一切 怨賊乙 皆ㅌ 能ゞ 摧伏ㅅㅣㅏノㄱㅅ乙 菩薩ㄱ 悉ゞ 見ッナㅎㅂㅣ

A : 善男子菩薩三地[44(·),33(·)]是相[22~32(·)]前現[+13(\)]自身勇健[44(/)]鎧仗[43(·)]
莊嚴[22(·)]一切怨賊皆能[55(·)]摧伏[23~24(·),=45(/)]菩薩[33(·)]悉見[42(-),51(·)]

B : 善男子菩薩三地[十,ㄱ]是相[ㅣ]前現[ノアム]自身勇健[ッㄱㅎ十]鎧仗[ㅗ]莊嚴
[ゞ]一切怨賊皆能ゞ摧伏[(ㅅ)ㅣ,ㅏノㄱㅅ乙]菩薩[ㄱ]悉[=22(·)]見[ナㅎㅂ,ㅣ]

C : 善男子 菩薩(ㄹ) 三地十ㄱ 是 相ㅣ 前現ノアム 自身 勇健ッㄱㅎ十 鎧仗ㅗ 莊嚴
(ッ)ゞ 一切 怨賊 皆 能ゞ 摧伏ㅅㅣㅏノㄱㅅ乙 菩薩ㄱ 悉ゞ 見ナㅎㅂㅣ

D : ③선남자야, 보살의 三地에서는 이런 모습이 앞에 나타나는데, 자기 몸이 勇健한 데에 鎧仗으로 莊嚴하여 일체의 怨賊을 다 능히 摧伏시키는 것을 보살은 다 볼 수 있다.

E : 선남자여, 보살의 삼지(三地)에 이런 모습이 나타나니 자신이 용맹하고 건장하게 갑옷과 병기로 장엄하고 일체 원수와 적을 다 능히 꺾어 항복하는 것을 보살이 다 본다.

N : 善男子。三地菩薩。是相先現。自身勇健甲仗莊嚴。一切怨賊皆能摧伏。菩薩悉

2　[교감] 'ㅅ'의 자형으로 적었으나 'ㅅ'를 적은 것으로 이해할 수 있다.(▶128페이지 ②번)

見。

(선남자야, 3지 보살에게는 이런 모습이 먼저 나타난다. 자기 몸이 용맹하고 건장하며, 갑옷과 무기로 장엄하여, 온갖 원수와 도적을 다 능히 꺾어 항복받는 것을 보살은 모두 본다.)

<금광3, 06:04-06>

P: 善男子氵菩薩尸四地氵十1(是)相॥前現丿ㅣㅿ3四方風輪॥種種乀妙花乙悉氵皆乀散灑(॥?)4口1圓滿[亽5乇丿1入(乙?)6]地上氵十、菩薩1悉見ソナ氵乚1

Q: 善男子氵菩薩尸四地氵十1(是)相॥前現丿ㅣㅿ四方風輪॥種種乀妙花乙悉氵皆乀散灑॥口1地上氵十圓滿ㅿ乇丿1入乙菩薩1悉見ソナ氵乚1

A: 善男子菩薩四地[44(·)](是)相前現[+13(\)]四方[42(·)]風輪[22~32(·)]種種妙花[34(·)]悉皆散灑[=33~34(·),구결자(口1)7]圓滿地上菩薩[33(·)]悉見[=42(-),51(·)]

B: 善男子菩薩四地[十](是)相前現[丿ㅣㅿ]四方[乀]風輪[॥]種種妙花[乙]悉皆散灑[口1]圓滿地上菩薩[1]悉見[ナ氵乚,1]

C: 善男子(氵) 菩薩(尸) 四地十(1) (是) 相(॥) 前現丿ㅣㅿ 四方乀 風輪॥ 種種 妙花乙 悉 皆 散灑(ソ)口1 地上(十) 圓滿(x丿1入乙) 菩薩1 悉 見ナ氵乚1

D: ④선남자야, 보살의 四地에서는 이런 모습이 앞에 나타나는데, 사방의 風輪이 갖가지 妙花를 다 散灑하여서 地上에 圓滿하게 한 것을 보살은 다 볼 수 있다.

---

3   자토구결이 '丿ㅣㅿ'로 달려 있으나 이 부분에 대응되는 점토구결, 그리고 반복되는 다른 부분에 달린 자토구결을 고려하면 '丿尸ㅿ'의 오기일 가능성이 크다.

4   [교감] 자형상 'ソ'로 볼 수도 있으나 두 번째 획의 모양이 '॥'에 더 가까운 것으로 보아 '॥'로 판단하였다.(▶128페이지 ③번)

5   [교감] '亽'의 자형으로 적었으나 'ㅿ'를 적은 것으로 이해할 수 있다.(▶128페이지 ④번)

6   [교감] 송진에 오염된 부분이어서 사진으로는 확인하기 어렵다. 원본 실사 결과 '乙'이 분명히 판독되었다.(▶129페이지 ⑤번)

7   '散灑'에 기입된 =33~34(·)이 위치상 33(·)으로 오인될 여지가 있어 구결자를 기입한 것으로 볼 수 있다.(▶129페이지 ⑥번)

E : 선남자여, 보살의 사지(四地)에 이런 모습이 나타나니 사방에서 바람[風輪]이 가지
가지 아름다운 꽃을 다 흩어서 원만하게 땅 위를 씻는 것을 보살이 다 본다.

N : 善男子。四地菩薩。是相先現。四方風輪。種種妙花。悉皆散灑。充布地上。菩
薩悉見。

(선남자야, 4지 보살에게는 이런 모습이 미리 나타난다. 사방에서 바람[風輪]이 일어
나 갖가지 묘한 꽃이 모두 날려 땅 위에 가득 뿌려져 있는 것을 보살은 모두 본다.)

<금광3, 06:06-08>

P : 善男子菩薩五地ㅎ十ㄱ是相ㅣ前現ノアㅿ如[(ㅊㆍㄱㅣ?)[8]]寶女人、一切之ㅅ莊
嚴[ノアㅿ]其身頂上乙、散多那花亠妙寶瓔珞亠ノア乙亠貫飾[ㆍㅎㅅㅅㅣㄱㅅ乙]
身首乙、菩薩ㄱ悉ㅎ見ㆍㅅㅎㅅㅣ

Q : 善男子 菩薩 五地ㅎ十ㄱ 是 相ㅣ 前現ノアㅿ 寶女人 如ㅊㆍㄱㅣ 一切之ㅅ 其 身
頂上乙 莊嚴ノアㅿ 散多那花亠 妙寶瓔珞亠ノア乙亠 身首乙 貫飾ㆍㅎㅅㅅㅣㄱㅅ
乙 菩薩ㄱ 悉ㅎ 見ㆍㅅㅎㅅㅣ

A : 善男子菩薩五地[44(ㆍ),33(ㆍ)]是相[22~32(ㆍ)]前現如寶女人[11(ㆍ),=22~32(/)]一切
[42(ㆍ)]莊嚴其身頂上[34(ㆍ),+13(\)]散多那花妙寶瓔珞貫飾身首[42(ㆍ),34(ㆍ),23~24(빼
침),45(\)]菩薩[33(ㆍ)]悉見[42(-),51(ㆍ)]

B : 善男子菩薩五地[十,ㄱ]是相[ㅣ]前現如寶女人[ㅊ,ㆍㄱㅣ]一切[ㅅ]莊嚴其身頂上
[乙,ノアㅿ]散多那花妙寶瓔珞貫飾身首[ㅅ,乙,ㆍㅎㅅ,ノㄱㅅ乙]菩薩[ㄱ]悉見[ㅏ
ㅎㅅ,ㅣ]

C : 善男子(ㅎ) 菩薩(ア) 五地十ㄱ 是 相ㅣ 前現(ノアㅿ) (寶)女人 如ㅊㆍㄱㅣ 一切ㅅ
其 身 頂上乙 莊嚴ノアㅿ 散多那花 妙寶瓔珞(亠) 身ㅅ 首乙 貫飾ㆍㅎㅅㅅㅣㄱㅅ乙
菩薩ㄱ 悉 見ㅏㅎㅅㅣ

8　[교감] 송진에 오염된 부분이어서 사진으로는 확인하기 어렵다. 원본 실사 결과 'ㅊㆍㄱㅣ'가 분명히 판
독되었다.(▶129페이지 ⑦번)

D: ⑤선남자야, 보살의 五地에서는 이런 모습이 앞에 나타나는데, 寶女人 같은 이가 일체의 그 몸과 머리를 莊嚴함에 散多那華와 妙寶瓔珞으로 몸의 머리를 貫飾한 것을 보살은 다 볼 수 있다.

E: 선남자여, 보살이 오지(五地)에서 이런 모양이 나타나니 일체를 장엄한 보배의 여인과 같이 그 몸의 정수리 위에 다나화(多那華)를 뿌리고 아름다운 보배 영락(瓔珞)을 꿰어 몸과 머리에 꾸민 것을 보살은 다 보게 된다.

N: 善男子。五地菩薩。是相先現。有妙寶女。衆寶瓔珞。周遍嚴身。首冠名花。以爲其飾。菩薩悉見。
(선남자야, 5지 보살에게는 이런 모습이 미리 나타난다. 묘보(妙寶)와 같은 여자가 갖가지 보배와 영락(瓔珞)으로 두루 몸을 장식하고 머리에 아름다운 꽃관을 쓴 것을 보살은 모두 본다.)

<금광3, 06:08-12>

P: 善男子阝菩薩六地阝十㇆是相刂前現ノ尸厶七寶花池阝十有[七㢱]四階道、金沙刂偏滿ソ阝淸淨無穢ソ㢱八功德水刂皆七悉阝盈滿ソ㢱鬱波羅花亠拘物頭花亠分陀利花亠ノラ十[9]莊嚴[ソ㢱ソラ七㇆乙]其池乙、於花池所阝十自ラ身刂遊戲快樂ノ尸厶淸淨淸涼無比丂ソ卜ノ㇆入[10]乙菩薩㇆悉阝[11]見ソナ亍七丨

Q: 善男子阝 菩薩 六地阝十㇆ 是 相刂 前現ノ尸厶 七寶花池阝十 四階道 有七㢱 金沙刂 偏滿ソ阝 淸淨 無穢ソ㢱 八功德水刂 皆七 悉阝 盈滿ソ㢱 鬱波羅花亠 拘物頭花亠 分陀利花亠ノラ十 其 池乙 莊嚴ソ㢱ソラ七㇆乙 {於}花池所阝十 自ラ 身

---

9 [교감] 'ノラ十'는 문법적으로 상당히 어색한 구성으로, 문맥상 주격 조사가 예상되는 환경이어서 오기일 가능성이 크다. '花'에 'ノ衤'에 대응되는 점토가 기입된 사실도 참고할 수 있다. 그러나 자토의 올바른 표기를 추정할 근거가 분명치 않아 교감에는 반영하지 않았다.

10 [교감] 일반적인 '入'의 자형보다 획이 하나 더 있는데, 다른 글자로 판독할 만한 근거는 찾기 어려워 '入'로 판단하였다. 혹 '入'를 빠뜨리고 '乙'을 쓰려다 다시 '入'를 쓰고 그 아래에 '乙'을 기입한 것일 가능성은 있다.(▶129페이지 ⑧번)

11 [교감] '阝㇆'처럼 보이기도 하나 문맥상 '阝'의 첫 획이 길게 그어진 것으로 판단할 수 있다.(▶129페이지 ⑨번)

刂 遊戲快樂ノ尸ム 清淨 清凉 無比亐ソトノㄱ入乙 菩薩ㄱ 悉ろ 見ソナホセ丨

A: 善男子菩薩六地[44(·),33(·)]是相[=22~32(·)]前現[+13(\)]七寶花池[44(·)]有四階道[55(·)]金沙[22~32(·)]徧滿[22(·)]清淨無穢[55(·)]八功德水[22~32(·)]皆悉盈滿鬱波羅花[53(·)]拘物頭花[53(·)]分陀利花[53(·),=15(ɔ)]莊[합부]嚴[역독선(우하향)]其[23~24(빼침),34(/)]池[34(·),55(·),지시선]於花池所[44(·)]自身[22~32(·)]{11(\)}遊戲快樂[+13(\)]清淨清凉無比[45(·),=45(·/)]菩薩[33(·)]悉見[42(-),51(·)]

B: 善男子菩薩六地[十,ㄱ]是相[刂]前現[ノ尸ム]七寶花池[十]有四階道[ケ]金沙[刂]徧滿[ろ]清淨無穢[ケ]八功德水[刂]皆悉盈滿鬱波羅花[亠]拘物頭花[亠]分陀利花[亠,ノオ]莊嚴其[ソラセ,ソㄱ乙]池[乙,ケ]於花池所[十]自身[刂]遊戲快樂[ノ尸ム]清淨清凉無比[亐,トノㄱ入乙]菩薩[ㄱ]悉見[ナホセ,丨]

C: 善男子(ろ) 菩薩(尸) 六地十ㄱ 是 相刂 前現ノ尸ム 七寶花池十 四階道 有ケ 金沙刂 徧滿ろ 清淨 無穢(ソ)ケ 八功德水刂 皆 悉 盈滿(ソケ) 鬱波羅花亠 拘物頭花亠 分陀利花亠ノオ 其 池乙 莊嚴(ソ)ケソラセソㄱ乙 {於}花池所十 自身刂 遊戲快樂ノ尸ム 清淨清凉 無比亐(ソ)トノㄱ入乙 菩薩ㄱ 悉 見ナホセ丨

D: ⑥선남자야, 보살의 六地에서는 이런 모습이 앞에 나타나는데, 七寶花池에 四階道 있으며 金沙가 徧滿하여 清淨無穢하며 八功德水가 다 盈滿하며 鬱波羅花이니 拘物頭花이니 分陀利花이니 하는 것이 그 연못을 莊嚴하며 했던 것을, 花池가 있는 곳에서 자신이 遊戲快樂하는데 清淨清凉하여 비할 데 없이 하는 것을 보살은 다 볼 수 있다.

E: 선남자여, 보살이 육지(六地)에서 이런 모습이 앞에 나타나니 칠보의 꽃 연못에 네 계단의 길이 있고 금모래가 두루 덮여 청정하고 더러움이 없으며 여덟 가지 공덕수가 다 가득 차 있고 울파라(鬱波羅)꽃·구물두(拘物頭)꽃·분타리(分陀利)꽃이 그 연못을 장엄하고 꽃 연못이 있는 곳에 자신이 노닐며 즐겁고 청정하여 맑고 시원함이 비할 데 없는 것을 보살은 다 본다.

N: 善男子。六地菩薩。是相先現。七寶花池。有四階道。金沙遍布。清淨無穢。八功德水皆悉盈滿。嗢鉢羅花·拘物頭花·分陀利花。隨處莊嚴。於花池所遊戲快樂。清涼無比。菩薩悉見。

(선남자야, 6지 보살에게는 이런 모습이 미리 나타난다. 7보로 된 꽃 못에는 네 개의

계단이 있고, 금모래가 깔려 깨끗하고 더러움이 없으며, 8공덕수(功德水)가 모두 가득 차 있고, 올발라화(嗢鉢羅花: 靑蓮華)·구물두화(拘物頭花: 赤蓮華)·분타리화(分陀利花: 白蓮華)들이 곳곳을 장엄하여, 꽃 못에서 기쁘게 노닐면 청량(淸涼)하기가 비할 데 없는 것을 보살은 모두 본다.)

<금광3, 06:12-06:15>

P : 善男子 氵 菩薩七地 氵 + 丨 ¹²是相前現 丿 尸 ¹³厶 左邊 亠 右邊 亠 丿 令 十 丷 氵 應[七 丷 ㅗ 丨 丷 七 亠 ¹⁴]墮 ¹⁵地獄 氵 十 、(以菩)薩力 乙 、 故 丿 還 丿 得 氵 朮 不墮 丷 氵 無有[丷 氵]損傷 丿 尸 、 無有[七 丷 氵 丷 卜 丿 丨 入 乙 ¹⁶]痛惱菩薩悉見 ナ ㅎ 七 丨

Q : 善男子 氵 菩薩 七地 氵 十 丨 是 相 前現 丿 尸 厶 左邊 亠 右邊 亠 丿 令 十 丷 氵 地獄 氵 十 墮 應 七 丷 ㅗ 丨 丷 七 亠 (菩)薩力 乙 (以) 故 丿 還 丿 得 氵 朮 不墮 丷 氵 損傷 丿 尸 無{有} 丷 氵 痛惱 無{有} 七 丷 氵 丷 卜 丿 丨 入 乙 菩薩 悉 見 ナ ㅎ 七 丨

A : 善男子[22(·)]菩薩七地[44(·)]是相[22~32(·)]前現[=+13(\)]左邊[53(·)]右邊[53(·),24(\),44(·),22(·)]應墮地獄[44(·)]¹⁷(以菩)薩力[34(·)]故還[21(·)]得[15(·)]不墮[22(·),합부]無有損傷[=+15~25(-),35(·)]無有痛惱菩薩悉見[42(-),51(·)]

B : 善男子[氵]菩薩七地[十]是相[刂]前現[丿尸厶]左邊[亠]右邊[亠,丿令,十,氵]應墮地獄[十](以菩)薩力故還[丿]得[朮]不墮[氵]無有損傷[丿尸,氵]無有痛惱菩薩悉見[ナ

---

12 '丨'의 획이 앞의 구결자와 확연한 차이를 보인다. 먼저 '氵十'를 적은 다음에 별도로 추가 기입한 것으로 추정된다.(▶129페이지 ⑩번)

13 '尸'의 자형이 '沪'와 유사하다. '丿尸'을 적은 것이거나 '丨'을 적으려다가 '尸'로 고친 것일 가능성도 있다.(▶129페이지 ⑪번)

14 [교감] '七' 앞의 '丷'는 먼저 다른 글자('ㅎ')를 쓴 다음 그 위에 덮어쓴 것으로 보이고, '七'과 '亠' 사이에는 기능을 알기 어려운 긴 수평선이 그어져 있다. '丷七亠'는 문법적으로 이해하기 어려운 구성인데, 역접의 문맥이라는 점에서 예상할 수 있는 연결어미 표기인 '-丨'나 '-丿尸'의 오기로 볼 수도 있겠으나 판단의 근거가 명확치 않아 반영하지 않았다.(▶129페이지 ⑫번)

15 김지오(2010)에서는 '墮 ㅎ 應 七 丷 -'가 예상되는 자리, 즉 '墮'의 왼쪽 아래에 'ㅎ'이 누락된 것으로 보았다.

16 '七'을 적었다가 지우려 한 듯한 흔적이 보이나 확신하기 어렵다. 판독문에는 '七'을 그대로 반영하였다.(▶129페이지 ⑬번)

17 54 위치에 우하향의 묵선이 있다.(▶129페이지 ⑭번)

ㅎㄴ,ㅣ]

C: 善男子 ſ 菩薩(尸) 七地十 是 相ㅣ 前現 ノ尸ㅿ 左邊ㅡ 右邊ㅡノ소十(ᵛ)ſ 地獄
十 墮 應 (菩)薩力 (以) 故 還ノ 得ㆁ 不墮ſ 損傷ノ尸 無{有}ᶘ 痛惱 無{有}(ᶘᵛ
ㅏノㄱㅅㄹ) 菩薩(ㄱ) 悉 見ㅏㅎㅌㅣ

D: ⑦선남자야, 보살의 七地에서는 이런 모습이 앞에 나타나는데, (중생이) 좌변이니
우변이니 하는 곳에 있어 지옥에 떨어져야 하지만, 菩薩力으로 도리어 능히 떨어지
지 않아 손상됨 없고 痛惱 없고 하는 것을 보살은 다 볼 수 있다.

E: 선남자여, 보살이 칠지(七地)에 이 모습이 나타나니 왼쪽과 오른쪽에서 지옥에 떨
어지게 될 때 보살의 힘 때문에 도리어 떨어지지 않게 되며 손상됨도 없고 아프거
나 괴로움도 없음을 보살은 다 본다.

N: 善男子。七地菩薩。是相先現。於菩薩前。有諸衆生。應墮地獄。以菩薩力便得
不墮。無有損傷亦無恐怖。菩薩悉見。
(선남자야, 7지 보살에게는 이런 모습이 미리 나타난다. 보살 앞에서는 마땅히 지옥
에 떨어질 만한 어떤 중생도 보살의 힘으로써 곧 떨어지지 않고 상한 데도 없으며
또한 두려워하지 않는 것을 보살은 모두 본다.)

<금광3, 06:15-06:17>

P: 善男子ㄱ ¹⁸菩薩八地ſ十ㄱ 是相前現ノ尸ㅿ 左邊ㅡ 右邊(ㅡノ?)¹⁹소十 師子ㅐ臆

---

18 [교감] '善男子'가 지칭의 대상이고, 동일하게 반복되는 앞뒤 구문에서 예외 없이 'ſ'가 현토되었으며, 통
사적으로도 조사 'ㄱ'이 쓰일 환경이 아니므로 'ㄱ'은 'ſ'의 오기가 분명하다.

19 [교감] 송진에 오염되고 종이가 훼손되어 사진으로는 확인하기 어렵다. 원본 실사 결과 'ㅡ'는 분명히 보
이고 'ノ'가 있을 자리는 훼손되어 자형 확인이 어려웠다. 여기서는 정재영(1998)에 'ㅡノ'로 판독된 것을
반영하였다.(▶129페이지 ⑮번)

(氵?)[20]十長毫ㆍ기(ㄱ?)[21]獸氵七王ㅣ罒一切衆獸乙悉氵皆怖畏ㅅ[22]ㅣㅏノㄱㅅ乙 菩薩ㄱ悉氵見ナㅎㄴㅣ

Q: 善男子氵 菩薩 八地氵十ㄱ 是 相 前現ノアㅿ 左邊亠 右邊亠ノㅅ十 師子ㅣ 臆氵 十 長毫ㆍㄱㄱ 獸氵七 王ㅣ罒 一切 衆獸乙 悉氵 皆 怖畏ㅅㅣㅏノㄱㅅ乙 菩薩ㄱ 悉氵 見ナㅎㄴㅣ

A: 善男子[22(·)]菩薩[15~25(-)]八地[44(·),33(·)]是相[22~32(·)]前現[+13(\)]左邊[53(·)]右邊[53(·),24(\),44(·)]師子[22~32(·)]臆[44(·)]長毫[32~33(/)]獸[22(·),42(·)]王[32(·)]一切衆獸[34(·)]悉皆怖畏[=45(·/)]菩薩[33(·)]悉見

B: 善男子[氵]菩薩[ア]八地[十,ㄱ]是相[ㅣ]前現[ノアㅿ]左邊[亠]右邊[亠,ノㅅ,十]師子[ㅣ]臆長毫[ㆍㄱㄱ]獸[氵,七]王[罒]一切衆獸[乙]悉皆怖畏[ㅏノㄱㅅ乙]菩薩[ㄱ]悉見

C: 善男子氵 菩薩ア 八地十ㄱ 是 相ㅣ 前現ノアㅿ 左邊亠 右邊亠ノㅅ十 師子ㅣ 臆 長毫ㆍㄱㄱ 獸氵七 王(ㅣ)罒 一切 衆獸乙 悉 皆 怖畏(x)ㅏノㄱㅅ乙 菩薩ㄱ 悉 見 (ナㅎㄴㅣ)

D: ⑧선남자야, 보살의 八地에서는 이런 모습이 앞에 나타나는데, 좌변이니 우변이니 하는 곳에서 사자가 가슴에 長毫한 것은 짐승의 왕이라서 일체의 여러 짐승을 모두 怖畏하게 하는 것을 보살은 다 볼 수 있다.

E: 선남자여, 보살이 팔지(八地)에서 이 모습이 나타나니 왼쪽과 오른쪽에서 가슴털이 긴 짐승의 왕 사자가 나타남에 일체 온갖 짐승이 다 두려워하는 것을 보살은 다 본다.

N: 善男子。八地菩薩。是相先現。於身兩邊。有師子王。以爲衛護。一切衆獸悉皆

---

20 [교감] 송진에 오염된 부분이어서 사진으로는 확인하기 어렵다. 원본 실사 결과 '氵'가 분명히 판독되었다.(▶129페이지 ⑯번)

21 [교감] 자형상으로는 'ㅣ'일 가능성도 배제할 수 없다. 그러나 '32~33(/)'으로 볼 만한 점토가 확인되고, 15장에서 이 위치의 점토가 'ㆍㄱㄱ'에 대응되는 사례가 여럿 나오는 것을 중시하여 'ㆍㄱㄱ'으로 교감하였다.(▶129페이지 ⑰번)

22 [교감] 'ㅅ'의 자형으로 적었으나 'ㅅ'를 적은 것으로 이해할 수 있다.(▶129페이지 ⑱번)

怖畏。菩薩悉見。

(선남자야, 8지 보살에게는 이런 모습이 미리 나타난다. 몸 양쪽에 사자왕이 있어 호위하고 있어 온갖 여러 짐승들이 모두 다 무서워하는 것을 보살은 모두 본다.)

<금광3, 06:17-19>

P: 善男子菩薩九地 3 十 是相前現ノアム 轉輪聖王 1 無[ッ1]量、億衆 3 圍遶ッ 3 ホ 供養ッ 1 ニ ㅡ²³頂上 3 七 白蓋 1 無[ッ1]量、衆寶 ㅡ 之所[1 乙]莊嚴ノ 1 、以 3 ホ 覆[ッ 3 ヒノ 1 入乙]於上 ㅡ 十²⁴菩薩 1 悉 3 見ナ ホ セ 丨

Q: 善男子 菩薩 九地 3 十 是 相 前現ノアム 轉輪聖王 1 量 無ッ 1 億 衆 3 圍遶ッ 3 ホ 供養ッ 1 ニ ㅡ 頂上 3 七 白蓋 1 量 無ッ 1 衆寶 ㅡ {之} 莊嚴ノ 1 所 1 乙 {以} 3 ホ {於}上 ㅡ 十 覆ッ 3 ヒノ 1 入乙 菩薩 1 悉 3 見ナ ホ セ 丨

A: 善男子菩薩九地[44(·),33(·)]是相[22~32(·)]前現[+13(\)]轉輪聖王[33(·)]無量億衆[23(·)]圍遶[15(·)]供養[22~32(·/)²⁵,53(:)²⁶]頂上[=22(·),42(·)]白蓋[33(·)]無量衆寶[43(·)]之所莊嚴[33(\),33~43(·),34(·)]{31(·),23~33(·),11(·)}以[15(·)]覆於上[53(·),44(·),=23~24(빼침),45(\)]菩薩[33(·)]悉見[42(-),51(·)]

B: 善男子菩薩九地[十, 1]是相[リ]前現[ノアム]轉輪聖王[1]無量億衆[3]圍遶[ホ]供養[ト x リ , ニ x ㅡ]頂上[3 , 七]白蓋[1]無量衆寶[ㅡ]之所莊嚴[ノ 1 , リ 1 , 乙]以[ホ]覆於上[ㅡ , 十, ッ 3 ヒ, ノ 1 入乙]菩薩[1]悉見[ナ ホ セ , 丨]

C: 善男子(3) 菩薩(ア) 九地十 1 是 相リ 前現ノアム 轉輪聖王 1 無量億衆 3 圍遶ホ 供養(ッ白)ト x リ ニ x ㅡ²⁷頂上 3 七 白蓋 1 無量衆寶 ㅡ {之} 莊嚴ノ 1 所リ 1 乙

---

23 [교감] 현재의 문법 지식으로는 이해하기 힘든 구성으로서 오기로 생각된다. 바로 다음 단락에 나오는 'ッ白ト ノ 1 リ ニ ㅡ'를 참고할 수 있다. 그러나 정확히 어떤 표기가 올바른 것인지 밝힐 근거가 충분 치 않으므로 여기서는 '오기'의 가능성만 지적하고 교감 작업은 보류한다.

24 ' ㅡ 十' 아래에 역독점을 기입할 수 있으나 기입하지 않았다.

25 자토의 ' ト '에 대응되는데, 6장 22행에서는 22~32(·/)가 자토의 ' ト ノ 1 リ '에 대응한다.

26 자토의 ' ニ ㅡ '에 대응된다.

27 ⑴ '供養'에 현토된 의미 있는 점토는 22~32(·/)와 53(:)인 것으로 잠정 판독하고, ⑵ 판독한 구결점의 대

105

以ㅊ {於}上ㅡ十 覆ㆍㅋㅌㄴㅣㅅ乙 菩薩ㄱ 悉 見ㅏㅎㅌㅣ

D : ⑨선남자야, 보살의 九地에서는 이런 모습이 앞에 나타나는데, 轉輪聖王은 無量億衆이 圍遶하여서 供養드리는 분이시며, 머리 위에 있는 白蓋는 無量衆寶로 莊嚴한 바이거늘 그것으로써 (轉輪聖王의 머리) 위에 덮었던 것을 보살은 다 볼 수 있다.

E : 선남자여, 보살은 구지(九地)에서 이 모습이 나타나니 전륜성왕이 한량없는 억의 대중이 둘러싸고 공양하여 머리 위에는 한량없는 온갖 보배로 장엄된 흰 일산이 위를 덮은 것을 보살은 다 본다.

N : 善男子。九地菩薩。是相先現。轉輪聖王。無量億衆圍遶供養。頂上白蓋無量衆寶之所莊嚴。菩薩悉見。

(선남자야, 9지 보살에게는 이런 모습이 미리 나타난다. 전륜성왕(轉輪聖王)이 한량없는 억 무리 대중에게 에워싸여 공양 받는데, 정수리 위에 있는 흰 일산[白蓋]이 한량없는 온갖 보배로 장엄된 것을 보살은 모두 본다.)

<금광3, 06:19-22>

P : 善男子ㅋ 菩薩十地ㅋㅓㄱ 是相ㅣㅣ 前現ㄴㅣㅿ 如來ㄹ之身ㅣㅣ 金色晃耀(ㆍ?)[28]ㅡㅏ無[ㄱ]量、淨光ㅣㅣ悉ㅋ 皆圓滿ㆍㅣ(ㄱㄷ?)[29]無[ㆍㄱ]量、億梵王ㅣㅣ圍遶ㆍㅋㅊ恭敬ㆍㅋ供養ㆍㅋㆍ白ㅏㄴㄱㅣㅣㅡㄱㅡ轉[ㆍ(ㄷ)ㅏㄴㄱㅣㅅ乙]於無上微妙法輪乙、菩薩ㄱ悉ㅋ見ㅏㅎㅌ[30]ㅣ

응 구결자 추정에서 ① 해당 부분의 자토가 'ㆍㅏㅏㅡ'로 달려 있는 점, ② 22~32와 53 위치의 단점이 각각 'ㅣㅣ'와 'ㅡ'에 대응된다는 점, ③ 이 자료의 점도 체계에서 '사선 방향의 눈썹은 ㅏ와 관련이 있다', '수직 쌍점은 ㅡ와 관련이 있다'는 잠정적인 가정 등을 종합적으로 반영하여 22~32(ㆍ)와 53(·)을 각각 'ㅏㅣ', 'ㅡㅡ'에 대응할 수 있는 것으로 본 다음, (3) 자연스러운 통합 관계 및 다음 구절의 비슷한 환경에서는 자토가 'ㆍㅂㄴㅣㅣㅡㄱㅡ'로 달린 점 등을 고려하여 'ㆍㅎ', 'ㄱ' 등을 보충한 것이다. 그러나 위의 세 과정 모두 아직 분명치 않다.(▶129페이지 ⑲번)

28 [교감] 자형상 'ㅣㅣ'일 가능성도 배제할 수 없으나 'ㆍ'에 더 가까운 것으로 판단하였다.(▶129페이지 ⑳번)

29 [교감] 'ㄱ'과 '乙'의 두 글자가 같은 자리에 겹치듯이 기입되었다. 먼저 '乙'을 기입한 후에 'ㄱ'을 기입한 듯하다.(▶130페이지 ㉑번)

30 'ㅌ'의 자형 가운데 일부가 끊겨져 있다. 먹이 완전히 묻지 않아 획이 덜 기입된 듯하다.(▶130페이지 ㉒번)

Q: 善男子 氵 菩薩 十地 氵 十 ヿ 是 相 ㅣㅣ 前現 ノ ア ム 如來 尸 {之} 身 ㅣㅣ 金色 晃耀 ﹀ ﹃ 下 量 無 ヿ 淨光 ㅣㅣ 悉 氵 皆 圓滿 ﹀ ニ ヿ 乙 量 無 ﹀ ヿ 億 梵王 ㅣㅣ 圍遶 ﹀ 氵 ホ 恭敬 ﹀ 氵 供養 ﹀ 氵 ﹀ 白 卜 ノ ヿ ㅣ ニ ヿ ᅩ {於}無上微妙法輪 乙 轉 ﹀ ニ 卜 ノ ヿ 入 乙 菩薩 ヿ 悉 氵 見 ナ ゕ セ ㅣ

A: 善男子[22(·)]菩薩十地[44(·)]是相[=22~32(·)]前現[+13(\)]如來之身[22~32(·)]金色晃耀[54(·)]無量淨光[22~32(·)]悉皆圓滿[34(:)³¹]無量億梵王[22~32(·)]圍遶[15(·)]恭敬[35(·)]供養[=35(·),11~12(·)#12(·),22~32(·/)³²,53(:)³³]轉於無上微妙法輪[34(·),45(--)³⁴]菩薩[33(·)]悉見[42(-),51(·)]

B: 善男子[氵]菩薩十地[十]是相[ㅣㅣ]前現[ノアム]如來之身[ㅣㅣ]金色晃耀[下]無量淨光[ㅣㅣ]悉皆圓滿[ニx乙]無量億梵王[ㅣㅣ]圍遶[ホ]恭敬[氵]供養[氵,白,卜x ㅣㅣ,ニx ᅩ]轉於無上微妙法輪[乙,x入乙]菩薩[ヿ]悉見[ナゕセ,ㅣ]

C: 善男子 氵 菩薩(尸) 十地 十(ヿ) 是 相 ㅣㅣ 前現 ノ ア ム 如來{之} 身 ㅣㅣ 金色 晃耀(ニ) 下 無量淨光 ㅣㅣ 悉 皆 圓滿(﹀)ニx乙 無量億梵王 ㅣㅣ 圍遶 ホ 恭敬 氵 供養 氵(﹀)白 卜x ㅣㅣ ニx ᅩ {於}無上微妙法輪 乙 轉x入乙 菩薩 ヿ 悉 見 ナ ゕ セ ㅣ

D: ⑩선남자야, 보살의 十地에서는 이런 모습이 앞에 나타나는데, 여래의 몸이 금색으로 晃耀하시어 한량없는 淨光이 모두 圓滿하시거늘, 無量億梵王이 圍遶하여서 공경하고 공양하고 하는 분이시니 無上微妙法輪을 굴리시는 것을 보살은 다 볼 수 있다.

E: 선남자여, 보살은 십지(十地)에서 이런 모습이 나타나니 여래의 몸에 금빛이 찬란하게 빛나고 한량없는 맑은 빛이 모두 원만하고 한량없는 억의 범천왕이 에워싸고 공경하여 공양하고 위없고 미묘한 법륜을 굴리는 것을 보살은 다 본다.

N: 善男子。十地菩薩。是相先現。如來之身。金色晃耀。無量淨光皆悉圓滿。有無

---

31 34(:)는 유일례이다. 자토의 'ニ ヿ 乙'에 대응된다.

32 자토의 '卜 ノ ヿ ㅣㅣ'에 대응한다.

33 자토의 'ニ ヿ ᅩ'에 대응된다.

34 45(--)는 유일례이다. 자토의 '﹀ ニ 卜 ノ ヿ 入 乙'에 대응된다.

量億梵王。圍遶恭敬供養。轉於無上微妙法輪。菩薩悉見。

(선남자야, 10지 보살에게는 이런 모습이 미리 나타난다. 여래의 몸에서 금빛이 환하게 밝아 한량없이 청정한 광명이 모두 원만한데, 한량없는 억의 범왕에게 둘러싸여 공경 공양을 받으면서 위없는 미묘한 법수레를 굴리는 것을 보살은 모두 본다.)

<금광3, 06:22-23>

P: 善男子阝云何亠(初地)(乙?)[35]而灬名下歡喜刂ハソ口亽口ソナ矛入ㄱ

Q: 善男子阝 云何亠 (初地)乙 而灬 名下 歡喜刂ハソ口亽口ソナ矛入ㄱ

A: 善男子[22(·)]云(何)(初地)而名[54(·)]歡喜[32~42(·),15(·.),23~33(\·)[36]]

B: 善男子[阝]云何(初地)而名[下]歡喜[ハ,ノ亽口,ソナ矛尸入ㄱ]

C: 善男子阝 云何 (初地) 而 名下 歡喜(刂)ハノ亽口ソナ矛尸入ㄱ

D: 선남자야, 어찌하여 初地를 일컬어 歡喜라고 하는가 하면

E: 선남자여, 어째서 초지를 환희(歡喜)라고 하는가?

N: 善男子。云何初地名爲歡喜。(선남자야, 어째서 초지를 이름하여 환희(歡喜)라고 하는가.)

<금광3, 06:23-25>

P: 得[ゕ]出世心乙、昔尸所[刂ㄱ乙]未[刂ソ阝七[37]丨ノㄱ、]得尸、而灬今ハㄱ氵始ノ得ソゕ大事亠大用亠ノ尸乙如[ハ]意七所[乙、]願ノㄱ、悉阝皆成就ソ(ゕ?)[38]

---

35 [교감] 송진에 오염된 부분이어서 분명치 않으나 '乙'로 판독된다.(▶130페이지 ㉓번)

36 '23~33(\·)'이 현토된 다른 예들에서는 대응되는 자토가 'ソナ矛尸入ㄱ'이나 'ソナ尸入ㄱ'이다. 『합부금광명경』 권3에 현토된 '\·'의 경우 전반적으로 'ナ矛'와 관련된다. 예를 들어 14장 1행의 52(\·) 역시 자토구결의 'ソナ矛丨'에 대응되고, 14장 3행의 43(\·)에서도 'ナ矛ㄱ入灬'로 대응된다.

37 다른 구결자를 적었다가 지우고 '七'을 다시 기입한 흔적이 보인다.(▶130페이지 ㉔번)

38 [교감] 일반적인 'ゕ'의 자형에 비해 획이 하나 더 있으나 달리 읽을 가능성은 거의 없다.(▶130페이지 ㉕번)

ソ3[39]大リ歡喜慶樂(ソ去ㄱ入灬?)[40]故ノ是故灬初地乙名下{爲}歡喜地亠ノネケ

Q: 出世心乙 得ケ 昔尸 得尸 未リ ソ3 セ 丨 ノ ㄱ 所リ ㄱ 乙 而灬 今ハ ㄱ 氵 始ノ 得ソ ケ 大事亠 大用亠 ノ 尸 乙 意セ 願ノ ㄱ 所乙 如ハ 悉3 皆 成就ソケソ3 大リ 歡喜 慶樂ソ去ㄱ入灬 故ノ 是 故灬 初地乙 名下 {爲}歡喜地亠ノネケ

A: 得出世心[34(·),55(·)]昔所未得[15~25(-),23~24(빼침),33(\),35(/)][41]{43(·)}[42]而[43(·)]今[=32~42(·)#=32~33(·),=24(·),구결자(ハ 氵)[43]]始[21(·)]得[55(·)]大事大用[+35(\)]如意[42(·)]所願[33(\),34(·),32~42(·)]悉皆[42(·)]成就[55(·),22(·)]大[22~32(·)]{33~34(·)}歡喜慶樂故[21(·)]是故[43(·)]初地[34(·)]名[54(·)]爲歡喜地[53(·),+55(·.)]

B: 得出世心[乙,ケ]昔所未得[尸,ソ 3 セ,ノ ㄱ,ㄱ 乙]而[灬]今[ハ,氵]始[ノ]得大事大用[ノ 尸 乙]如意[セ]所願[ノ ㄱ,乙,ハ]悉皆[セ]成就[ケ,3]大[リ]歡喜慶樂故[ノ]是故初地[乙]名[下]爲歡喜地[亠,ノ ネ ケ]

C: 出世心乙 得ケ 昔 得尸 未(リ)ソ 3 セ ノ ㄱ 所ㄱ 乙 而灬 今ハ(ㄱ)氵 始ノ 得(ケ) 大事(亠) 大用(亠)ノ 尸 乙 意セ 願ノ ㄱ 所乙 如ハ 悉 皆セ 成就ケ(ソ)3 大リ 歡喜 慶樂{故}ノ 是 故(灬) 初地乙 名下 {爲}歡喜地亠ノネケ

D: ①出世心을 얻으며, 예전에 얻지 못했던 바인 것을 지금에야 비로소 얻으며, 大事이니 大用이니 하는 것을 뜻이 원한 바대로 다 성취하며 하여, 크게 歡喜하여 慶樂하는 까닭으로 初地를 일컬어 歡喜地라고 하는 것이며,

E: 세간을 벗어나는 마음을 옛날에는 아직 얻지 못하였으나 지금 처음으로 얻어 큰 일

---

39 'ソ 3'의 자획이 위의 'ソ ケ'보다 가늘고 흐리다.(▶130페이지 ㉖번)

40 [교감] 송진에 오염된 부분이어서 사진으로는 확인하기 어렵다. 원본 실사 결과 'ソ去ㄱ入灬'가 분명히 판독되었다.(▶130페이지 ㉗번)

41 22~32 위치 주변에 역사선처럼 보이는 것이 있다.(▶130페이지 ㉘번)

42 위치를 33~43으로 보아 'リ ㄱ 乙'이 'リ ㄱ ㄱ 乙'로 중첩 표기된 것으로 볼 가능성도 있다.(▶130페이지 ㉙번)

43 '今'자에 기입된 구결점을 32~42(·)와 24(·)로 파악할 때 점토와 작은 글씨로 기입된 자토가 일치한다. 그런데 여기서 32~42(·)로 파악한 구결점의 위치 해석을 32~33으로 할 경우 (대응되는 구결자가 '𠃍'으로 추정되므로) 큰 글씨로 기입된 자토('ハ ㄱ 氵')와 관련이 있는 것으로 파악할 수 있다.(▶130페이지 ㉚번)

이나 큰 쓰임을 뜻과 같이 원하는 대로 다 성취하여 크게 환희하고 기뻐하여 즐거운 까닭이다. 그러므로 초지를 환희지라고 한다.

N: 謂初證得出世之心。昔所未得而今始得。於大事用如其所願。悉皆成就。生極喜樂。是故最初名爲歡喜。

(처음으로 세속을 벗어난 마음을 증득하였는데, 옛적에 얻지 못하였던 것을 지금 비로소 얻어서 크게 사용(事用)함에 있어 그 원하는 대로 모두 성취하여 극히 기쁜 마음이 생기므로 초지의 이름을 환희지(歡喜地: 기쁨의 단계)라고 한다.)

<금광3, 06:25-07:02>

P: 一切微細ソㅌ七之 罪リㄱ 破戒七 過失乙 皆七 淸淨ソぅㄱ入灬 故ノ 是 故灬 二地乙 說尸 名下 無垢地亠ノ矛ゕ

Q: 一切 微細ソㅌ七{之} 罪リㄱ 破戒七 過失乙 皆七 淸淨ソぅㄱ入灬 故ノ 是 故灬 二地乙 說尸 名下 無垢地亠ノ矛ゕ

A: 一切微細[11~21(-),42(·)]之罪[33~43(·)]破戒[42(·)]過失[34(·)]皆淸淨[22(·),43(/)]故[21(·)]是故[43(·)]二地[34(·)][44]說名[=54(·)]無垢地

B: 一切微細[ㅌ,七]之罪[リㄱ]破戒過失[乙]皆淸淨[ぅ,ㄱ入灬]故[ノ]是故[灬]二地[乙]說名[下]無垢地

C: 一切 微細(ソ)ㅌ七{之} 罪リㄱ 破戒 過失乙 皆 淸淨(ソ)ぅㄱ入灬 故ノ 是 故灬 二地乙 說(尸) 名下 無垢地(亠ノ矛ゕ)

D: ②모든 미세한 죄인 破戒의 過失을 모두 淸淨하게 한 까닭으로, 이런 까닭으로 二地를 이르기를 이름하여 無垢地라고 하는 것이며,

E: 모든 미세한 죄(罪)의 파계(破戒)의 과실이 다 청정하므로 이런 까닭에 이지(二地)를 무구지(無垢地)라고 이름한다.[45]

44 34(·) 이외에 점 두 개가 보이나 이는 획의 일부로 판단된다.(▶130페이지 ㉛번)

45 第二地부터 第九地까지는 '說名'으로 한역되어 있고, 初地는 '名爲'로, 第十地는 '名'으로 한역되어 있다. 金

N: 諸微細垢犯戒過失皆得淸淨。是故二地名爲無垢。

(모든 미세한 번뇌[垢]와 계(戒)를 범한 잘못이 모두 청정(淸淨)하게 되므로 2지를
이름하여 무구지(無垢地: 번뇌 없음의 단계)라고 한다.)

<금광3, 07:02-03>

P: 無[ㄱ]量、智慧ㄷ光明ㅎ十三昧刂不[矢ㅌㅅ]可[ㅄㄱ、]傾動ノㅎㄷ、[46]無[ㄱ]能
矢摧伏ㅄ口令、聞持陀羅尼ㅅ刂爲ㅎノ作[ㅄㅛㄱㅅㅡ]本刂ㅅㄹ、[47]故ノ是故ㅡ
三地ㄹ說ㅸ名ㅏ明地ㅡノㅊㅎ

Q: 量無ㄱ智慧ㄷ光明ㅎ十三昧刂傾動ノㅎㄷ可ㅄㄱ不矢ㅌㅅ能矢摧伏ㅄ口令
無ㄱ聞持陀羅尼ㅅ刂{爲}ㅎノ本刂ㅅㄹ作ㅄㅛㄱㅅㅡ故ノ是故ㅡ三地ㄹ說
ㅸ名ㅏ明地ㅡノㅊㅎ

A: 無量智慧[42(·)]光明[44(·)]三昧[22~32(·)]不可傾動[42(\),33(/),11~21(-),31(·)]無能
[25(·)]摧伏[24(.·),33(·)]聞持陀羅尼[31(·),22~32(·)]爲[=21(·)]作本[=+45(/),43(|)]
故[21(·)]是故[43(·)]三地[34(·)]說名[=54(·)]明地[53(·),+55(.·)]

B: 無量智慧[ㄷ]光明[十]三昧[刂]不可傾動[ノㅎㄷ,ㅄㄱ,矢,ㅌ,ㅅ]無能[矢]摧伏[X[48],
ㄱ]聞持陀羅尼[ㅅ,刂]爲[ノ]作本[ㅅㄹ,ㅛㄱㅅㅡ]故[ノ]是故[ㅡ]三地[ㄹ]說名
[ㅏ]明地[ㅡ,ノㅊㅎ]

C: 無量智慧ㄷ光明十三昧刂傾動ノㅎ{可}ㄷㅄㄱ不矢ㅌㅅ能矢摧伏X無ㄱ聞持
陀羅尼ㅅ刂爲ノ本(刂)ㅸㅅㄹ作ㅄㅛㄱㅅㅡ故ノ是故ㅡ三地ㄹ說(ㅸ)名ㅏ
明地ㅡノㅊㅎ

光明最勝王經은 모두 初地부터 第十地까지 모두 '名爲'로 되어 있다.

46 '可[ㅄㄱ、]傾動ノㅎㄷ、(傾動ノㅎㄷ{可}ㄱ)'은 자토석독구결에서는 일반적으로 '可[ㄷㅄㄱ、]傾動ノㅎ
、(傾動ノㅎ{可}ㄷㅄㄱ)'과 같이 현토되어 있다.

47 일반적으로 '되다'의 의미를 가지는 자토는 '刂ㅸㅅㄹㅄ'로 현토되며 여기서는 '爲'가 '되다'의 의미를 가
지므로 '刂ㅅㄹ'은 '刂ㅸㅅㄹ'의 오기나 생략 표기일 가능성이 높다.

48 24(.·)은 'ㅄ口令' 또는 '口令'에 대응할 가능성이 있다.

D: ③한량없는 지혜의 광명에 대해 삼매가 傾動할 수 없는 것과 능히 摧伏시킬 이 없는 聞持陀羅尼가 위하여[49] 근본이 되는 까닭으로, 이런 까닭으로 三地를 이르기를 이름하여 明地라고 하는 것이며,

E: 한량없는 지혜광명삼매(智慧光明三昧)로 기울어져 움직이지 않고 능히 꺾이어 복종됨이 없으며 문지(聞持)다라니로 근본을 삼는 까닭에 그러므로 삼지(三地)를 명지(明地)라고 이름한다.

N: 無量智慧三昧光明。不可傾動。無能摧伏。聞持陀羅尼。以爲根本。是故三地名爲明地。
(한량없는 지혜 삼매의 광명은 쓰러뜨리거나 움직일 수 없다. 능히 꺾어 굴복시킬 수 없고 다라니(陀羅尼)를 들어 지니는 것으로써 근본을 삼기에 3지를 이름하여 명지(明地: 광명의 단계)라고 한다.)

<금광3, 07:04-05>

P: 能㢱燒[ノ尸厶]煩惱乙、以[氵]智慧(七?)[50]火乙、增長[丷去ㄱ入灬]光明乙、故㢱是ㄱ修行[ノ今七]道品乙、依處所刂去ㄱ入灬故ノ是故灬四地乙說尸名下焰地亠ノ才㢱

Q: 能㢱 煩惱乙 燒ノ尸厶 智慧七 火乙 {以}氵 光明乙 增長丷去ㄱ入灬{故}㢱 是ㄱ 道品乙 修行ノ今七 依處所刂去ㄱ入灬 故ノ 是 故灬 四地乙 說尸 名下 焰地亠ノ才㢱

A: 能[55(·)]燒煩惱[34(·),+13(\)]以智慧[42(·)]火[=34(·),24(·)]增長光明[34(·),43(|)]故[55(·)]是[33(·)]修行道品[34(·),=24(\),42(·)]依處所[43(|)]故[21(·)]是故[43(·)]四地[34(·)]說名[54(·)]焰地[53(·),+55(·.)]

B: 能[㢱]燒煩惱[乙,ノ尸厶]以智慧[七]火[乙,氵]增長光明[乙,去ㄱ入灬]故[㢱]是[ㄱ]

---

49 '위하여'의 목적어로 '無量智慧光明'으로 보는 견해와 '三地菩薩'로 보는 견해가 있다.

50 [교감] 일반적인 '七'의 자형에 더하여 왼쪽에 획이 하나 더 있어서 '氵七'으로 볼 가능성도 있으나 구결자 여부가 분명치 않아 반영하지 않았다.(▶130페이지 ㉜번)

修行道品[乙,ノ全,七]依處所[坐丁入灬]故[ノ]是故[灬]四地[乙]說名[下]焰地[亠,ノオか]

C: 能か 煩惱乙 燒ノアム 智慧七 火乙 {以}氵 光明乙 增長(ソ)坐丁入{故}か 是丁 道品乙 修行ノ全七 依處所(リ)坐丁入灬 故ノ 是 故灬 四地乙 說(ア) 名下 焰地亠 ノオか

D: ④능히 煩惱를 사르되 智慧의 불로써 光明을 增長시킨 까닭이며, 이는 道品을 수행하는 依處所인 까닭으로, 이런 까닭으로 四地를 이르기를 이름하여 焰地라고 하는 것이며,

E: 지혜의 불로 능히 번뇌를 태우고 광명을 더 늘어나게 하니 이것은 수행의 도품(道品)이 의지할 곳이므로 이런 까닭에 사지(四地)를 염지(焰地)라고 이름한다.

N: 以智慧火燒諸煩惱。增長光明。修行覺品。是故四地名爲焰地。
(지혜의 불로 모든 번뇌를 태워 버리고, 광명을 늘리고 기르며, 각품(覺品:覺支)을 닦아 행하므로 4지의 이름을 염지(焰地: 불꽃의 단계)라고 한다.)

<금광3, 07:05-07>

P: 是丁[51]修行[ノアム]方便勝智乙、自在ナアハ[52]丁難氵得ノオ丁乙ソヨ丁入[53]灬故か見思煩惱リ不[夫丁乙ソヨ丁入灬]可[ソ丁]伏ノ古、[54]故ノ是故灬五地乙說ア名下難勝地亠ノオか

Q: 是丁 方便 勝智乙 修行ノアム 自在ナアハ丁 難氵 得ノオ丁乙ソヨ丁入灬 {故}か 見思煩惱リ 伏ノ古可ソ丁 不夫丁乙ソヨ丁入灬 故ノ 是 故灬 五地乙 說ア 名下

---

51 ‘丁’의 먹의 농도가 다른 구결자들에 비해 매우 짙다.(▶130페이지 ㉝번)

52 [교감] 이 ‘ハ’는 나중에 추가로 기입한 것이다.(▶130페이지 ㉞번)

53 [교감] ‘乙’을 먼저 쓴 다음에 그 위에 ‘ハ’를 덮어 써서 수정한 것으로 판단된다. (금광6:21)에서 ‘丁’과 ‘乙’을 겹쳐서 기입한 예를 고려하면 ‘ハ乙’의 두 글자로 볼 가능성도 있다.(▶130페이지 ㉟번)

54 ‘可[ソ丁、]伏ノ古、(伏ノ古{可}ソ丁)’은 자토석독구결의 일반적인 현토 경향에 의하면 ‘可[七ソ丁、]伏ノ古、(伏ノ古{可}七ソ丁)’과 같이 현토될 것이 예상되는 환경이다. 여기서 ‘七’을 적지 않은 것은 오기이거나 생략 표기일 가능성이 있다.(▶130페이지 ㊱번)

難勝地亠ノ禾ケ

A: 是修行[2자합부역독선-각]方便勝智[34(·)]自在[45(·),15~25(-),23~33(·)]難[24(·)]得[33~43(ↄ),34(·),22(·),43(/)]故[55][55(·)]見思煩惱[22~32(·)]不可伏[42(\),33(/),34(/)]故[22(·),43(/),21(·)]是故[43(·)]五地說名難勝地[53(·),+55(·.)]

B: 是修行方便勝智[乙]自在[亐,尸,入ㄱ]難[氵]得[ノ禾ㄱ[56],乙,ㄋ,ㄱ入灬]故[ケ]見思煩惱[刂]不可伏[ノ亥七,丷ㄱ,ㄱ乙]故[ㄋ,ㄱ入灬,ノ]是故[灬]五地說名難勝地[亠,ノ禾ケ]

C: 是 方便 勝智乙 修行(ノ尸厶) 自在亐(丷)尸入ㄱ[57] 難氵 得ノ禾ㄱ乙(丷)ㄋㄱ入灬 {故}ケ 見思 煩惱刂 伏ノ亥{可}七丷ㄱ 不(矢)ㄱ乙(丷)ㄋㄱ入灬 故ノ 是 故灬 五地(乙) 說(尸) 名(下) 難勝地亠ノ禾ケ

D: ⑤이는 方便 勝智를 修行하되 自在롭게 함은 어렵게야 얻는 것을 하는 까닭이며, 見·思 煩惱가 조복할 수 없는 것을 하는 까닭으로, 이런 까닭으로 五地를 이르기를 이름하여 難勝地라고 하는 것이며,

E: 이 수행하는 방편의 훌륭한 지혜를 자재로이 얻기 어려우므로 견혹과 사혹[見思]의 번뇌를 항복하지 못하므로 이런 까닭에 오지(五地)를 난승지(難勝地)라 이름한다.

N: 修行方便勝智自在極難得故。見修煩惱難伏能伏。是故五地名爲難勝。
(방편을 닦고 행하여 훌륭한 지혜가 자재한 것을 얻기는 극히 어려우나, 조복받기 어려운 견도(見道)와 수도(修道)의 번뇌를 능히 조복받으므로 5지를 이름하여 난승지(難勝地: 어려운 것을 이기는 단계)이라고 한다.)

<금광3, 07:07-08>

P: 行法相續ㄋ十了了顯現丷去ㄱ入灬故ケ無相ㄋ十多刂思惟丷ㄋ現前丷去ㄱ入灬

---

55 21 위치에 먹으로 무엇인가를 기입했다가 지운 흔적이 보인다.(▶131페이지 ㊲번)

56 33~43 위치의 'ↄ'은 유일례인데 대응되는 자토에 따라 'ノ禾ㄱ'으로 반영하였다.

57 문법적으로는 다음의 예를 참고하여 '丷'를 보충할 수 있다.
三者 大慈大悲灬 入出ノ尸厶 自在亐丷ケ 〈B금광04:07-08〉

故ノ是故灬六地乙說尸名下現前地一ノオケ

Q: 行法 相續ㅓㅏ 了了顯現ㅆㅕㄱㅅ灬{故}ㄱ 無相ㅏㅓ 多刂 思惟ㅆㅕ 現前ㅆㅕㄱ
ㅅ灬 故ノ 是 故灬 六地乙 說尸 名下 現前地一ノオケ

A: 行法相續[44(·)]了了顯現[43(|)]故[55(·)]無相多思惟現前[43(|)]故[21(·)]是故
[43(·)]六地[34(·)]說名[54(·)]現前地[53(·),+55(·.)]

B: 行法相續[ㅓ]了了顯現[ㅕㄱㅅ灬]故[ㄱ]無相多思惟現前[ㅕㄱㅅ灬]故[ノ]是故
[灬]六地[乙]說名[下]現前地[一,ノオケ]

C: 行法 相續ㅓ 了了顯現(ㅆ)ㅕㄱㅅ灬{故}ㄱ 無相 多 思惟 現前(ㅆ)ㅕㄱㅅ灬 故ノ
是 故灬 六地乙 說(尸) 名下 現前地一ノオケ

D: ⑥行法 相續에 대해 了了顯現한 까닭이며, 無相에 대해 많이 思惟現前한 까닭으
로, 이런 까닭으로 六地를 이르기를 이름하여 現前地라고 하는 것이며,

E: 수행하는 방법[行法]이 상속하여 훤히 밝게 나타나는 까닭이요, 모양이 없음[無相]
을 많이 생각하여 훤히 밝게 나타나므로 이런 까닭에 육지(六地)를 현전지(現前地)
라 이름한다.

N: 行法相續。了了顯現。無相思惟。皆悉現前。是故六地名爲現前。
(행법(行法)이 서로 뒤를 이어[相續] 명료하게 나타나고 무상(無相)을 사유하매, 모
조리 현전한다. 이러므로 6지를 이름하여 현전지(現前地: 앞에 나타나는 단계)라
고 한다.)

<금광3, 07:09-10>

P: 無漏無間(ㅎ?)[58]無相ㅏㅓ 思惟ㅆ仒ㄴ 解脫三昧乙 遠刂 修行ㅆㅕㄱㅅ灬{故}ㄱ 是地

---

58 [교감] 송진에 오염된 부분이어서 분명치 않으나 'ㅎ'로 판독된다. 원문의 '無漏無間'을 부사어로 파악하
여 'ㅎ'를 현토한 것으로 볼 수 있다.(▶131페이지 ㊳번)

(ㄱ?)[59]淸淨ゝ 氵亦 無障無礙ゝ ㅛㄱ入灬 故(ノㄱ?)[60]是故灬 七地乙 說尸 名ㄒ 遠行地

灬ノ 尹ハ

Q: 無漏無間 氵 無相 氵十 思惟ゝ 氽七 解脫三昧乙 遠刂 修行ゝ ㅛㄱ入灬 {故}ハ 是 地

ㄱ 淸淨ゝ 氵亦 無障無礙ゝ ㅛㄱ入灬 故ノ 是 故灬 七地乙 說尸 名ㄒ 遠行地灬ノ

尹ハ

A: 無漏無間無相[44(·)]思惟[15~24(/),42(·)]解脫三昧[34(·)]遠[22~32(·)]修行[43(|)]故

[=55(·)]是地[33(·)]淸淨無障無礙[43(|)]故[21(·)]是故[43(·)]七地[34(·)]說名[54(·)]

遠行地[53(·),+55(·.)]

B: 無漏無間無相[十]思惟[ゝ,氽,七]解脫三昧[乙]遠[刂]修行[ㅛㄱ入灬]故[ハ]是地[ㄱ]

淸淨無障無礙[ㅛㄱ入灬]故[ノ]是故[灬]七地[乙]說名[ㄒ]遠行地[灬,ノ尹ハ]

C: 無漏無間 無相十 思惟ゝ 氽七 解脫 三昧乙 遠刂 修行(ゝ)ㅛㄱ入灬 {故}ハ 是 地ㄱ

淸淨 無障無礙(ゝ)ㅛㄱ入灬 故ノ 是 故灬 七地乙 說(尸) 名ㄒ 遠行地灬ノ尹ハ

D: ⑦無漏無間하게 無相에 대해 思惟하는 解脫 三昧를 멀리 修行한 까닭이며, 이 地

는 淸淨하여서 無障無礙한 까닭으로, 이런 까닭으로 七地를 이르기를 이름하여 遠

行地라고 하는 것이며,

E: 번뇌도 없고[無漏] 틈도 없고[無間] 모양도 없음을 사유하여 해탈삼매로 멀리 수행

하므로 이 지(地)는 청정하고 막힘이나 걸림이 없다. 그러므로 칠지(七地)를 원행지

(遠行地)라 이름한다.

N: 無漏無間無相思惟。解脫三昧遠修行故。是地淸淨無有障礙。是故七地名爲遠

行。

(무루(無漏)와 무간(無間)과 무상(無相)을 사유하고 해탈삼매를 멀리 닦아 행하므

로 이 지는 청정하여 걸림이 없다. 그러므로 7지를 이름하여 원행지(遠行地: 멀리서

---

59 [교감] 송진에 오염된 부분이어서 사진으로는 확인하기 어렵다. 원본 실사 결과 자획이 끊어져 있으나
'ㄱ'으로 판독할 수 있다.(▶131페이지 ㊴번)

60 [교감] '故' 아래에 두 개의 획이 그어져 있어 'ノㄱ'이나 'ノノ'처럼 보인다. 그러나 이유, 원인을 나타내
는 부사절의 마지막에 놓인 '故'자의 현토 양상을 종합해 보면 '故ノ'의 오기가 분명하므로 'ノ'로 교감하
였다. (금광07장:18)의 '故'에도 'ノ'가 두 번 기입된 것을 참고할 수 있다.(▶131페이지 ㊵번)

행하는 단계)라고 한다.)

<금광3, 07:11-12>

P: 無相ㆍ＋正思惟ㆍㆍㆍ 修得自在ㅗㄱㅅ一 故ㆍ 諸煩惱行ㆍ 不[ㅎㄴㆍㅓㄱㅅ一][61]能
[ㅊㆍ]令[ㅣ尸ㆍ]動、故ノ是故一 八地乙 說尸名下 不動地一ノㅓ[62]ニ[63]ㆍ

Q: 無相ㆍ＋ 正思惟ㆍㆍ 修得自在ㅗㄱㅅ一 {故}ㆍ 諸 煩惱 行ㆍ 動 令ㅣ尸 能ㅊ 不
ㅎㄴㆍㅓㄱㅅ一 故ノ 是 故一 八地乙 說尸 名下 不動地一ノㅓㆍ

A: 無相[44(ㆍ)]正思惟[22(ㆍ)]修得自在[43(ㅣ)]故[55(ㆍ)]諸煩惱行[23(ㆍ)]不能令動
[23~24(ㆍ),32~42(ㆍ),15(ㅇ),43(ㅣ)][64]故[43(ㅣ),21(ㆍ)]是故[43(ㆍ)]八地[34(ㆍ)]說名[54(ㆍ)]不
動地[53(ㆍ),+55(ㆍ.)]

B: 無相[＋]正思惟[ㆍ]修得自在[ㅗㄱㅅ一]故[ㆍ]諸煩惱行[ㆍ]不能令動[(ㅅ)ㅣㆍㅎㆍノ
ㅓ,ㅗㄱㅅ一]故[ㅗㄱㅅ一,ノ]是故[一]八地[乙]說名[下]不動地[一,ノㅓㆍ]

C: 無相＋ 正思惟(ㆍ)ㆍ 修得自在(ㆍㆍ)ㅗㄱㅅ一 {故}ㆍ 諸 煩惱 行ㆍ 動 令ㅣ(尸) 能
不ㅎㄴㆍㅓㅗㄱㅅ一 故ノ 是 故一 八地乙 說(尸) 名下 不動地一ノㅓㆍ

D: ⑧無相에 대해 正思惟하여 修行하여 自在함을 얻은 까닭이며, 모든 煩惱行이 능히
움직이게 할 수 없는 것인 까닭으로, 이런 까닭으로 八地를 이르기를 이름하여 不
動地라고 하는 것이며,

E: 모양 없음[無相]을 바로 사유하여 닦아 자재함을 얻어 모든 번뇌의 행이 능히 움직
이게 할 수 없으므로 팔지(八地)를 부동지(不動地)라 이름한다.

N: 無相思惟。修得自在。諸煩惱行不能令動。是故八地名爲不動。
(무상(無相)을 사유하고 닦아 얻음이 자재하여 모든 번뇌의 행을 움직이지 못하게

---

61 원래의 자토를 지우고 다시 쓴 흔적이 있다.(▶131페이지 ㊶번)

62 일반적인 'ㅓ'의 자형보다 획이 하나 더 있다.(▶131페이지 ㊷번)

63 [교감] 동일한 현토 양상이 반복되는 구절에 모두 '一ノㅓㆍ'로 되어 있고 주체높임의 'ㄴ'가 쓰일 환경
이 아니라는 점에서 오기가 분명하다.(▶131페이지 ㊸번)

64 '動'에 기입된 43(ㅣ)이 '故'에도 기입되어 있으므로, 중복표기로 보고 C에는 한 번만 반영하였다.

한다. 이러므로 8지를 이름하여 부동지(不動地: 움직이지 않는 단계)이라고 한다.)

<금광3, 07:12-14>

P: 說[ノ尸厶]一切種種七法乙、而灬得阝尒自在ソ阝無[ソ去亅入灬]患累、故ケ增長[ソ阝]智慧乙、自在去亅入灬故ノ是故灬九地乙說(尸?)[65]名下善慧地亠ノ禾ケ

Q: 一切 種種七 法乙 說ノ尸厶 而灬 得阝尒 自在ソ阝 患累 無ソ去亅入灬{故}ケ 智慧乙 增長ソ阝 自在去亅入灬 故ノ 是 故灬 九地乙 說尸 名下 善慧地亠ノ禾ケ

A: 說一切種種法[34(·),13(\),경계선-각]而[43(·)]得自在[22(·)]無患累[43(|)#43(/)]故[55(·)]增長智慧[34(·),=22(·)]自在[43(|)]故[21(·)#11~21(·)]是故九地說名善慧地[53(·),+55(·.)]

B: 說一切種種法[乙,ノ亅厶]而[灬]得自在[阝]無患累[去亅入灬]故[ケ]增長智慧[乙,阝]自在[去亅入灬]故[ノ]是故九地說名善慧地[亠,ノ禾ケ]

C: 一切 種種(七) 法乙 說ノ亅厶 而灬 得 自在(ソ)阝 患累 無(ソ)去亅入灬{故}ケ 智慧乙 增長(ソ)阝 自在去亅入灬 故ノ 是 故 九地(乙) 說(尸) 名(下) 善慧地亠ノ禾ケ

D: ⑨일체 갖가지 法을 說하되 능히 自在하여 患累가 없는 까닭이며, 智慧를 增長하여 自在한 까닭으로, 이런 까닭으로 九地를 이르기를 이름하여 善慧地라고 하는 것이며,

E: 일체 가지가지 법을 설함에 자재함을 얻어 근심이 없는 까닭으로 지혜가 늘어나 무애 자재하기 때문에 구지(九地)를 선혜지(善慧地)라 이름한다.

N: 說一切法種種差別。皆得自在無患無累。增長智慧。自在無礙。是故九地名爲善慧。

(온갖 법의 가지가지 차별을 말하여 모두 자재를 얻고 근심도 없고 얽힘도 없고 지

---

65 [교감] '尸'의 왼쪽 획이 짧아 'ㅁ'처럼 보이기도 하나 통사적인 환경을 고려하면 '尸'임이 분명하다.(▶131페이지 ㊹번)

혜를 늘리고 기르며 자재하여 걸림이 없다. 그러므로 9지를 이름하여 선혜지(善慧地: 훌륭한 지혜의 단계)라고 한다.)

<금광3, 07:14-15>

P: 法身ㄱ如[攴ᄒ]虛空、智慧ㄱ如[攴ᄒソろ]大雲、能(ㄅ?)[66]令[去ㄱ入灬]偏滿ソろ尒覆[ソ、]一切乙、故ノ是故灬十地乙說尸名下[67]法雲地亠ノ矛ナㄱリ丨[68]

Q: 法身ㄱ 虛空 如攴ᄒ 智慧ㄱ 大雲 如攴ᄒソろ 能ㄅ 偏滿ソろ尒 一切乙 覆ソ令去ㄱ入灬[69] 故ノ 是 故灬 十地乙 說尸 名下 法雲地亠ノ矛ナㄱリ丨

A: 法身[33(·)]如虛空[11(·),35(·)]智慧[33(·)]如大雲[35(·),22(·)]能令偏滿[15(·)]覆一切[34(·),23~24(·),43(|)]故[21(·)]是故[43(·)]十地[34(·)#34(/)]說名[=54(·)]法雲地[53(·),+41(\)#41(\)]

B: 法身[ㄱ]如虛空[攴,ᄒ]智慧[ㄱ]如大雲[ᄒ,ろ]能令偏滿[尒]覆一切[乙,(亼)リ,去ㄱ入灬]故[ノ]是故[灬]十地[乙]說名[下]法雲地[亠,ノ矛ナㄱリ丨]

C: 法身ㄱ 虛空 如攴(ソ)ᄒ 智慧ㄱ 大雲 如(攴ソ)ᄒ(ソ)ろ 能(ㄅ) 偏滿(ソろ)尒 一切乙 覆 令リ去ㄱ入灬 故ノ 是 故灬 十地乙 說(尸) 名下 法雲地亠ノ矛ナㄱリ丨

D: ⑩法身은 虛空 같고 智慧는 大雲 같고 하여 能히 두루 가득차서 一切를 덮게 한 까닭으로, 이런 까닭으로 十地를 이르기를 이름하여 法雲地라고 하는 것이다.

E: 법신은 허공과 같고 지혜는 큰 구름과 같아 능히 두루 일체를 가득 덮으므로 이런 까닭에 제십지(第十地)를 법운지(法雲地)라 이름한다.

---

66 [교감] 송진에 오염되고 종이가 훼손되어 사진으로는 확인하기 어렵다. 원본 실사 결과 묵흔은 아래 멀리 떨어진 점 하나만 남아 있어 자형상 'ㄅ'로 인정하기는 어려웠다. 여기서는 정재영(1998)에 'ㄅ'로 판독된 것을 반영하였다.(▶131페이지 ㊺번)

67 일반적인 '下'의 자형보다 획이 하나 더 있다.(▶131페이지 ㊻번)

68 'ノ矛ナㄱ' 아래에 'リ丨'를 썼다가 공간이 부족하여 지운 후 왼쪽에 'リ丨'를 다시 기입한 것으로 보인다.(▶131페이지 ㊼번)

69 '令' 뒤에 'リ'가 현토되지 않은 것은 오기일 가능성이 있다.

$\boxed{N}$: 法身如虛空。智慧如大雲。皆能遍滿覆一切故。是故第十名爲法雲。

(법신은 허공과 같고 지혜는 큰 구름과 같다. 모두 두루 차서 온갖 것을 능히 덮는 까닭에 제10을 이름하여 법운지(法雲地: 법의 구름)지라고 한다.)

<금광3, 07:16-17>

$\boxed{P}$: 初地氵十欲[スゝト1刀]行[ゝ、]有相道乙、是1無明॥氵障礙生70死乙怖畏ゝト1刀是171無明॥罒是乙初地セ障亠ノオ氵

$\boxed{Q}$: 初地氵十有相道乙行ゝ{欲}スゝト1刀是1無明॥氵障礙生死乙怖畏ゝト1刀是1無明॥罒是乙初地セ障亠ノオ氵

$\boxed{A}$: 初地[44(·)]欲行有相[14(/·)]道[34(·),31(·),지시선]72是[33(·)]無明[22~32(·),55(·)]障礙生死[34(·)]怖[14(/·)]畏73[지시선]是[33(·)]無明是初地[42(·)]障[53(·),=+55(·.)]

$\boxed{B}$: 初地[十]欲行有相道[乙,ス,ゝト1刀]是[1]無明[॥,氵]障礙生死[乙]怖畏[ゝト1刀]是[1]無明是初地[セ]障[亠,ノオ氵]

$\boxed{C}$: 初地十 有相道乙 行(ゝ){欲}スゝト1刀 是1 無明॥氵 障礙 生死乙 怖畏ゝト1刀 是1 無明 是乙 初地セ 障亠ノオ氵

$\boxed{D}$: ①初地에서 有相道를 行하고자 하는 것도 이는 無明이며, 障礙 生死를 두려워하는 것도 이는 無明이라, 이것을 初地의 障礙라고 하는 것이며,

$\boxed{E}$: 초지에는 모양이 있는 도[有相道]를 닦고자 하니 이것은 무명(無明)의 장애이며 생사를 두려워함이 곧 무명이다. 이 두 가지 거친 마음[麤心]에 의지함이 곧 초지(初

---

70 밑에 '乙'을 썼다가 지운 흔적이 있다. '死'에 기입해야 하는데 실수로 '生'에 기입했다가 지운 것으로 보인다.(▶131페이지 ⑱번)

71 [교감] 'ㅣ'을 두 번 기입하였다. 처음 기입한 것이 변란에 겹쳐 잘 안 보이자 다시 우측에 기입한 것으로 보인다.(▶131페이지 ⑲번)

72 14위치가 뭉개져 있다.(▶131페이지 ⑳번)

73 14위치가 뭉개져 있다. 무엇인가 기입했다가 지운 흔적으로 보이며, 지시선이 이와 관련이 있는 듯하다.(▶131페이지 ㉑번)

地)의 장애이다.

N : 善男子。執著有相我法無明。怖畏生死惡趣無明。此二無明障於初地。
(선남자야, 상(相)이 있다고 하여 아(我)와 법(法)에 집착하는 무명(無明)과 나고 죽음에 있어 나쁜 갈래를 두려워하는 무명, 이 두 무명은 초지를 장애하고,)

<금광3, 07:17-18>

P : 微細罪過ㅣ74ᆢㅏㄱㄲ因[ノᆢᄼ]無明乙、種種ㄷ業行相ㅣᆢㅏㄱㄲ因[ノᆢ才罒]無明乙、是乙75二地ㄷ障ᅩノ才ᄼ

Q : 微細 罪過ㅣᆢㅏㄱㄲ 無明乙 因ノᆢᄼ 種種ㄷ 業行相ㅣᆢㅏㄱㄲ 無明乙 因ノᆢ才罒 是乙 二地ㄷ 障ᅩノ才ᄼ

A : 微細罪[14(/·)]過[22~32(·),지시선76]因無明[34(·),11~21(·),55(·)]種種業行相77因無明[21(·),+31(/)]是[34(·)]二地[42(·)]障[53(·),+55(..)]

B : 微細罪過[ㅣ,ᆢㅏㄱㄲ]因無明[乙,ノ,ᄼ]種種業行相因無明[ノ,ᆢ才罒]是[乙]二地[ㄷ]障[ᅩ,ノ才ᄼ]

C : 微細 罪過ㅣᆢㅏㄱㄲ 無明乙 因ノ(ᆢ)ᄼ 種種(ㄷ) 業行相(ㅣᆢㅏㄱㄲ) 無明(乙) 因ノᆢ才罒 是乙 二地ㄷ 障ᅩノ才ᄼ

D : ②微細 罪過가 있는 것도 無明을 因하여 하며, 갖가지 業行相이 있는 것도 無明을 因하여 하는 것이라, 이를 二地의 障礙라고 하는 것이며,

E : 미세한 죄과는 무명으로 인함이요, 가지가지 업행의 모습도 서로 무명으로 인함이다. 이 두 가지 거친 마음에 의지함이 곧 이지의 장애이다.

---

74 [교감] 'ᆢ'를 적었다가 'ㅣ'로 수정하였다.(▶131페이지 ㊾번)

75 [교감] 'ㄱ'을 적다가 '乙'로 수정하였다.(▶132페이지 ㊼번)

76 14위치가 뭉개져 있다. 무엇인가 기입했다가 지운 흔적으로 보이며, 지시선이 이와 관련이 있는 듯하다.(▶132페이지 ㊼번)

77 14위치에 무엇인가 있는 듯하다.(▶132페이지 ㊺번)

N: 微細學處誤犯無明。發起種種業行無明。此二無明障於二地。

(사소한 학처(學處: 戒)를 범하는 무명과 갖가지 업행(業行)을 일으키는 무명의 이 두 가지 무명은 2지를 장애하고,)

<금광3, 07:18-20>

P: 昔㇡所[セ]未[ㄴㅅㅊ78セㅣ㇠ㄱ丶]得㇡丶79勝利乙得ㅎㄱㅅㆎ故㇡80動踊ㅆㅏㄱ刀因[ㄴㅅㅎ81]無明乙丶不[ㅅㅆㅏㄱ刀]具[㇡丶]82聞持陀羅尼乙丶因[ㄴㅅㅊ罒]無明乙丶是乙83三地障ㆎㄴㅊㅎ

Q: 昔㇡得㇡未ㄴㅅㅊセㅣ㇠ㄱ所セ勝利乙得ㅎㄱㅅㆎ故㇡動踊ㅆㅏㄱ刀無明乙因ㄴㅅㅎ聞持陀羅尼乙具㇡不ㅅㅆㅏㄱ刀無明乙因ㄴㅅㅊ罒是乙三地障ㆎㄴㅊㅎ

A: 昔所未84得[15~25(-),22~32(·),23~24(빼침),51(빼침),33(\),42(·)]勝利[34(·)]得[22(·),43(/)]故[11~21(·)]動踊[14(/·)]因無明[34(·),21(·),55(·)]不具85聞持陀羅尼[34(·),15~25(-),32~42(·),14(/·)]因無明[34(·),+31(/)]86是[34(·)]三地[42(·)]障[53(·),+55(·.)]

B: 昔所未得[㇡,ㄴ,ㅆㅊㅌ,ㅣ,ㄴㄱ,セ]勝利[乙]得[ㅎ,ㄱㅅㅡ]故[ㄴ]動踊[ㅆㅏㄱ刀]因無明[乙,ㄴ,ㅎ]不具聞持陀羅尼[乙,㇡,ㅅ,ㅆㅏㄱ刀]因無明[乙,ㅆㅊ罒]是[乙]三地

---

78 'ㅊ'의 첫 획과 두 번째 획 사이에 묵선이 이어져 있다.(▶132페이지 ㉚번)

79 '得㇡丶'의 '㇡'자 위에 무엇인가 기입했다가 지운 흔적이 보인다.(▶132페이지 ㉗번)

80 [교감] 'ㄴ'를 두 번 기입하였다.(▶132페이지 ㉘번)

81 [교감] 'ㅅ'를 적었다가 'ㅎ'로 수정하였다.(▶132페이지 ㉙번)

82 다른 자토가 있어서 일반적인 자토 위치보다 안쪽으로 기입되었다.(▶132페이지 ㉛번)

83 [교감] 'ㄱ'을 적다가 '乙'로 수정하였다.(▶132페이지 ㉑번)

84 '未'와 '得' 사이에 점선이 그어져 있는 것처럼 보인다.(▶132페이지 ㉒번)

85 +55위치에 먹으로 수평선이 기입되어 있다. 역독 위치의 '㇡'을 기입하는 과정의 실수일 가능성이 있다.(▶132페이지 ㉓번)

86 21(·)이 기입되어 있을 가능성이 있으나 해당 위치에 '罒'가 현토되어 있어 확인되지 않는다.(▶132페이지 ㉔번)

[七]障[一, ノ ㅣ ㅎ ㅣ]

C: 昔 得ア 未ㅣ ㅅ ㅌ ㅌ ㅣ ノ ㄱ 所ㄷ 勝利乙 得 ㅓ ㄱ ㅅ … 故ノ 動踊 ㅅ ㅣ ㅌ ㄱ ㄲ 無明乙 因ノ(ㅅ) ㅓ 聞持陀羅尼乙 具ア 不 ㅅ ㅅ ㅣ ㅌ ㄱ ㄲ 無明乙 因(ノ) ㅅ ㅓ ㅁ 是乙 三地ㄷ 障一 ノ ㅣ ㅎ ㅣ

D: ③예전에 얻지 못했던 바의 수승한 이익[勝利]을 얻은 까닭으로 動踊하는 것도 無明을 因하여 하며, 聞持陀羅尼를 갖추지 못하는 것도 無明을 因하여 하는 것이라, 이를 三地의 障礙라고 하는 것이며,

E: 옛날에 아직 훌륭한 이득을 얻지 못하므로 움직여 솟구침은 무명 때문이요, 문지(聞持)다라니를 구족하지 못함도 무명 때문이니, 이 두 가지 거친 마음에 의지함이 곧 삼지의 장애이다.

N: 未得今得愛著無明。能障殊勝總持無明。此二無明障於三地。
(얻지 못한 것을 지금 얻었다고 애착하는 무명과 훌륭한 총지(摠持)를 능히 막는 무명의 이 두 가지 무명은 3지를 장애하고,)

<금광3, 07:20-21>

P: 味[ㅣ ㅅ ㅓ]禪定樂乙 ﹑[87]生[ㅣ ㅅ ﹑[88] ㅏ ㄱ ㄲ]愛著心乙 ﹑因[ノ ﹑ ㅓ]無明乙 ﹑微妙淨法ㄷ 愛 ㅅ ㅣ ㅌ ㄱ ㄲ[89]因[ノ ﹑ ㅓ ㅁ]無明乙 ﹑是乙 四地ㄷ 障一 ノ ㅣ ㅎ ㅣ

Q: 禪定樂乙 味ㅣ ㅅ ㅓ 愛著心乙 生ㅣ ㅅ ㅏ ㅌ ㄱ ㄲ 無明乙 因ノ ﹑ ㅓ 微妙 淨法ㄷ 愛 ㅅ ㅏ ㅌ ㄱ ㄲ 無明乙 因ノ ﹑ ㅓ ㅁ 是乙 四地ㄷ 障一 ノ ㅣ ㅎ ㅣ

A: 味禪定樂[34(·),22(·)]生愛著心[34(·),=22~32(·)][90]因無明[34(·),=11~21(·),55(·)]

---

87 원래 역독점만 기입했다가 나중에 '乙'을 추가한 듯하다. '乙'의 위치와 자형이 다른 곳과 다르다.(▶132 페이지 ⑥⑤번)

88 ﹑와 다른 구결자들 사이가 매우 좁은 것으로 보아 나중에 단 듯하다.(▶132페이지 ⑥⑥번)

89 [교감] 처음에 '乙'과 역독점을 찍었다가 (먹을 묻혀서) 지운 다음 옆에다 '﹑ ㅏ ㄱ ㄲ'를 기입한 것으로 추정된다. ﹑와 다른 구결자들 사이가 좁은 것으로 보아 추가로 기입한 것일 가능성이 있다.(▶132페이지 ⑥⑦번)

90 14위치가 많이 뭉개져 있다.(▶132페이지 ⑥⑧번)

微妙淨法[42(·)]愛[14(/·)]⁹¹因無明[34(·),11~21(·),+31(/)]是[34(·)]四地[42(·)]障[53(·),+55(·.)]

B: 味禪定樂[乙,氵]生愛著心[乙,刂]因無明[乙,刂,氵]微妙淨法[ㄴ]愛[刂,ᄼト1刀]因無明[乙,ノ,ᄿ禾罒]是[乙]四地[ㄴ]障[ᅩ,ノ禾氵]

C: 禪定樂乙 味(ᄿ)氵 愛著心乙 生刂(ᄼト1刀) 無明乙 因ノ(ᄿ)氵 微妙 淨法ㄴ 愛 ᄼト1刀 無明乙 因ノᄿ禾罒 是乙 四地ㄴ 障ᅩノ禾氵

D: ④禪定樂을 맛보아 愛著心을 내는 것도 無明을 因하여 하며, 微妙 淨法의 사랑하는⁹² 것도 無明을 因하여 하는 것이라, 이를 四地의 障礙라고 하는 것이며,

E: 선정의 맛을 즐겨 애착심을 냄은 무명 때문이요 미묘하고 청정한 법을 사랑함도 무명 때문이니, 이 두 가지 거친 마음에 의지함이 곧 사지의 장애이다.

N: 味著等至喜悅無明。微妙淨法愛樂無明。此二無明障於四地。
(등지(等至)를 맛보고 기뻐하는 무명과 미묘하고 깨끗한 법을 사랑하여 즐기는 무명의 이 두 가지 무명은 4지를 장애하고,)

<금광3, 07:21-24>

P: 一意氵十1欲[人]入[ᄼ、]涅槃氵十、思惟ᄿ氵⁹³一意氵十1欲[人]入[ᄼ、]生死氵十、思惟ᄿ氵ᄿ(1?)⁹⁴是1涅槃刂1思惟ᄿ氵是1生死刂1思惟ᄿ氵ᄼト1刀無明刂爲[刂ア入乙ᄿ氵]因、生死涅槃氵十⁹⁵不平等�思惟ᄿト1刀無明刂爲

---

91 '愛'자의 14위치가 뭉개져 있다.(▶132페이지 ⑥⑨번)

92 '微妙淨法'이 '愛'의 주어인지 목적어인지 의미 관계를 파악할 필요가 있다.

93 '惟' 오른쪽 아래 흐릿하게 먹으로 무언가 기입한 흔적이 있고, 'ᄿ氵'가 조금 떨어져 기입되어 있다.(▶132페이지 ⑦⓪번)

94 [교감] 자형상으로 '氵'로 보기는 힘들고 '1'에다 역독점 같은 것이 덧붙여진 것으로 판단된다. 이 판단이 맞다면 역독점은 오기일 것이다. 교감에서는, 연결어미 '1'보다 '氵'가 더 자연스러워 보이기는 하지만, '氵'로 판단할 근거가 부족하여 판독안을 그대로 두었다.(▶132페이지 ⑦①번)

95 '生死 涅槃 氵十' 뒤에 '、'을 기입했다가 지운 흔적이 있다.(▶132페이지 ⑦②번)

[刂尸入乙丷氵罒][96]因、是五地七障亠丿氵尔

Q: 一意氵十丅 涅槃氵十 入丷{欲}亼 思惟丷尔 一意氵十丅 生死氵十 入丷{欲}亼 思惟丷尔丷丅 是丅 涅槃刂丨 思惟丷彡 是丅 生死刂丨 思惟丷彡丷卜丅力 無明刂 因{爲}刂尸入乙丷尔 生死 涅槃氵十 不平等丂 思惟丷卜丅力 無明刂 因{爲}刂尸入乙丷氵罒 是 五地七 障亠丿氵尔

A: 一意[44(·),33(·)]欲入涅槃[44(·),31(·)]思惟[55(·)]一意[44(·),33(·)]欲入生死[97]思[98]惟[55(·),22(·)]是[33(·)]涅槃[22~32(·),51(·)]思惟[35(·)]是[33(·)]生死[22~32(·),51(·)]思惟[35(·)][99]無明爲因生死涅槃[44(·)]不平等[45(·)]思惟[=14(/·)][100]無明[22~32(·)]爲因[101][+45(/),+31(/)[102]]是[34(·)]五地障

B: 一意[十,丅]欲入涅槃[十,亼]思惟[尔]一意[十,丅]欲入生死思惟[尔,氵]是[丅]涅槃[刂,丨]思惟[彡]是[丅]生死[刂,丨]思惟[彡]無明爲因生死涅槃[十]不平等[丂]思惟[丷卜丅力]無明[刂]爲因[尸入乙,丷氵罒]是五地障

C: 一意十丅 涅槃十 入(丷){欲}亼 思惟(丷)尔 一意十丅 生死 入(丷){欲}(亼) 思惟(丷)尔(丷)氵 是丅 涅槃刂丨 思惟(丷)彡 是丅 生死刂丨 思惟(丷)彡(丷卜丅力) 無明(刂) 因{爲}(刂尸入乙丷尔) 生死 涅槃十 不平等丂 思惟丷卜丅力 無明刂 因{爲}(刂)尸入乙丷氵罒 是(乙) 五地(七) 障(亠丿氵尔)

D: ⑤一意에서는 涅槃에 들고자 思惟하며 一意에서는 生死에 들고자 思惟하며 하여, 이는 涅槃이라 사유하고 이는 生死이라 思惟하고 하는 것도 無明이 因이 되며, 生死 涅槃에 不平等하게 思惟하는 것도 無明이 因이 되는 것이라, 이를 五地의 障礙라고 하는 것이며,

---

96 ‘入’를 나중에 기입했거나 ‘乙’을 나중에 기입한 듯하다.(▶133페이지 ⑬번)

97 44위치에 굵은 점이 기입되어 있는데 이는 단점일 가능성이 있다.(▶133페이지 ⑭번)

98 +55위치에 굵은 점이 기입되어 있는데 이는 역독점일 가능성이 있다.(▶133페이지 ⑮번)

99 14위치에 지운 흔적이 있고 문맥상 14(/·)이 나올 자리이다.(▶133페이지 ⑯번)

100 14위치에 무언가 기입했다가 먹으로 지운 듯하다.(▶133페이지 ⑰번)

101 +31위치에 위로 올라가는 묵흔이 있다.(▶133페이지 ⑱번)

102 +31(/)이 매우 떨어져 기입되어 있다. 자토를 피해서 기입했을 가능성이 있다.(▶133페이지 ⑲번)

E: 한 뜻으로 열반의 사유에 들어가고자 하고 한 뜻으로 생사의 사유에 들어가고자 하여 곧 열반을 사유함이며 곧 생사를 사유함은 무명이 원인이 된다. 또 생사와 열반이 평등하지 않다고 사유함도 무명이 원인이 된다. 이 두 가지 거친 마음에 의함이 이것이 오지의 장애이다.

N: 欲背生死無明。希趣涅槃無明。此二無明障於五地。
(생사를 등지는 무명과 열반을 바라는 무명의 이 두 가지 무명은 5지를 장애하고,)

<금광3, 07:24-25>

P: 行法相(ㅣ?)[103]續ㅑ十了了顯現ヽトㄱㄲ無明ㅣ爲[ㄱㅅㄱ丷ㅎ][104]因ㅣ、法相ㅣ數數ㅣ行丷ㅎ至[トㄱㄲ]於心ㅑ十、無明ㅣ爲[ㅣㄱㅅㄷ丷ㅓ罒]因、是乙[105]六地七障宀ノㅓㅎ

Q: 行法 相續ㅑ十 了了顯現ヽトㄱㄲ 無明ㅣ 因ㅣ{爲}ㄱㅅㄷ丷ㅎ 法相ㅣ 數數ㅣ 行丷ㅎ {於}心ㅑ十 至トㄱㄲ 無明ㅣ 因{爲}ㅣㄱㅅㄷ丷ㅓ罒 是乙 六地七 障宀ノㅓㅎ

A: 行法相續[44(·)]了了顯現[14(/·)]無明[22~32(·)]爲因[+45(/),55(·)]法相[22~32(·)]數數行[106]至於心[44(·)]無明[22~32(·)]爲因[+45(/),+31(/)]是[34(·)]六地[42(·)]障[53(·),+55(·.)]

B: 行法相續[十] 了了顯現[ヽトㄱㄲ]無明[ㅣ]爲因[ㄱㅅㄷ,ㅎ]法相[ㅣ]數數行至於心[十]無明[ㅣ]爲因[ㄱㅅㄷ,丷ㅓ罒]是[乙]六地[七]障[宀,ノㅓㅎ]

---

103 [교감] 원본 실사 결과 구결자 'ㅣ'가 기입된 것은 분명해 보인다. 그러나 '相續'이 한 단어이어서 토가 달릴 자리가 아니고 같은 문장이 있는 (금광7:7)에도 '行法 相續ㅑ十'로만 현토한 점을 고려하여 교감에는 반영하지 않았다. 이것이 의미 있는 토가 맞다면 '法行'에 달아야 할 주격조사 'ㅣ'를 '相'에다 잘못 단 것일 가능성도 있다.(▶133페이지 ⑧번)

104 [교감] 앞뒤 문맥에서 '無明ㅣ 因{爲}ㅣㄱㅅㄷ丷-'의 표현이 반복되는데 여기서만 '-ㅣㄱㅅㄷ丷-'를 '-ㅣㄱㅅㄱ丷-'로 표기할 어떠한 이유도 발견할 수 없으므로 오기로 판단하였다.

105 [교감] 'ㄱ'을 적었다가 '乙'로 수정하였다.(▶133페이지 ⑧번)

106 송진에 오염된 부분인데 사진상으로는 'ㅓ'의 첫 번째 획과 두 번째 획 사이에 22(·)이 있는 듯하나 원본 실사 결과 확인할 수 없어서 반영하지 않았다.(▶133페이지 ⑧번)

boxed C : 行法 相續十 了了顯現ソ┐┌刀 無明刂 因{爲}(刂)ア入乙(ソ)か 法相刂 數數 行

(ソ⅄) {於}心十 至(┣┐刀) 無明刂 因{爲}(刂)ア入乙ソ⅄四 是乙 六地七 障亠ノ

⅄か

boxed D : ⑥行法 相續에 了了 顯現하는 것도 無明이 因이 되며, 法相이 자주 行하여 마음에

도달하는 것도 無明이 因이 되는 것이라, 이를 六地의 障礙라고 하는 것이며,

boxed E : 수행하는 법이 상속하여 훤히 밝게 나타남은 무명이 원인이 되며, 법의 모습이 자

주 옮겨[數數行] 마음에 이름은 무명이 인(因)이 된다. 이 두 가지 거친 마음에 의한

것이 육지의 장애이다.

boxed N : 觀行流轉無明。麤相現前無明。此二無明障於六地。

(관찰하고 행하는 것이 유전(流轉)하는 무명과 거친 상이 현전(現前)하는 무명의 이

두 가지 무명은 6지를 장애하고,)

<금광3, 07:25-08:02>[107]

boxed P : 微細ソ┐諸相刂 或現ソ⅃ 不現ソ⅃ᄉ┣┐刀無明刂爲[刂ア入乙ソか]因丶 一味一

刂熟思惟ソ⅄ 欲[ソア亠][108]斷乙丶 未[ᄉ[109]ソ┣┐刀]得[ア丶]方便乙丶無明刂爲

[刂ア入乙ソ⅄四]因丶 是乙七地七障亠ノ⅄か

boxed Q : 微細ソ┐ 諸相刂 或 現ソ⅃ 不現ソ⅃ᄉ┣┐刀 無明刂 因{爲}刂ア入乙ソか 一味

一刂 熟 思惟ソ⅄ 斷乙 欲ソア亠 方便乙 得ア 未ᄉ┣┐刀 無明刂 因{爲}刂ア

入乙ソ⅄四 是乙七地七 障亠ノ⅄か

boxed A : 微細[33(/)]諸相[=22~32(·)]或現[35(·)]不現[35(·),14(/·)]無明[22~32(·)]爲因

---

107 8장 1행의 마지막 글자 '未' 우측에 刻手名 "昌"이 적혀 있다. 9장 1행의 마지막 글자 '羅' 우측에도 "昌"이
적혀 있다. 8장과 9장이 동일한 각수에 의해 판각된 것으로 볼 수 있다.(▶133페이지 ⑧③번)

108 [교감] '朩'를 적었다가 '亠'로 수정하였다.(▶133페이지 ⑧④번)

109 [교감] 'ᄉ'의 자형으로 적었으나 'ᄊ'를 적은 것으로 이해할 수 있다.(▶133페이지 ⑧⑤번)

[+45(/),55(·)]一味[22~32(빼침선)]熟思惟[22(·)]欲斷[34(·),+53(/)]未得方便[34(·),=32~42(·),=14(/·)[110]]無明[22~32(·)]爲因[+45(/),+31(/)]是[34(·)]七地障[53(·),+55(·.)]

B: 微細[丷 𠃍]諸相[刂]或現[㢱]不現[㢱,丷 卜 𠃍 力]無明[刂]爲因[刂 尸 入 乙,㇇]一味[一 刂]熟思惟[𠄌]欲斷[乙,丷 尸 亠]未得方便[乙,八,丷 卜 𠃍 力]無明[刂]爲因[刂 尸 入 乙,丷 矛 罒]是[乙]七地障[亠,丿 矛 ㇇]

C: 微細丷 𠃍 諸相刂 或 現(丷)㢱 不現(丷)㢱 丷 卜 𠃍 力 無明刂 因{爲}刂 尸 入 乙(丷)㇇ 一味一 刂 熟思惟(丷)𠄌 斷乙 欲丷 尸 亠 方便乙 得(尸) 未八 丷 卜 𠃍 力 無明刂 因{爲}刂 尸 入 乙 丷 矛 罒 是乙 七地障亠 丿 矛 ㇇

D: ⑦미세한 모든 相이 혹 나타나거나 나타나지 않거나 하는 것도 무명이 因이 되며, 一味 되도록 熟思惟하여 끊기를 바라지만 방편을 얻지 못하는 것도 無明이 因이 되는 것이라, 이를 七地의 障礙라고 하는 것이며

E: 미세한 모든 모양이 나타나거나 나타나지 않음은 무명이 인(因)이 되고, 한 맛[一味]으로 사유에 집착함을 끊고자 하나 방편을 얻지 못함은 무명이 인이 된다. 이 두 가지 거친 마음에 의함이 칠지의 장애이다.

N: 微細諸相現行無明。作意欣樂無相無明。此二無明障於七地。
(미세한 모든 상이 현재 앞에 행해지는 무명과 작의(作意)로 무상(無相)을 몹시 좋아하는 무명의 이 두 가지 무명은 7지를 장애하고,)

사진 이미지 자료

①
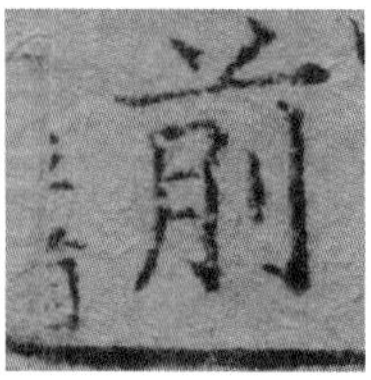

②
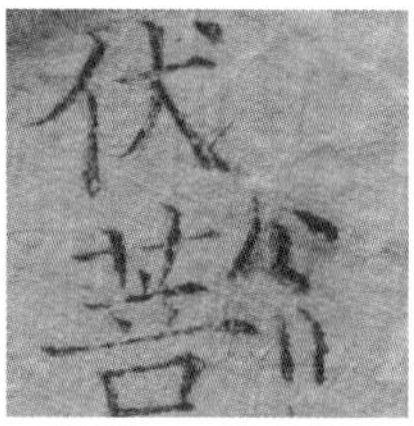

③
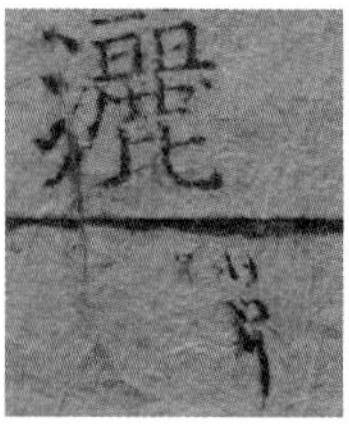

④
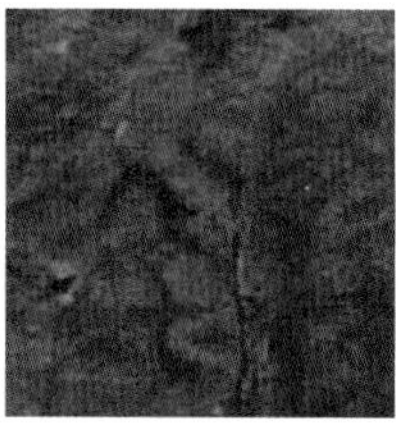

110 기입된 위치의 왼쪽이 뭉개져 있다.(▶133페이지 ⑧⑥번)

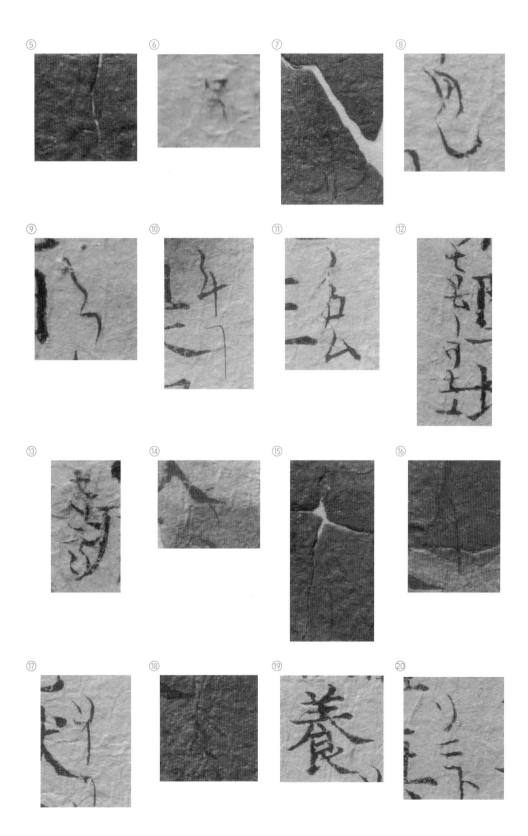

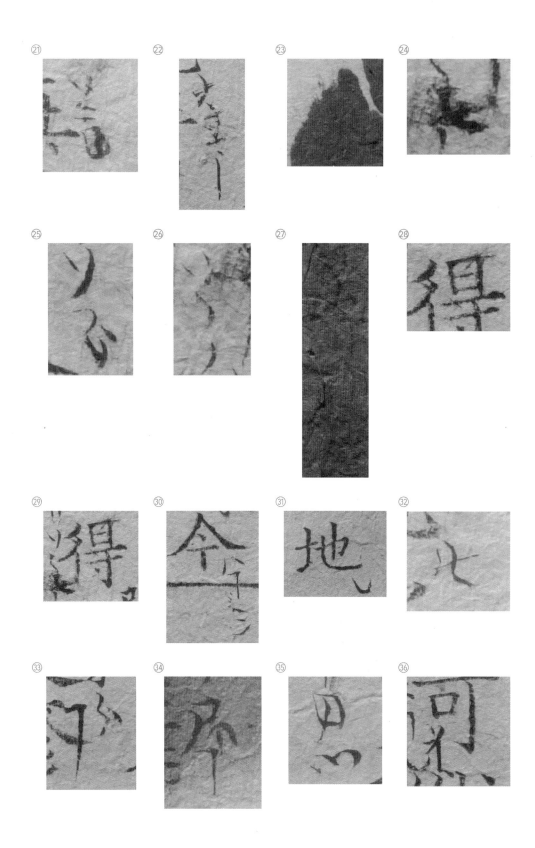

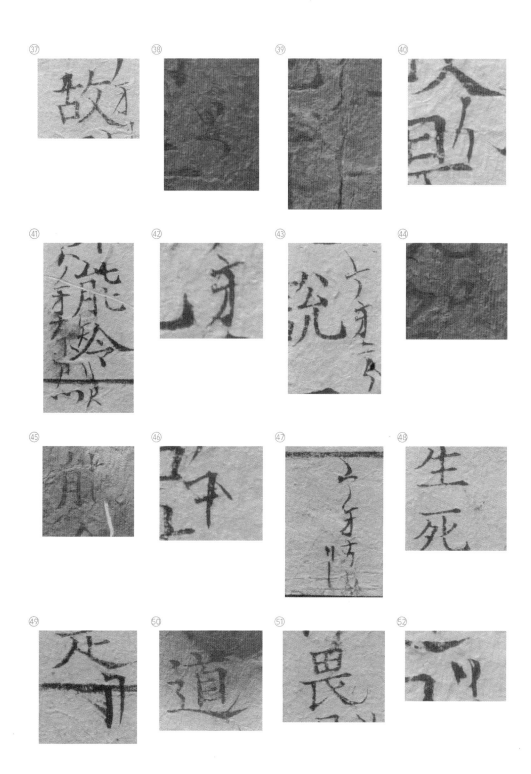

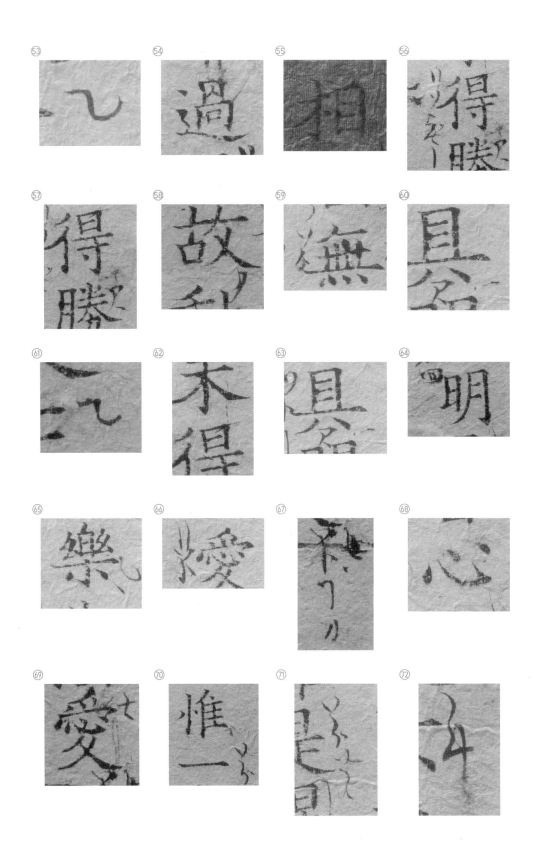

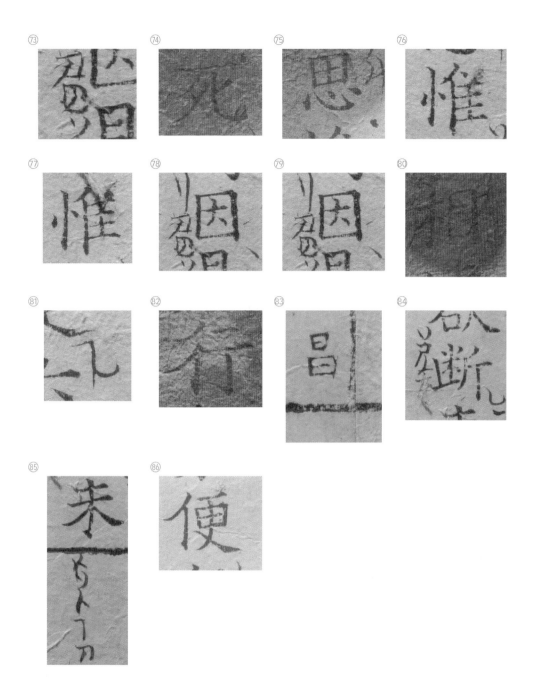

P: 於無相法ʒ十多ㅣㅣ用[ㆍト丁刀]功力乙ㆍ無明ㅣㅣ爲[ㅣ尸入乙ㆍʒ]因ㆍ執[ㆍト丁刀]相自在ㅣㅣ難ʒ可[ㅌㆍ丁乙ㆍ]得¹ʒㆍ度ノㆍㆍ無明ㅣㅣ爲[ㅣ尸入乙ㆍ才罒]因ㆍ是乙八地ㅌ障ᅳノノ丁ㆍʒ²

Q: {於}無相法ʒ十多ㅣㅣ功力乙用ㆍト丁刀無明ㅣㅣ因{爲}ㅣ尸入乙ㆍʒ相自在ㅣㅣ難ʒ得ʒㆍ度ノㆍ可ㅌㆍ丁乙執ㆍト丁刀無明ㅣㅣ因{爲}ㅣ尸入乙ㆍ才罒是乙八地ㅌ障ᅳノ才ʒ

A: 於無相法[44(ㆍ)]多[22~32(ㆍ)]用功力[34(ㆍ)]³無明[22~32(ㆍ)]爲因[+45(/),55(ㆍ)]執相自在[22~32(ㆍ)]難[24(ㆍ)]可得[15(ㆍ)]度[42(\),34(/),=14(/ㆍ)⁴]無明[22~32(ㆍ)]爲因[+45(/),+31(/)]是[34(ㆍ)]八地障[53(ㆍ),+55(ㆍ.)]

B: 於無相法[十]多[ㅣㅣ]用功力[乙]無明[ㅣㅣ]爲因[ㆍ尸入乙,ʒ]執相自在[ㅣㅣ]難[ʒ]可得[ㆍ]度[ノㆍㅌ,ㆍㅣ乙,ㆍト丁刀]無明[ㅣㅣ]爲因[ㆍ尸入乙,ㆍ才罒]是[乙]八地障[ᅳ,ノ才ʒ]

C: {於}無相法十多ㅣㅣ功力乙用(ㆍト丁刀)無明ㅣㅣ因{爲}ㅣ尸入乙(ㆍ)ʒ相自在ㅣㅣ難ʒ得ㆍ度ノㆍ可ㅌㆍ丁乙執ㆍト丁刀無明ㅣㅣ因{爲}ㅣ尸入乙ㆍ才罒是乙八地障ᅳノ才ʒ

D: ⑧無上法에 많이 功力을 쓰는 것도 無明이 因이 되며, 相自在가 어렵게야 能히 度할 수 있는[能히 度하기 어려운] 것을 執하는 것도 無明이 因이 되는 것이라, 이를 八地의 障礙라고 하는 것이며

---

1 '得'에 현토된 구결자 'ʒ'의 위에 위쪽으로 올라가는 기능 미상의 진한 먹선이 있다. 이는 2행 '於' 41위치 묵점과 연결된 것처럼 보인다.(▶158페이지 ①번)

2 [교감] 'ᅳノノ丁ㆍʒ'는 문법적으로 이해하기 힘든 구성이며 동일한 현토 양상이 반복되는 다른 예들을 고려할 때 'ᅳノ才ʒ'의 오기로 판단된다. 다른 오기의 사례들과 마찬가지로 현토자가 어떤 저본의 토를 옮겨 적는 과정의 미숙함이 드러난 것일 가능성이 있다. '障'에 기입된 ('ᅳノ才ʒ'에 대응하는) 점토와도 일치하지 않는다.

3 14 위치가 뭉개져 있고, 사선의 흔적이 남아 있다. 반복되는 구문에서는 14(/ㆍ)이 나타난다.(▶158페이지 ②번)

4 기입된 위치의 왼쪽이 뭉개져 있다.(▶158페이지 ③번)

E: 모습이 없는[無相] 법에 공력을 많이 쓰니 무명이 원인이 되며, 모습에 집착함을 자재하여 깨달음을 이루기[得度] 어려우니 무명이 원인이 된다. 이 두 가지 거친 마음에 의함이 팔지의 장애이다.

N: 於無相觀功用無明。執相自在無明。此二無明障於八地。
(무상관(無相觀)에서 공용(功用)하는 무명과 상에 집착하는 자재의 무명의 이 두 가지 무명은 8지를 장애하고,)

<금광3, 08:04-06>

P: 說法無量亠 名味句無量亠 智慧分別無量亠ノア乙 未[ハッ卜ㄱㄲ]能[丶]攝持ア丶 無明リ爲[リアヘ乙ッ尔⁵]因丶 四無礙辯ㄣ十 未[ハッ卜ㄱㄲ]得ㄣホ 自在丶 無明リ爲[リアヘ乙ッ彳罒]因丶 是乙九地七障亠ノ彳�

Q: 說法 無量亠 名味句 無量亠 智慧分別 無量亠ノア乙 攝持ア 能 未ハッ卜ㄱㄲ 無明リ 因{爲}リアヘ乙ッ尔 四無礙辯ㄣ十 得ㄣホ 自在 未ハッ卜ㄱㄲ 無明リ 因{爲}リアヘ乙ッ彳罒 是乙 九地七 障亠ノ彳ㄣ

A: 說法無量[53(·)] 名味句無量[53(·)] 智慧分別無量[+35(\)] 未能攝持[32~42(·),14(/·)⁶]無明[22~32(·)]爲因[+45(/),55(·)]四無礙辯[44(·)]未得[15(·)]自在[=14(/·)]無明[22~32(·)]爲因[+45(/)]是[34(·)]九地[42(·)]障[53(·),+55(.)]

B: 說法無量[亠]名味句無量[亠]智慧分別無量[ノア乙]未能攝持[ヘ,ッ卜ㄱㄲ]無明[リ]爲因[ッアヘ乙,ㄣ]四無礙辯[十]未得[ホ]自在[ッ卜ㄱㄲ]無明[リ]爲因[ッアヘ乙]是[乙]九地[七]障[亠,ノ彳ㄣ]

C: 說法 無量亠 名味句 無量亠 智慧分別 無量(亠)ノア乙 能 攝持 未ハッ卜ㄱㄲ 無明リ 因{爲}リアヘ乙(ッ)尔 四無礙辯十 得ホ 自在 未(ハ)ッ卜ㄱㄲ 無明(リ) 因{爲}リアヘ乙(ッ彳罒) 是乙 九地七 障亠ノ彳ㄣ

---

5   다른 구결자들에 비해 'ッ尔'가 상대적으로 작게 기입되어 있다.(▶159페이지 ④번)

6   기입된 위치의 왼쪽이 뭉개져 있다.(▶159페이지 ⑤번)

D: ⑨說法 無量이니 名味句 無量이니 知慧分別 無量이니 하는 것을 능히 攝持하지 못하는 것도 無明이 因이 되며, 四無礙辯에 대해서 능히 自在하지 못하는 것도 無明이 因이 되는 것이라, 이를 九地의 障礙라고 하는 것이며

E: 설법도 한량없고 이름과 뜻이 깊은 구절[味句]도 한량없고 지혜로 분별함도 한량없으나 아직 능히 거두어 지니지 못하니 무명이 원인이 되며, 네 가지에 걸림 없는 변재[四無礙辯]가 아직 자재함을 얻지 못하니 무명이 원인이 된다. 이 두 가지 거친 마음에 의함이 구지의 장애이다.

N: 於所說義及名句文。此二無礙未善巧無明。於詞辯才不隨意無明。此二無明障於九地。

(설한 뜻과 이름·구절·글의 이 두 가지가 장애가 없어도 아직 선교(善巧)가 없는 무명과 말과 변재에서 뜻대로 되지 않는 무명의 이 두 가지 무명은 9지를 장애하고,)

<금광3, 08:06-08>

P: 最大神通ﾗ十 末⁷[ハ丷卜ﾓ刀]得ﾗ小 如[ハ丶]意乙丶 無明� 爲[ﾉﾞ入乙丷ﾔ]因丶 微妙秘密丷ヒヒ之藏乙 修行ノﾉﾑ 未[ハ丷卜ﾓ刀]足丶 無明ﾘ 爲[ﾘﾉﾞ(入乙?)⁸丷ﾗﾛ]因丶 是ﾓ十地ヒ障亠ノﾔﾗ

Q: 最大神通ﾗ十 得ﾗ小 意乙 如ハ 未ハ丷卜ﾓ刀 無明ﾘ 因{爲}ﾘﾉﾞ入乙丷ﾔ 微妙秘密丷ヒヒ{之}藏乙 修行ノﾉﾑ 足 未ハ丷卜ﾓ刀 無明ﾘ 因{爲}ﾘﾉﾞ入乙丷ﾔﾛ 是ﾓ 十地ヒ 障亠ノﾔﾗ

A: 最大神通[44(·)]未得[15(·)]如[32~42(·)]⁹意[34(·)]無明[22~32(·)]爲因微妙秘密

---

7 원문은 '末'로 되어 있으나 '未'의 오자로 판단된다.(▶159페이지 ⑥번)

8 [교감] 송진에 오염되고 훼손된 부분이어서 사진으로는 확인하기 어렵다. 원본 실사 결과 'ﾉﾞ乙'에서 ﾉﾞ의 오른쪽 획 묵흔만 보이고 나머지 부분은 보이지 않았다. 여기서는 정재영(1998)의 판독안을 반영하였다.

9 송진이 배어 점토를 정확히 확인할 수는 없으나, '意'자에 '未'와 '如' 모두에 'ハ'이 기입될 만하다는 점을 고려하면, 두 개의 'ハ' 중 하나는 다른 유가사지론 계통의 점토석독구결 자료에서처럼 위의 글자에 찍힐 가능성이 있다. 그렇다면 이곳의 '32~42(·)'는 '如'에 기입될 'ハ'에 대응되는 것으로 해석할 수 있다. 앞의 글자에 대신 점토가 기입되는 경우 보통 지시선을 표기하는데, 이 부분에서는 지시선이 보이지 않는다.

[11~21(-),42(·)]之藏[34(·)]修行[+13(\)]未足[32~42(·),=14(/·)[10]]無明[22~32(·)]爲因是十地障[53(·),+55(·.)]

B: 最大神通[十]未得[尒]如[八]意[乙]無明[刂]爲因微妙秘密[ヒ,七]之藏[乙]修行[ノ尸厶]未足[八,丷卜ㄱ刀]無明[刂]爲因是十地障[亠,ノ禾ケ]

C: 最大神通十 得尒 意乙 如八 未(八丷卜ㄱ刀) 無明刂 因{爲}(刂尸入乙丷ケ) 微妙秘密(丷)ヒ七{之} 藏乙 修行ノ尸厶 足 未八丷卜ㄱ刀 無明刂 因{爲}(刂尸入乙丷禾罒) 是(乙) 十地障亠ノ禾ケ

D: ⑩最大神通에 대해서 능히 뜻과 같이 하지 못하는 것도 無明이 因이 되며, 微妙하고 秘密스러운 藏을 修行하되 만족하지 못하는 것도 無明이 因이 되는 것이라, 이를 十地의 障礙라고 하는 것이며

E: 가장 큰 신통을 아직 뜻대로 얻지 못하니 무명이 원인이 되며, 미묘하고 비밀스런 법장을 수행하여 아직 만족하지 못함은 무명이 원인이 된다. 이 두 가지 거친 마음에 의함이 십지의 장애이다.

N: 於大神通未得自在變現無明。微細祕密未能悟解事業無明。此二無明障於十地。(큰 신통에 있지만 아직 자재로이 변화하지 못하는 무명과 미세한 비밀이 있어 아직 사업을 깨달을 수 없는 무명의 이 두 가지 무명은 10지를 장애하고,)

<금광3, 08:08-10>

P: 一切境界氵十微細智礙刂丷卜ㄱ刀無明刂爲[刂尸入乙丷ケ]因、未來氵十是礙刂不[人[11]丷尸乙]更氵生ㄱ[12]、未[八丷卜ㄱ刀]得[尸、]不[八亽[13]刂亽七]更氵[14]生、

---

10 기입된 위치의 왼쪽이 뭉개져 있다.(▶159페이지 ⑦번)

11 [교감] '人'의 자형으로 적었으나 '八'를 적은 것으로 이해할 수 있다.(▶159페이지 ⑧번)

12 [교감] 석독구결에서 부정사 '不八丷-'의 앞에 놓이는 동사 어간에 토가 달리면 '-尸'이 붙기 때문에 오기로 판단하였다. 만약 이것을 오기로 보지 않는다면 석독구결의 부정법에서 매우 특이한 예외적 존재라고 해야 한다.

13 [교감] '亽'의 자형으로 적었으나 '亽'를 적은 것으로 이해할 수 있다.(▶159페이지 ⑨번)

14 먹색이 옅고 자형이 다른 '氵'와 차이를 보인다.(▶159페이지 ⑩번)

智乙、無明刂爲[刂尸入乙丷礻罒]因、是乙如來地七障亠ノ礻ナ㇆刂丨

Q: 一切 境界氵十 微細 智礙刂丷卜㇆力 無明刂 因{爲}刂尸入乙丷ホ 未來氵十 是礙刂 更氵 生尸 不ハ丷尸乙 更氵 生 不ハ亽刂今七 智乙 得尸 未ハ丷卜㇆力 無明刂 因{爲}刂尸入乙丷礻罒 是乙 如來地七 障亠ノ礻ナ㇆刂丨

A: 一切境界[44(·)]微細智礙[22~32(·),=14(/·)[15]]無明[22~32(·)]爲因[+45(/),55(·)]未來[44(·)]是礙[22~32(·)]不更[22(·)]生[32~42(·),+35(/)]未得不更[22(·)]生[32~42(·),23~24(·),15~24(/),42(·)]智[34(·),=32~42(·),=14(/·)[16]]無明[22~32(·)]爲因[+45(/),+31(/)]是[34(·)]如來地障[53(·),+41(\)]

B: 一切境界[十]微細智礙[刂,丷卜㇆力]無明[刂]爲因[丷尸入乙,ホ]未來[十]是礙[刂]不更[氵]生[ハ,丷尸乙]未得不更[氵]生[ハ,亽刂,丷今,七]智[乙,ハ,丷卜㇆力]無明[刂]爲因[丷尸入乙,丷礻罒]是[乙]如來地{七}障[亠,ノ礻ナ㇆刂丨]

C: 一切 境界十 微細 智礙刂丷卜㇆力 無明刂 因{爲}刂尸入乙(丷)ホ 未來十 是 礙刂 更氵 生 不ハ丷尸乙 更氵 生 不ハ亽刂今七 智乙 得 未ハ丷卜㇆力 無明刂 因{爲}刂尸入乙丷礻罒 是乙 如來地 障亠ノ礻ナ㇆刂丨

D: ⑪ 一切 境界에 微細 智礙가 있는 것도 無明이 因이 되며, 未來에 이 礙가 다시 나지 못하는데 다시 나지 못하게 하는 智를 얻지 못하는 것도 無明이 因이 되는 것이라, 이를 如來地의 障礙라고 하는 것이다.

E: 일체의 경계에 미세한 지혜가 걸리는 것은 무명이 원인이 되며, 미래에 이 걸림이 다시 생겨나지 아니하니 다시 생겨나지 않는 지혜를 얻지 못함은 무명이 원인이 된다. 이것은 여래지의 장애이다.

N: 於一切境微細所知障礙無明。極細煩惱麤重無明。此二無明障於佛地。
(온갖 경계에서 미세하게 알아야할 것에 대한 장애의 무명과 극히 미세한 번뇌에 속박되어 있는 무명의 이 두 가지 무명은 불지(佛地)를 장애하느니라.)

---

15 기입된 위치의 왼쪽이 뭉개져 있다.(▶159페이지 ⑪번)

16 기입된 위치의 왼쪽이 뭉개져 있다.(▶159페이지 ⑫번)

<금광3, 08:10-11>

P: 善男子 氵 於初菩薩地 氵 十 ㄱ 行向[ㆍㅅ]檀波羅密乙 ㆍ

Q: 善男子 氵 {於}初菩薩地 氵 十 ㄱ 檀波羅密乙 行向 ㆍ ㅅ

A: 善男子[22(ㆍ)]於初菩薩地[44(ㆍ),33(ㆍ)]行向檀波羅密[34(ㆍ),55(ㆍ)]

B: 善男子[氵]於初菩薩地[十,ㄱ]行向檀波羅密[乙,ㅅ]

C: 善男子 氵 {於}初菩薩地 十 ㄱ 檀波羅密乙 行向(ㆍㅅ)ㅅ

D: 善男子야, 初菩薩地에서는 檀波羅密을 行向하며

E: 선남자여, 보살이 초지에는 보시바라밀을 향하여 수행하고

N: 善男子。菩薩摩訶薩於初地中。行施波羅蜜。(선남자야, 보살마하살은 초지 중에서 시(施)바라밀을 행하고,)

<금광3, 08:11>

P: 於二地 氵 十 ㄱ 行向[ㆍㅅ]尸波羅密乙 ㆍ

Q: {於}二地 氵 十 ㄱ 尸波羅密乙 行向 ㆍ ㅅ

A: 於二地[44(ㆍ),33(ㆍ)]行向尸波羅密[34(ㆍ),55(ㆍ)]

B: 於二地[十,ㄱ]行向尸波羅密[乙,ㅅ]

C: {於}二地 十 ㄱ 尸波羅密乙 行向(ㆍㅅ)ㅅ

D: 二地에서는 尸波羅密을 行向하며

E: 이지에는 지계[尸]바라밀을 향하여 수행하고

N: 於第二地行戒波羅蜜。(제2지에서 계(戒)바라밀을 행하고,)

<금광3, 08:11-12>

P: 於三地行向羼提波羅密

Q: 於三地行向羼提波羅密

A : 於三地[44(·),33(·)]行向羼提波羅密[34(·),55(·)]

B : 於三地[十,ㄱ]行向羼提波羅密[乙,ㅅ]

C : {於}三地十ㄱ 羼提波羅密乙 行向(ㆍ)ㅅ

D : 三地에서는 羼提波羅密을 行向하며

E : 삼지에는 인욕바라밀을 향하여 수행하고

N : 於第三地行忍波羅蜜。(제3지에서 인(忍)바라밀을 행하고,)

<금광3, 08:12>

P : 於四地行向毗梨耶波羅蜜

Q : 於四地行向毗梨耶波羅蜜

A : 於四地行向毗梨耶波羅蜜

B : 於四地行向毗梨耶波羅蜜

C : {於}四地(十ㄱ) 毗梨耶波羅蜜(乙) 行向(ㆍㅅ)

D : 四地에서는 毗梨耶波羅蜜을 行向하며

E : 사지에는 정진[毘梨耶]바라밀을 향하여 수행하고

N : 於第四地行勤波羅蜜。(제4지에서 근(勤)바라밀을 행하고,)

<금광3, 08:12-13>

P : 於五地(ㅎ十?)[17]ㄱ 行向[(ㆍㅅ?)[18]]禪那波羅蜜乙 ㆍ

Q : {於}五地ㅎ十ㄱ 禪那波羅蜜乙 行向ㆍㅅ

---

17 [교감] 송진에 오염되고 훼손된 부분이어서 사진으로는 확인하기 어렵다. 원본 실사 결과 'ㅎ十'는 보이지 않고 'ㄱ'만 확인할 수 있었다. 여기서는 정재영(1998)의 판독안을 반영하였다.

18 [교감] 송진에 오염되고 훼손된 부분이어서 사진으로는 확인하기 어렵다. 원본 실사 결과 'ㆍ'는 분명히 보이고 다음 구결자는 마지막 획만 보이나 'ㅅ'로 인정할 수 있다.

A : 於五地行向禪那波羅蜜

B : 於五地行向禪那波羅蜜

C : {於}五地(ゝ+ㄱ) 禪那波羅蜜(乙) 行向(ゝゝ ㅎ)

D : 五地에서는 禪那波羅蜜을 行向하며

E : 오지에는 선정[禪那]바라밀을 향하여 수행하고

N : 於第五地行定波羅蜜。(제5지에서 정(定)바라밀을 행하고,)

<금광3, 08:13-14>

P : 於六地行向般若波羅蜜

Q : 於六地行向般若波羅蜜

A : 於六地行向般若波羅蜜

B : 於六地行向般若波羅蜜

C : {於}六地(ゝ+ㄱ) 般若波羅蜜(乙) 行向(ゝゝ ㅎ)

D : 六地에서는 般若波羅蜜을 行向하며

E : 육지에는 지혜[般若]바라밀을 향하여 수행하고

N : 於第六地行慧波羅蜜。(제6지에서 혜(慧)바라밀을 행하고,)

<금광3, 08:14>

P : 於七地行向方便勝智波羅蜜

Q : 於七地行向方便勝智波羅蜜

A : 於七地行向方便勝智波羅蜜

B : 於七地行向方便勝智波羅蜜

C : {於}七地(十ㄱ) 方便勝智波羅蜜(乙) 行向(ゝゝ ㅎ)

D : 七地에서는 方便勝智波羅蜜을 行向하며

E: 칠지에는 방편이 수승한 지혜[方便勝智]바라밀을 향하여 수행하고

N: 於第七地行方便勝智波羅蜜。(제7지에서 방편승지(方便勝智)바라밀을 행하고,)

<금광3, 08:14-15>

P: 於八地行向願波羅蜜

Q: 於八地行向願波羅蜜

A: 於八地行向願波羅蜜

B: 於八地行向願波羅蜜

C: {於}八地(㇌ 十 乛) 願波羅蜜(乙) 行向(丷 ゕ)

D: 八地에서는 願波羅蜜을 行向하며

E: 팔지에는 서원[願]바라밀을 향하여 수행하고

N: 於第八地行願波羅蜜。(제8지에서 원(願)바라밀을 행하고,)

<금광3, 08:15>

P: 於九地行向力波羅蜜

Q: 於九地行向力波羅蜜

A: 於九地行向力波羅蜜

B: 於九地行向力波羅蜜

C: {於}九地(㇌ 十 乛) 力波羅蜜(乙) 行向(丷 ゕ)

D: 九地에서는 力波羅蜜을 行向하며

E: 구지에는 힘[力]바라밀을 향하여 수행하고

N: 於第九地行力波羅蜜。(제9지에서 력(力)바라밀을 행하고,)

<금광3, 08:15-16>

P: 於十地 $_{氵}$ (十 ㄱ?)[19]行向[ㆍ ナ ㅎ ヒ l]智波羅蜜 乙 ㆍ

Q: {於}十地 $_{氵}$ 十 ㄱ 智波羅蜜 乙 行向 ㆍ ナ ㅎ ヒ l

A: 於十地[44(·)]行向智波羅蜜[34(·),42(-),51(·)]

B: 於十地[十]行向智波羅蜜[乙, ナ ㅎ ヒ, l]

C: {於}十地 十 (ㄱ) 智波羅蜜 乙 行向(ㆍ) ナ ㅎ ヒ l

D: 十地에서는 智波羅蜜을 行向하는 것이다.

E: 십지에는 지혜[智]바라밀을 향하여 수행한다.

N: 於第十地行智波羅蜜。(제10지에서 지(智)바라밀을 행하느니라.)

<금광3, 08:16-17>

P: 善男子菩薩摩訶薩 尸 初發心 ㄱ 名 ㄱ [20]妙寶起 二 ノ 尸 三摩提 ॥ 攝受 ㆍ ㄱ 入 ㅡ 得 氵 �* 生 ㆍ 尓

Q: 善男子 菩薩摩訶薩 尸 初發心 ㄱ 名 ㄱ 妙寶起 二 ノ 尸 三摩提 ॥ 攝受 ㆍ ㄱ 入 ㅡ 得 氵 �* 生 ㆍ 尓

A: 善男子[22(·)]菩薩摩訶薩[15~25(-)]初發心[33(·)]名[33(·)]妙寶起[53(·),+15~25(-)]三摩提[22~32(·)]攝受[43(/),경계선]得[15(·)]生[55(·)]

B: 善男子[氵]菩薩摩訶薩[尸]初發心[ㄱ]名[ㄱ]妙寶起[二, ノ 尸]三摩提[॥]攝受[ㆍ ㄱ 入 ㅡ]得[㆙]生[尓]

C: 善男子 氵 菩薩摩訶薩 尸 初發心 ㄱ 名 ㄱ 妙寶起 二 ノ 尸 三摩提 ॥ 攝受 ㆍ ㄱ 入 ㅡ 得 ㆙ 生(ㆍ) 尓

---

19 [교감] 송진에 오염되고 훼손된 부분이어서 사진으로는 확인하기 어렵다. 원본 실사 결과 '十'는 분명히 보이고 다음 구결자는 마지막 부분만 획이 남아 있으나 'ㄱ'으로 인정할 수 있다.

20 먹색이 옅고 획의 굵기가 다른 구결자보다 가늘다.(▶159페이지 ⑬번)

D: 善男子야, 菩薩摩訶薩의 初發心은 이름은 妙寶起라 하는 三摩提가 攝受하는 까닭으로 능히 나며,

E: 선남자여, 보살마하살은 초발심에는 명묘보기삼마제(名妙寶起三摩提)를 받아들여 생활하며,

N: 善男子。菩薩摩訶薩最初發心。攝受能生妙寶三摩地。(선남자야, 보살마하살이 최초로 깨닫고자 하는 마음을 먹으면 묘한 보배[妙寶]의 삼마지(三摩地: 定)를 능히 내고,)

<금광3, 08:17-18>

P: 第二發心ㄱ可愛住亠ノ尸三摩提刂攝受ソㄱ入灬得3ホ生ソケ

Q: 第二發心ㄱ 可愛住亠ノ尸 三摩提刂 攝受ソㄱ入灬 得3ホ 生ソケ

A: 第二發心[33(·)]可愛住[53(·),+15~25(-)]三摩提[22~32(·)]攝受[43(/)]得[15(·)]生[55(·)]

B: 第二發心[ㄱ]可愛住[亠,ノ尸]三摩提[刂]攝受[ソㄱ入灬]得[ホ]生[ケ]

C: 第二發心ㄱ 可愛住亠ノ尸 三摩提刂 攝受ソㄱ入灬 得ホ 生(ソ)ケ

D: 第二發心은 可愛住라 하는 三摩提가 攝受하는 까닭으로 능히 나며

E: 두 번째 발심에는 가애주삼마제(可愛住三摩提)를 받아들여 생활하며,

N: 第二發心。攝受能生可愛樂三摩地。(제2 단계에서 깨닫고자 하는 마음을 먹으면 가히 사랑하고 즐겨할[可愛樂] 삼마지를 능히 내고,)

<금광3, 08:18-19>

P: 第三發心ㄱ難動亠ノ尸三摩提刂攝受ソㄱ入灬得3ホ生ソケ

Q: 第三發心ㄱ 難動亠ノ尸 三摩提刂 攝受ソㄱ入灬 得3ホ 生ソケ

A: 第三發心[33(·)]難動[53(·),+15~25(-)]三摩提[22~32(·)]攝受[43(/)]得[15(·)]生[55(·)]

B: 第三發心[ㄱ]難動[ᅳ, ノ 尸]三摩提[ㅐ]攝受[ᄼ ㄱ 入 ᅳ]得[亦]生[ㅣ]

C: 第三發心ㄱ 難動ᅳ ノ 尸 三摩提ㅐ 攝受ᄼ ㄱ 入 ᅳ 得 亦 生(ᄼ)ㅣ

D: 第三發心은 難動이라 하는 三摩提가 攝受하는 까닭으로 능히 나며

E: 세 번째 발심에는 난동삼마제(難動三摩提)를 받아들여 생활하며,

N: 第三發心。攝受能生難動三摩地。 (제3 단계에서 깨닫고자 하는 마음을 먹으면 움직이기 어려운[難動] 삼마지를 능히 내고,)

<금광3, 08:19-20>

P: 第四發心ㄱ不退轉ᅳ ノ 尸 三昧ㅐ攝受ᄼ ㄱ 入 ᅳ 得ㅎ 亦 生ᄼ ㅣ

Q: 第四發心ㄱ 不退轉ᅳ ノ 尸 三昧ㅐ 攝受ᄼ ㄱ 入 ᅳ 得ㅎ 亦 生ᄼ ㅣ

A: 第四發心[33(·)]不退轉[53(·),+15~25(-)]三昧[22~32(·)]攝受[43(/)]得[15(·)]生[55(·)]

B: 第四發心[ㄱ]不退轉[ᅳ, ノ 尸]三昧[ㅐ]攝受[ᄼ ㄱ 入 ᅳ]得[亦]生[ㅣ]

C: 第四發心ㄱ 不退轉ᅳ ノ 尸 三昧ㅐ 攝受ᄼ ㄱ 入 ᅳ 得 亦 生(ᄼ)ㅣ

D: 第四發心은 不退轉이라 하는 三昧가 攝受하는 까닭으로 능히 나며

E: 네 번째 발심에는 불퇴전삼매(不退轉三昧)를 받아들여 생활하며,

N: 第四發心。攝受能生不退轉三摩地。 (제4 단계에서 깨닫고자 하는 마음을 먹으면 물러서지 않는[不退轉] 삼마지를 능히 내고,)

<금광3, 08:20>

P: 第五發心寶花三昧攝受得生

Q: 第五發心 寶花 三昧 攝受 得 生

A: 第五發心寶花三昧攝受得生

B: 第五發心寶花三昧攝受得生

C: 第五發心(ㄱ) 寶花(ᅳ ノ 尸) 三昧(ㅐ) 攝受(ᄼ ㄱ 入 ᅳ) 得(亦) 生(ᄼ ㅣ)

D : 第五發心은 寶花라 하는 三昧가 攝受하는 까닭으로 능히 나며

E : 다섯 번째 발심에는 보화삼매(寶華三昧)를 받아들여 생활한다.

N : 第五發心。攝受能生寶花三摩地。(제5 단계에서 깨닫고자 하는 마음을 먹으면 보배꽃[寶花] 삼마지를 능히 내고,)

<금광3, 08:20-21>

P : 第六發心日圓光焰三昧攝受得生

Q : 第六發心 日圓光焰 三昧 攝受 得 生

A : 第六發心日圓光焰三昧攝受得生

B : 第六發心日圓光焰三昧攝受得生

C : 第六發心(ㄱ) 日圓光焰(ᅩノ尸) 三昧(ㅣ) 攝受(ᄼㄱㅅ一) 得(ㅊ) 生(ᄼぅ)

D : 第六發心은 日圓光焰이라 하는 三昧가 攝受하는 까닭으로 능히 나며

E : 여섯 번째 발심에는 일원광염삼매(日圓光焰三昧)를 받아들여 생활하며,

N : 第六發心。攝受能生日圓光焰三摩地。(제6 단계에서 깨닫고자 하는 마음을 먹으면 해의 둥근 빛살[日圓光焰] 삼마지를 능히 내고,)

<금광3, 08:21-22>

P : 第七發心一切願如意成就三昧攝受得生

Q : 第七發心 一切願如意成就 三昧 攝受 得 生

A : 第七發心一切願如意成就三昧攝受得生

B : 第七發心一切願如意成就三昧攝受得生

C : 第七發心(ㄱ) 一切願如意成就(ᅩノ尸) 三昧(ㅣ) 攝受(ᄼㄱㅅ一) 得(ㅊ) 生(ᄼぅ)

D : 第七發心은 一切願如意成就라 하는 三昧가 攝受하는 까닭으로 능히 나며

E : 일곱 번째 발심에는 일체원여의성취삼매(一切願如意成就三昧)를 받아들여 생활하며,

N: 第七發心。攝受能生一切願如意成就三摩地。(제7 단계에서 깨닫고자 하는 마음을 먹으면 온갖 소원을 뜻대로 성취하는[一切願如意成就] 삼마지를 능히 내고,)

<금광3, 08:22-23>

P: 第八發心現在佛現前證住三昧攝受得生

Q: 第八發心 現在佛現前證住 三昧 攝受 得 生

A: 第八發心現在佛現前證住三昧攝受得生

B: 第八發心現在佛現前證住三昧攝受得生

C: 第八發心(ㄱ) 現在佛現前證住(亠ノア) 三昧(ㅣ) 攝受(ㅄㄱㅅ灬) 得(ㅠ) 生(ㅄ勺)

D: 第八發心은 現在佛現前證住라 하는 三昧가 攝受하는 까닭으로 능히 나며

E: 여덟 번째 발심에는 현재불현전증주삼매(現在佛現前證住三昧)를 받아들여 생활하며,

N: 第八發心。攝受能生現前證住三摩地。(제8 단계에서 깨닫고자 하는 마음을 먹으면 현재에서 증득하여 머무는[現前證住] 삼마지를 능히 내고,)

<금광3, 08:23-24>

P: 第九發心智藏三昧攝受得生

Q: 第九發心 智藏 三昧 攝受 得 生

A: 第九發心智藏三昧攝受得生

B: 第九發心智藏三昧攝受得生

C: 第九發心(ㄱ) 智藏(亠ノア) 三昧(ㅣ) 攝受(ㅄㄱㅅ灬) 得(ㅠ) 生(ㅄ勺)

D: 第九發心은 智藏이라 하는 三昧가 攝受하는 까닭으로 능히 나며

E: 아홉 번째 발심에는 지장(智藏)삼매를 받아들여 생활하며,

N: 第九發心。攝受能生智藏三摩地。(제9 단계에서 깨닫고자 하는 마음을 먹으면 지혜의 광[智藏] 삼마지를 능히 내고,)

<금광3, 08:24-25>

P: 第十發心首楞嚴ㅗノア三昧ㅣㅣ攝受ㆍㄱㅅㅡ得ㆍ灬生ㆍㅣㅎㄴㅎㄴㅣ

Q: 第十發心 首楞嚴ㅗノア 三昧ㅣㅣ 攝受ㆍㄱㅅㅡ 得ㆍ灬 生ㆍㅣㅎㄴㅎㄴㅣ

A: 第十發心[33(·)]首楞嚴[53(·),+15~25(-)]三昧[22~32(·)]攝受[43(/)]得[15(·)]生[42(-),51(·)²¹]

B: 第十發心[ㄱ]首楞嚴[ㅗ,ノア]三昧[ㅣㅣ]攝受[ㆍㄱㅅㅡ]得[灬]生[ナㅎㄴㅎㄴ,ㅣ]

C: 第十發心ㄱ首楞嚴ㅗノア 三昧ㅣㅣ 攝受ㆍㄱㅅㅡ 得灬 生(ㆍㅣ)ナㅎㄴㅎㄴㅣ

D: 第十發心은 首楞嚴이라 하는 三昧가 攝受하는 까닭으로 능히 나는 것이다.

E: 열 번째 발심에서 수능엄(首楞嚴)삼매를 받아들여 생활한다.

N: 第十發心。攝受能生勇進三摩地。 (제10 단계에서 깨닫고자 하는 마음을 먹으면 용감스럽게 나아가는[勇進] 삼마지를 능히 내느니라.)

<금광3, 08:25>

P: 善男子ㆍ是ㄴ諸菩薩摩訶薩ア十種發心ㅗノㅕナㄱㅣㅣㅣ

Q: 善男子ㆍ是ㄴ 諸 菩薩摩訶薩ア 十種 發心ㅗノㅕナㄱㅣㅣㅣ

A: 善男子[22(·)]是[34(·)]諸菩薩摩訶薩[=15~25(-)#+15~25(-)]十種發心[53(·),+41(\)]

B: 善男子[ㆍ]是[ㄴ]諸菩薩摩訶薩[ア]十種發心[ㅗ,ノㅕナㄱㅣㅣㅣ]

C: 善男子ㆍ是ㄴ 諸 菩薩摩訶薩ア 十種 發心ㅗノㅕナㄱㅣㅣㅣ

D: 善男子야, 이를 모든 菩薩摩訶薩의 十種 發心이라 하는 것이다.

E: 선남자여, 이것을 모든 보살마하살의 열 가지 발심이라 한다.

N: 善男子。是名菩薩摩訶薩十種發心。 (선남자야, 이것을 보살마하살의 열 가지 발심 이라고 이름한다.)

---

21 단점치고 길이가 길다.(▶159페이지 ⑭번)

P: 善男子菩薩摩訶薩ㄱ於此初地ㆍ十依功德力ㅡノア名ㄊ陀羅尼乙得ㅎㅊ生ㅣㅓㅎ
ㄴ丨

Q: 善男子 菩薩摩訶薩ㄱ {於}此 初地ㆍ十 依功德力ㅡノア 名ㄊ 陀羅尼乙 得ㅎㅊ 生
ㅣ ㅓ ㅎ ㄴ 丨

A: 善男子菩薩摩訶薩[33(·)]於此初地[44(·)]依功德力[53(·),+15~25(-)]名[42(·)]陀羅
尼[34(·)]得[=15(·)]生

B: 善男子菩薩摩訶薩[ㄱ]於此初地[十]依功德力[ㅡ,ノア]名[ㄊ]陀羅尼[乙]得[ㅊ]生

C: 善男子(ㆍ) 菩薩摩訶薩ㄱ {於}此 初地十 依功德力ㅡノア 名ㄊ 陀羅尼乙 得ㅊ 生
(ㅣ ㅓ ㅎ ㄴ 丨)

D: ①善男子야, 菩薩摩訶薩은 이 初地에서 依功德力이라고 하는 이름의 陀羅尼를 능
히 낼 수 있다.

E: 선남자여, 보살마하살은 이 초지에서 공덕력에 의지함이라는 이름의 다라니(陀羅
尼)로 살아간다."

N: 善男子。菩薩摩訶薩於此初地得陀羅尼。名依功德力。
(선남자야, 보살마하살은 이 초지에서 의공덕력(依功德力)이라는 다라니를 얻게 된
다.)

<금광3, 09:02>

P: 爾時十世尊ㄱ而ㆍ說[ㆍ][23]呪乙、[24]曰ㅣㄷア

Q: 爾 時十 世尊ㄱ 而ㆍ 呪乙 說ㆍ 曰ㅣㄷア

22　9장 1행의 우측 하단에 '븝'이라는 각수명이 보인다. 8장 1행의 우측 하단에도 동일한 각수명이 보인
다.(▶159페이지 ⑮번)

23　'ㆍ'의 자형이 윗부분과 아랫부분 두 번에 걸쳐 기입된 것처럼 보인다.(▶159페이지 ⑯번)

24　'乙'의 자형이 가는 획과 굵은 획으로 두 번에 걸쳐 기입된 것처럼 보인다.(▶159페이지 ⑰번)

A : 爾時世尊[33(·)]而說呪[34(·),22(·)]曰[22~32(·),14~15(⎮)]

B : 爾時世尊[ㄱ]而說呪[乙, 氵]曰[刂, ㄷ 尸]

C : 爾 時(十) 世尊ㄱ 而 呪乙 說氵 曰 刂ㄷ尸

D : 그때 世尊은 呪를 일러 말하시기를,

E : 그때 세존께서 주문을 설하셨다.

N : 爾時世尊卽說呪曰。(그 때 부처님께서 곧 주문을 말씀하시었다.)

<금광3, 09:03-06>

P : 哆姪他 富樓柅 那羅提 豆吼豆吼豆吼 耶跋修履瑜 烏婆娑底 耶跋旆陀魯 提兪多底
多跋駱懺 檀陀波履訶嵐 苟留 莎訶

Q : 哆姪他 富樓柅 那羅提 豆吼豆吼豆吼 耶跋修履瑜 烏婆娑底 耶跋旆他魯 提兪多底
多跋駱懺 檀陀波履訶嵐 苟留 莎訶

A : 哆姪他 富樓柅 那羅提 豆吼豆吼豆吼 耶跋修履瑜 烏婆娑底 耶跋旆陀魯 提兪多底
多跋駱懺 檀陀波履訶嵐 苟留 莎訶

B : 哆姪他 富樓柅 那羅提 豆吼豆吼豆吼 耶跋修履瑜 烏婆娑底 耶跋旆陀魯 提兪多底
多跋駱懺 檀陀波履訶嵐 苟留 莎訶

C : 哆姪他 富樓柅 那羅提 豆吼豆吼豆吼 耶跋修履瑜 烏婆娑底 耶跋旆陀魯 提兪多底
多跋駱懺 檀陀波履訶嵐 苟留 莎訶

D : 哆姪他 富樓柅 那羅提 豆吼豆吼豆吼 耶跋修履瑜 烏婆娑底 耶跋旆陀魯 提兪多底
多跋駱懺 檀陀波履訶嵐 苟留 莎訶

E : 다냐타怛姪他[天可切後九篇初他字悉同此音 其一] 부루니富樓尼[念履切後九篇音
尼字悉同此音 其二] 나라제那羅弟[吳音呼弟 其三] 두후두후두후豆吼豆吼豆吼[其
四] 아발수리유那[移我切]跋修履愈[其五] 오파사지烏婆娑底[知履切 其六] 아발전
두로那[移我切]跋旆杜魯[其七] 제유다데弟[吳音呼弟]愈多底[吳音呼底 其八] 다
발탁낙삼多跋鐸洛衫[霜艦切 其九] 단디파리하람但地[圖賣切]波履訶嵐[里含切 其
十] 구루苟留[良吼切 其十一] 쇄하鎖訶[虎可切後九篇末訶字悉同此音 其十二]

N: 怛姪他　晡哱儞　曼奴喇剃　獨虎　獨虎　獨虎　耶跋　蘇利瑜　阿婆婆薩底(丁里反下皆同)　耶跋 旃達囉　調怛底　多跋達[口*洛]叉漫　憚茶缽喇訶嚂　矩嚕莎訶

<금광3, 09:07-08>

P: 善男子㇁是陀羅尼七名㇕過[ソ二㇕]一恒河沙數乙、諸佛刂爲[ハ入ソ白ノ㇕刂二㇕刂罒[25]]救護[ソ、]初地菩薩乙、

Q: 善男子㇁ 是 陀羅尼七 名㇕ 一 恒河沙數乙 過ソ二㇕ 諸 佛刂 初地菩薩乙 救護ソ{爲}入ソ白ノ㇕刂二㇕刂罒

A: 善男子[22(·)]是陀羅尼[42(·)]名[33(·)]過一恒河沙數[34(·),33(:)]諸佛[22~32(·)]爲救護初地菩薩[34(·),31(·),22~32(··),32(:)]

B: 善男子[㇁]是陀羅尼[七]名[㇕]過一恒河沙數[乙,二㇕]諸佛[刂]爲救護初地菩薩[乙,入,白ノ㇕刂,二㇕刂罒]

C: 善男子㇁ 是 陀羅尼七 名㇕ 一 恒河沙數乙 過(ソ)二㇕ 諸 佛刂 初地菩薩乙 救護(ソ){爲}入(ソ)白ノ㇕刂二㇕刂罒

D: 善男子야, 이 陀羅尼의 이름은 一 恒河沙數를 넘으신 모든 부처님이 初地菩薩을 救護하고자 하시는 것인지라

E: 선남자여, 이 다라니의 이름은 항하의 모래알 수의 한 배가 넘는 모든 부처님께서 구하여 보호해 주니,

N: 善男子。此陀羅尼。是過一恒河沙數諸佛所說。爲護初地菩薩摩訶薩故。
(선남자야, 이 다라니는 이 1항하사(恒河沙) 수보다 많은 모든 부처님이 설하신 것

---

25 [교감] '爲'자의 왼쪽 아래에 'ハ'가 있고 변란 아래에 '入ソ白ノ㇕刂二㇕刂罒'가 기입되어 있다. ('入'를 'ハ'처럼 기입하는 경향이 있는 부분임을 고려하면) '爲'의 좌측토를 기입하려고 'ハ'를 적었다가 변란 아래에 처음부터 다시 기입한 것일 가능성이 있다. 석독구결에서 용언의 어간과 의도, 원망의 연결어미 '-入' 사이에는 어떤 형태도 개재되지 않고, 이에 따라 'ハ入' 중의 한 글자는 표기되지 않아야 석독구결의 문법에 부합하므로 교감에서는 '入'만 반영하였다.(▶160페이지 ⑱번)

으로서 초지 보살마하살을 보호하기 위한 것이다.)

<금광3, 09:08-10>

P : 誦持[ᵛ白ナ乚入ㄱ]此陀羅尼呪乙丶 得彡ホ 度脫[ᵛ彡]一切怖畏リㄱ一切惡獸亠
一切惡鬼亠人非人等ᵛㄱリ亠災橫亠諸惱亠ノア乙丶 解脫[ᵛ彡]五障乙丶 不[冬
ᵛ彡ᵛナ亐七丨]忘[ア丶]念[ノアㅅ²⁶乙丶]²⁷初地乙丶

Q : 此 陀羅尼呪乙 誦持ᵛ白ナ乚入ㄱ 得彡ホ 一切 怖畏リㄱ 一切 惡獸亠 一切 惡鬼
亠 人非人 等ᵛㄱリ亠 災橫亠 諸惱亠ノア乙 度脫ᵛ彡 五障乙 解脫ᵛ彡 初地乙
念ノアㅅ乙 忘ア 不冬ᵛ彡ᵛナ亐七丨

A : 誦持此陀羅尼呪[34(·),11~12(·),+15(·),25(\),23~33(·)]得[15(·)]度脫一切怖畏一切
惡獸[53(·)]一切惡鬼[53(·)]人非人等[52~53(/)#53(/)]災橫[53(·)]諸惱[+35(\),22(·)]
解脫五障[55(·)]不忘念初地[34(·),+45(\)#45(\)²⁸,15~25(-),55(·),42(-),51(·)]

B : 誦持此陀羅尼呪[乙,白,ロ,ナア,入ㄱ]得[ホ]度脫一切怖畏(リㄱ)一切惡獸[亠]一切
惡鬼[亠]人非人等[ᵛㄱリ亠]災橫[亠]諸惱[ノア乙,彡]解脫五障[彡]不忘念初地
[乙,ノアㅅ乙,ア,彡,ナ亐七,丨]

C : 此 陀羅尼呪乙 誦持(ᵛ)白ロナア入ㄱ 得ホ 一切 怖畏(リㄱ) 一切 惡獸亠 一切 惡
鬼亠 人非人 等ᵛㄱリ亠 災橫亠 諸 惱(亠)ノア乙 度脫(ᵛ)彡 五障 解脫(ᵛ)彡 初
地乙 念ノアㅅ乙 忘ア 不(ᵛ)彡(ᵛ)ナ亐七丨

D : 이 陀羅尼呪를 誦持하면 능히 一切 怖畏인, 一切 惡獸니 一切 惡鬼니 人非人 등이
니 災橫이니 모든 煩惱니 하는 것을 度脫하여 五障을²⁹ 解脫하며 初地를 念하는

---

26 일반적인 'ㅅ'의 자형보다 획이 하나 더 있다.(▶160페이지 ⑲번)

27 [교감] '念'자의 좌측토로 'ノアㅅ乙'을 기입해야 하는데, 위에 있는 '不'자의 좌측토 '冬ᵛ彡ᵛナ亐七丨'
가 길게 달려서 '念'자의 좌측토를 기입할 자리까지 차지해 버렸다. 그래서 'ノアㅅ乙'을 '念'자의 아래 글
자인 '初'자의 왼쪽에 기입한 다음, '念'자의 아랫부분에서 'ノアㅅ乙'의 'ノ'자까지 묵선을 그어 'ノアㅅ
乙'이 원래 달려야 할 위치를 표시해 놓은 것으로 이해할 수 있다.(▶160페이지 ⑳번)

28 기입된 위치가 뭉개져 있다.(▶160페이지 ㉑번)

29 여기에서 다섯 가지 장애란 번뇌장, 업장, 생장, 법장, 소지장을 가리킨다.

것을 잊지 않으며 한다.

E : 초지 보살이 이 다라니 주문을 외워 지니면 깨달음을 얻어서 일체 두려움과 일체 악한 짐승과 일체 악귀와 사람과 사람 아닌 이 등의 재난과 횡액의 모든 고뇌를 벗어나고 다섯 가지 장애[五障]를 해탈하여도 초지의 생각을 잊지 아니한다.

N : 若有誦持此陀羅尼呪者。得脫一切怖畏。所謂虎狼師子惡獸之類。一切惡鬼人非人等。怨賊災橫及諸苦惱。解脫五障。不忘念初地。

(만일 이 다라니 주문을 외워 지니면 온갖 두려움, 이른바 호랑이·사자 같은 악한 짐승 따위와 온갖 악귀와 사람인 듯하면서 사람이 아닌 것 등과 원수나 도적의 재난과 횡액 및 모든 고통과 번민에서 벗어날 것이며, 다섯 가지 장애를 벗어나서 초지를 생각하여 잊지 않게 된다.)

\<금광3, 09:10-11\>

P : 善男子氵菩薩摩訶薩ㄱ於此二地氵十善安樂住亠丿尸名ㄴ陀羅尼乙得氵㢱生刂亻ㅎㄴ丨

Q : 善男子氵 菩薩摩訶薩ㄱ {於}此 二地氵十 善安樂住亠丿尸 名ㄴ 陀羅尼乙 得氵㢱 生刂亻ㅎㄴ丨

A : 善男子[22(·)]菩薩摩訶薩[33(·)]於此二地[44(·)]善安樂住[53(·),+15~25(-)]名[42(·)]陀羅尼[34(·)]得[15(·)]生[42(-),51(·)]

B : 善男子[氵]菩薩摩訶薩[ㄱ]於此二地[十]善安樂住[亠,丿尸]名[ㄴ]陀羅尼[乙]得[㢱]生[亻ㅎㄴ,丨]

C : 善男子氵 菩薩摩訶薩ㄱ {於}此 二地十 善安樂住亠丿尸 名ㄴ 陀羅尼乙 得㢱 生(刂)亻ㅎㄴ丨

D : ②善男子야, 菩薩摩訶薩은 이 二地에서 善安樂住라고 하는 이름의 陀羅尼를 능히 낼 수 있다.

E : 선남자여, 모든 보살마하살이 이지에서 잘 안락하게 머무르는 이름의 다라니로써 살아간다.

: 善男子。菩薩摩訶薩於第二地。得陀羅尼。名善安樂住。

(선남자야, 보살마하살은 제2지에서 선안락주(善安樂住)이라는 다라니를 얻게 된다.)

<금광3, 09:12-14>

P: 哆姪他 鬱闍禍戾 旨履旨履 鬱杜羅南 禪斗禪斗 鬱杜禍離 吼柳吼柳 莎訶

Q: 哆姪他 鬱闍禍戾 旨履旨履 鬱杜羅南 禪斗禪斗 鬱杜禍離 吼柳吼柳 莎訶

A: 哆姪他 鬱闍禍戾 旨履旨履 鬱杜羅南 禪斗禪斗 鬱杜禍離 吼柳吼柳 莎訶

B: 哆姪他 鬱闍禍戾 旨履旨履 鬱杜羅南 禪斗禪斗 鬱杜禍離 吼柳吼柳 莎訶

C: 哆姪他 鬱闍禍戾 旨履旨履 鬱杜羅南 禪斗禪斗 鬱杜禍離 吼柳吼柳 莎訶

D: 哆姪他 鬱闍禍戾 旨履旨履 鬱杜羅南 禪斗禪斗 鬱杜禍離 吼柳吼柳 莎訶

E: 다냐타怛姪他[其一] 울솨리鬱坐[殊果切]離[良紙切 其二] 지리지리脂履脂履[其三] 울수라鬱竪羅[留我切 其四] 수라남竪羅[留我切]南[泥感切 其五] 선두선두울솨리禪斗禪斗鬱坐[殊果切]離[良紙切 其六] 후류후류吼柳吼柳[其七] 쇄하鎖訶[虎可切 其八]

N: 怛姪他　嗢[竺-二+尚](入聲下同)哩　質哩質哩　嗢[竺-二+尚]羅[竺-二+尚]羅(引) 喃繕睹繕睹嗢[竺-二+尚]哩　虎嚕虎嚕　莎訶

<금광3, 09:15-16>

P: 善男子是陀羅尼ᄂ名ㄱ過[ᄼᄅㄱ]二恒河沙數乙、諸ᄅㄱ佛ᄼ爲[ᄉᄼ白ノㄱㅣ ᄅㄱ川罒]救護[ᄼᄂ]二地菩薩乙、

Q: 善男子 是 陀羅尼ᄂ 名ㄱ 二 恒河沙數乙 過ᄼᄅㄱ 諸ᄅㄱ 佛ᄼ 二地菩薩乙 救護 ᄼ{爲}ᄉᄼ白ノㄱㅣᄅㄱㅣ罒

A: 善男子[22(·)]是陀羅尼[=42(·)]名[33(·)]過二恒河沙數[34(·),33(:)]諸佛[22~32(·)]爲救護二地菩薩[34(·),31(·),22~32(··),32(:)#31~32(:)]

B: 善男子[ㆍ]是陀羅尼[ᄂ]名[ㄱ]過二恒河沙數[乙,ᄅㄱ]諸佛[ᄼ]爲救護二地菩薩[乙,

人,白ノ丁刂,ニ丁刂皿]

C: 善男子ろ 是 陀羅尼ヒ 名丁 二 恒河沙數乙 過(ソ)ニ丁 諸 佛刂 二地菩薩乙 救護(ソ){爲}人(ソ)白ノ丁刂ニ丁刂皿

D: 善男子야, 이 陀羅尼의 이름은 二 恒河沙數를 넘으신 모든 부처님이 二地菩薩을 救護하고자 하신 것인지라

E: 선남자여, 이 다라니의 이름은 항하 모래알 수의 두 배가 넘는 모든 부처님께서 구하여 보호해주니

N: 善男子。此陀羅尼。是過二恒河沙數諸佛所說。爲護二地菩薩摩訶薩故。
(선남자야, 이 다라니는 이 2항하사 수보다 많은 모든 부처님이 설하신 것으로서 2지 보살마하살을 보호하기 위한 것이다.)

<금광3, 09:16-18>

P: 誦持[ソ白ロナ尸入丁]此陀羅尼呪乙、得ろホ度脫[ソろ]一切怖畏刂丁一切惡獸亠一切惡鬼亠人非人等ソ丁怨賊亠災橫亠諸惱亠ノ尸乙、解脫[ソケ]五障乙、不[冬ソケソナ亍ヒ丨][30]忘[、]念[ノ尸入乙、]二地乙、

Q: 此 陀羅尼呪乙 誦持ソ白ロナ尸入丁 得ろホ 一切 怖畏刂丁 一切 惡獸亠 一切 惡鬼亠 人非人 等ソ丁 怨賊亠 災橫亠 諸 惱亠ノ尸乙 度脫ソろ 五障乙 解脫ソケ 二地乙 念ノ尸入乙 忘 不冬ソケソナ亍ヒ丨

A: 誦持此陀羅尼呪[34(·),11~12(·),+15(·),25(\),23~33(·)]得[15(·)]度脫一切怖畏一切惡獸[53(·)]一切惡鬼[53(·)]人非人等[33(/)][31]怨賊[53(·)]災橫[53(·)]諸惱

---

30 [교감] '不'자의 좌측토로 '冬ソケソナ亍ヒ丨'가 기입되어야 하는데 실제 '不'자에는 '冬'만 달려 있고 나머지 'ソケソナ亍ヒ丨'는 '忘'의 왼쪽 아래에 기입되어 있다. 그래서 '冬'과 'ソケソナ亍ヒ丨'의 'ソ' 사이에 묵선을 그어 연결해 놓았다. '冬'과 그 아래의 묵선, '忘'의 왼쪽 아래에 찍혀 있는 역독점은 'ソケソナ亍ヒ丨'에 비해 먹색이 훨씬 옅은 것으로 보아 나중에 수정한 것으로 판단된다.(▶160페이지 ㉒번)

31 53(/)을 기입했다가 지운 흔적이 있다. 三地 이하에서는 33(/)이 반복적으로 나타난다는 점을 고려할 때, 53(/)을 기입했다가 지우고 다시 33(/)을 기입한 것으로 해석할 수 있다. 初地의 경우 '等'에 33(/)에 기입되어 있는데, 初地에서는 '人非人等' 뒤에 오는 표현이 '災橫'이기 때문으로 보인다. 二地 이하에서는 '人非人

[53(·),+35(\)]解脫五障[34(·),55(·)]不忘念二地[34(·),+45(\)#44~45(\),55(·),42(-),51(·)]

B: 誦持此陀羅尼呪[乙,白,口,ナ 尸,入 ㄱ]得[ホ]度脫一切怖畏一切惡獸[亠]一切惡鬼[亠]人非人等[ソ ㄱ]怨賊[亠]災橫[亠]諸惱[亠,ノ 尸 乙]解脫五障[乙,ㄅ]不忘念二地[乙,ノ 尸 入 乙,ㄅ,ナ 亣 七,丨]

C: 此 陀羅尼呪乙 誦持(ソ)白 口 ナ 尸 入 ㄱ 得ホ 一切 怖畏(刂 ㄱ) 一切 惡獸亠 一切 惡鬼亠 人非人 等ソ ㄱ 怨賊亠 災橫亠 諸 惱亠 ノ 尸 乙 度脫(ソ ㄋ) 五障乙 解脫(ソ)ㄅ 二地乙 念ノ 尸 入 乙 忘(尸) 不(ソ)ㄅ(ソ)ナ 亣 七 丨

D: 이 陀羅尼呪를 誦持하면 능히 一切 怖畏인, 一切 惡獸니 一切 惡鬼니 人非人 등의 怨賊이니 災橫이니 모든 번뇌이니 하는 것을 度脫하여 五障을 解脫하며 二地를 念하는 것을 잊지 않으며 한다.

E: 이지 보살이 이 다라니 주문을 외워 지니면, 일체의 두려움과 일체의 사나운 짐승, 일체의 악귀 사람과 사람 아닌 이 등이나 원한과 도적의 재앙과 횡액의 모든 고뇌를 벗어나며 다섯 가지 장애를 해탈하되 이지를 생각하여 잊지 않는다.

N: 若有誦持此陀羅尼咒者。脫諸怖畏惡獸惡鬼人非人等。怨賊災橫及諸苦惱。解脫五障。不忘念二地。

(만일 이 다라니 주문을 외워 지니면 모든 두려움과 악한 짐승, 악한 귀신, 사람인 듯하면서 사람이 아닌 것과 원수나 도적의 재해와 횡액 및 모든 고통과 번민에서 벗어날 것이며, 다섯 가지 장애를 벗어나서 2지를 생각하여 잊지 않게 된다.)

<금광3, 09:18-20>

P: 善男子菩薩摩訶薩ㄱ於此三地ㄋ 十難勝大力亠ノ 尸名七陀羅尼乙得ㄋ ホ生

Q: 善男子 菩薩摩訶薩ㄱ {於}此 三地ㄋ 十 難勝大力亠ノ 尸 名七 陀羅尼乙 得ㄋ ホ 生

A: 善男子[22(·)]菩薩摩訶薩[33(·)]於此三地[44(·)]難勝大力[53(·),+15~25(-)]名陀羅

等' 뒤에 '怨賊'이 오고 있다.(▶160페이지 ㉓번)

尼[34(·)]得[15(·)]生[22~32(·),42(-),51(·)#51~52(·)]

B: 善男子[氵]菩薩摩訶薩[1]於此三地[十]難勝大力[亠,丿尸]名陀羅尼[乙]得[小]生
[刂,ナㅎ七,丨]

C: 善男子氵 菩薩摩訶薩1 {於}此 三地十 難勝大力亠丿尸 名 陀羅尼乙 得小 生刂ナ
ㅎ七丨

D: ③善男子야, 菩薩摩訶薩은 이 三地에서 難勝大力이라고 하는 이름의 陀羅尼를 能
히 낼 수 있다.

E: 선남자여, 보살마하살이 이 삼지에서 이기기 어려운 큰 힘이라는 이름의 다라니로
써 살아간다.

N: 善男子。菩薩摩訶薩於第三地。得陀羅尼。名難勝力。
(선남자야, 보살마하살은 제3지에서 난승력(難勝力)이라는 다라니를 얻게 된다.)

<금광3, 09:21-22>

P: 哆姪他 檀陀枳 般陀枳 柯羅智 高欄智 枳由罭 檀智罭 莎訶

Q: 哆姪他 檀陀枳 般陀枳 柯羅智 高欄智 枳由罭 檀智罭 莎訶

A: 哆姪他 檀陀枳 般陀枳 柯羅智 高欄智 枳由罭 檀智罭 莎訶

B: 哆姪他 檀陀枳 般陀枳 柯羅智 高欄智 枳由罭 檀智罭 莎訶

C: 哆姪他 檀陀枳 般陀枳 柯羅智 高欄智 枳由罭 檀智罭 莎訶

D: 哆姪他 檀陀枳 般陀枳 柯羅智 高欄智 枳由罭 檀智罭 莎訶

E: 다냐타怛姪他[其一] 단디기但柂[圖買切]枳[其二] 반디기般[方限切]柂[圖買切]枳
[其三] 가라지柯羅智[知爾切 其四] 고뢰지高懶[急囀音呼此兩字]智[知爾切 其五]
기유리枳由離[良紙切 其六] 단디리但底[知履切]離[良切紙 其七] 쇄하鎖訶[其八]

N: 怛姪他憚宅枳般宅枳羯喇[打-丁+致]高喇[打-丁+致]雞由哩憚撠哩莎訶 雞由哩憚
[打-丁+致]哩莎訶

157

<금광3, 09:23-24>

P: 善男子是陀羅尼名過三恒河沙諸佛爲救護三地菩薩

Q: 善男子 是 陀羅尼 名 三 恒河沙 過 諸 佛 三地菩薩 救護 爲

A: 善男子[22(·)]是陀羅尼[42(·)]名[33(·)]過三恒河沙[34(·),33(:)]諸佛[22~32(·)]爲救護三地菩薩[34(·),31(·),22~32(··),32(:)#31~32(:)]

B: 善男子[阝]是陀羅尼[七]名[ㄱ]過三恒河沙[乙,二ㄱ]諸佛[刂]爲救護三地菩薩[乙,人,白ノㄱ刂,二ㄱ刂四]

C: 善男子阝 是 陀羅尼七 名ㄱ 三 恒河沙乙 過(ソ)二ㄱ 諸 佛刂 三地菩薩乙 救護(ソ){爲}人(ソ)白ノㄱ刂二ㄱ刂四

D: 善男子야, 이 陀羅尼의 이름은 三 恒河沙數를 넘으신 모든 부처님이 三地菩薩을 救護하고자 하신 것인지라

E: 선남자여, 이 다라니의 이름을 항하의 모래알 수의 세 배가 넘는 모든 부처님께서 구하여 보호하시니

N: 善男子。此陀羅尼。是過三恒河沙數諸佛所說。爲護三地菩薩摩訶薩故。若有誦持此陀羅尼咒者。脫諸怖畏惡獸惡鬼人非人等。怨賊災橫及諸苦惱。解脫五障。不忘念三地。

(선남자야, 이 다라니는 이 3항하사 수보다 많은 모든 부처님이 설하신 것인데 3지 보살마하살을 보호하기 위한 것이다.)

사진 이미지 자료

①

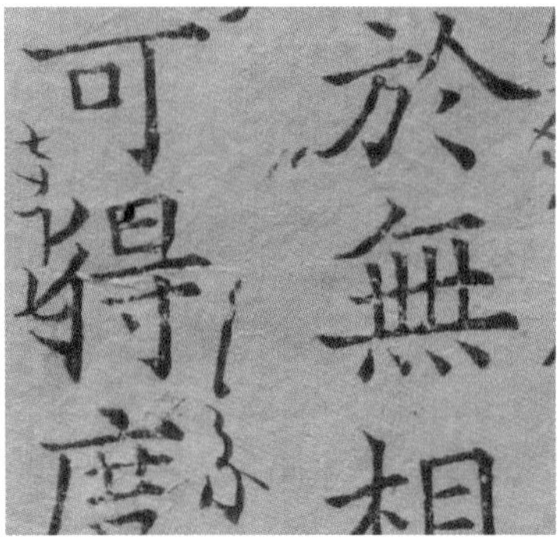

②

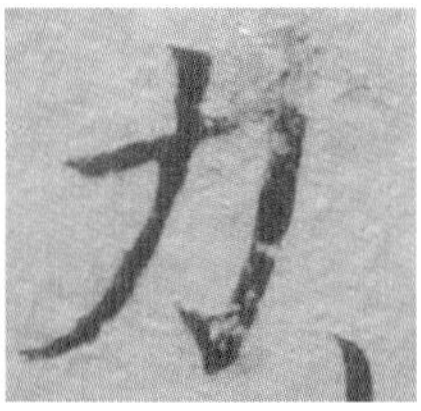

③

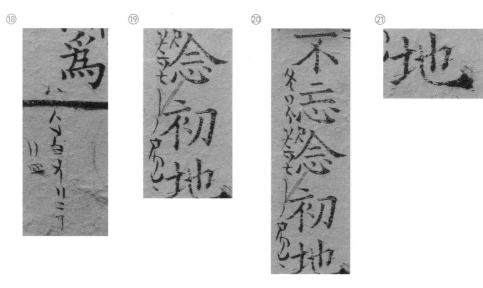

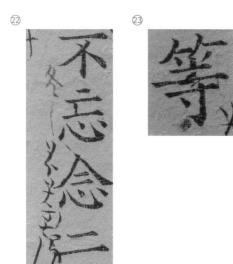

『합부금광명경』 권3 석독구결의 해독과 번역

<금광3, 09:24-10:01>[1]

P: 誦持陀羅尼呪得氵尒度脫[丷氵]一切怖畏刂丁一切惡獸(刂尸?)[2]虎狼師子亠一切惡鬼亠人非人等丷丁怨賊亠災橫亠諸氵有丷丁惱害亠ノ尸乙、解脫[丷㫆]五障乙、不[冬丷ナ㫆七丨]忘[、]念[ノ尸入乙、]三地乙、

Q: 陀羅尼呪 誦持 得氵尒 一切 怖畏刂丁 一切 惡獸刂尸 虎狼師子亠 一切 惡鬼亠 人非人 等丷丁 怨賊亠 災橫亠 諸氵 有丷丁 惱害亠ノ尸乙 度脫丷氵 五障乙 解脫丷㫆 三地乙 念ノ尸入乙 忘 不冬丷ナ㫆七丨

A: 誦持陀羅尼呪[34(·),11~12(·),+15(·),25(\),23~33(·)]得[15(·)]度脫一切怖畏[33~43(·)]一切惡獸[15~25(-)]虎狼師子[53(·)]一切惡鬼[53(·)]人非人等[33(/)]怨賊[53(·)]災橫[53(·)]諸[=23(·)]有[33(/)]惱害[53(·),+35(\)#35(\),22(·)]解脫五障[34(·),55(·)]不忘念三地[34(·),+45(\)#=45(\)#44~45(\),15~25(-),=55(·),42(-),51(·)]

B: 誦持陀羅尼呪[乙,白,口,ナ尸,入丁]得[尒]度脫一切怖畏[刂丁]一切惡獸[尸]虎狼師子[亠]一切惡鬼[亠]人非人等[丷丁]怨賊[亠]災橫[亠]諸[氵]有[丷丁]惱害[亠,ノ尸乙,氵]解脫五障[乙,㫆]不忘念三地[乙,ノ尸入乙,尸,㫆,ナ㫆七,丨]

C: 陀羅尼呪乙 誦持(丷)白口ナ尸入丁 得尒 一切 怖畏 一切 惡獸(刂)尸 虎狼師子亠 一切 惡鬼亠 人非人 等丷丁 怨賊亠 災橫亠 諸氵 有丷丁 惱害亠ノ尸乙 度脫(丷)氵 五障乙 解脫(丷)㫆 三地乙 念ノ尸入乙 忘尸 不(丷)㫆(丷)ナ㫆七丨

D: 陀羅尼呪를 誦持하면 능히 一切 怖畏인, 一切 惡獸인 범·이리·사자니 一切 惡鬼니 人非人 등의 怨賊이니 災橫이니 여러 존재하는 惱害니 하는 것을 度脫하여 五障을 解脫하며 三地를 念하는 것을 잊지 않으며 한다.

---

1 10장 1행의 우측 하단은 각수명이 들어갈 자리인데 각수명이 보이지 않는다. 권자본으로 제본하는 과정에서 10장의 앞부분이 9장에 많이 물려 들어가면서 원래 있던 각수명이 같이 물려 들어갔을 가능성도 있고, 각수명이 원래부터 없었을 가능성도 있다. 11장 1행의 우측 하단에도 각수명이 보이지 않는다. 각수명이 보이는 8장 및 9장과 비교해 보면 10장 및 11장은 앞부분이 제본 과정에서 많이 물려 들어가 있다.(▶178페이지 ①번)

2 [교감] 송진에 오염된 부분에 가깝고 종이가 뭉개진 곳으로 사진상으로는 '刂'와 '尸'의 자획 일부가 잘 보이지 않는다. 원본 실사 결과 '刂尸'이 분명히 판독되었다.(▶178페이지 ②번)

E : 삼지 보살이 이 다라니 주문을 외워서 지니면, 일체 두려움과 일체 사나운 짐승 호랑이·이리·사자와 일체 악한 귀신과 사람과 사람 아닌 이 등이나 원한의 도적의 재앙이나 횡액 등 모든 존재[諸有]의 고뇌를 벗어나고 다섯 가지 장애를 해탈하되 삼지의 생각을 잊지 않는다.

N : 若有誦持此陀羅尼咒者。脫諸怖畏惡獸惡鬼人非人等。怨賊災橫及諸苦惱。解脫五障。不忘念三地。解脫五障。不忘念三地。

(만일 이 다라니 주문을 외우면 모든 두려움과 악한 짐승, 악한 귀신, 사람인 듯하면서 사람이 아닌 것과 원수나 도적의 재해와 횡액 및 모든 고통과 번민에서 벗어날 것이며, 다섯 가지 장애를 나서 3지를 생각하여 잊지 않게 된다.)

<금광3, 10:02-03>

P : 菩男子菩薩摩訶薩於此四地大利益難壞名陀羅尼得生

Q : 菩男子 菩薩摩訶薩 於此 四地 大利益難壞 名 陀羅尼 得 生

A : 菩男子[22(·)]菩薩摩訶薩[33(·)]於此四地[44(·)]大利益難壞[53(·),+15~25(-)]名[42(·)]陀羅尼[34(·)]得[15(·)]生[22~32(·),42(-),51(·)]

B : 菩男子[ㅣ]菩薩摩訶薩[ㄱ]於此四地[十]大利益難壞[一,ノアﾉ]名[ㄴ]陀羅尼[乙]得[ホ]生[ㅣ,ナ ﾃ ㄴ,ㅣ]

C : 菩男子ㅣ 菩薩摩訶薩ㄱ {於}此 四地 十 大利益難壞 一ノアﾉ 名ㄴ 陀羅尼乙 得ホ 生
ㅣ ナ ﾃ ㄴ ㅣ

D : ④菩男子야, 菩薩摩訶薩은 이 四地에서 大利益難壞라고 하는 이름의 陀羅尼를 능히 낼 수 있다.

E : 선남자여, 보살마하살은 이 사지에서 큰 이익은 허물기 어렵다는 이름의 다라니로 살아간다.

N : 善男子。菩薩摩訶薩於第四地。得陀羅尼。名大利益。

(선남자야, 보살마하살은 제4지에서 대이익(大利益)이라는 다라니를 얻게 된다.)

P: 哆姪他 尸利尸利 陀彌柅 陀彌柅 陀履陀履柅 尸履尸履柅 陛捨羅婆細 波豕那 般陀
底 莎訶

Q: 哆姪他 尸利尸利 陀彌柅 陀彌柅 陀履陀履柅 尸履尸履柅 陛捨羅婆細 波豕那 般陀
底 莎訶

A: 哆姪他 尸利尸利 陀彌柅 陀彌柅 陀履陀履柅 尸履尸履柅 陛捨羅婆細 波豕那 般陀
底 莎訶

B: 哆姪他 尸利尸利 陀彌柅 陀彌柅 陀履陀履柅 尸履尸履柅 陛捨羅婆細 波豕那 般陀
底 莎訶

C: 哆姪他 尸利尸利 陀彌柅 陀彌柅 陀履陀履柅 尸履尸履柅 陛捨羅婆細 波豕那 般陀
底 莎訶

D: 哆姪他 尸利尸利 陀彌柅 陀彌柅 陀履陀履柅 尸履尸履柅 陛捨羅婆細 波豕那 般陀
底 莎訶

E: 다냐타怛姪他[其一] 시리시리尸履尸履[其二] 다미니다미니陀彌尼陀彌尼[其三] 다
리다리니陀履陀履尼[其四] 시리시리니尸履尸履尼[其五] 비사라바세毘[防履切]捨
[申我切]羅[留我切]婆細[吳音呼洒 其六] 바시나波豕那[其七] 반다하마데盤陀訶
[虎可切]寐[無死切]底[吳音呼底 其八] 쇄하鎖訶[虎可切 其九]

N: 怛姪他 室唎室唎 陀弭儞陀弭儞 陀哩陀哩儞 室唎室唎儞 毘舍羅 波世 波始娜 畔陀
弭帝 莎訶

P: 善男子是陀羅尼名過四恒河沙諸佛爲救護四地菩薩

Q: 善男子 是 陀羅尼 名 四 恒河沙 過 諸 佛 四地菩薩 救護 爲

A: 善男子[22(·)]是陀羅尼[42(·)]名[33(·)]過四恒河沙[34(·),33(:)]諸[33(:)]佛
[22~32(·)]爲救護四地菩薩[34(·),31(·),22~32(··),32(:)]

B: 善男子[ㅏ]是陀羅尼[ㄷ]名[ㄱ]過四恒河沙[乙,ㄷㄱ]諸[ㄷㄱ]佛[ㅔ]爲救護四地菩

薩[乙,亽,白ノ㇆リ,ニ㇆リ罒]

C: 善男子ㄋ 是 陀羅尼七 名㇆ 四 恒河沙乙 過(ソ)ニ㇆ 諸ニ㇆ 佛リ 四地菩薩乙 救護(ソ){爲}亽(ソ)白ノ㇆リニ㇆リ罒

D: 善男子야, 이 陀羅尼의 이름은 四 恒河沙를 넘으신 모든 부처님이 四地菩薩을 救護하고자 하신 것인지라

E: 선남자여, 이 다라니의 이름은 항하의 모래알 수의 네 배가 넘는 모든 부처님께서 구하여 보호하시니

N: 善男子。此陀羅尼。是過四恒河沙數諸佛所說。爲護四地菩薩摩訶薩故
(선남자야, 이 다라니는 이 4항하사 수보다 많은 여러 부처님이 설하신 것이니 4지 보살마하살을 보호하기 위한 것이다.)

<금광3, 10:08-10>

P: 誦持陀羅尼得ㄋホ度[ソㄋ]一切怖畏リ㇆一切惡獸リ尸虎狼師子亠一切惡鬼亠人非人等ソ㇆怨賊亠災橫亠及諸毒害亠ノ尸入乙、解脫五障不忘念四地

Q: 陀羅尼 誦持 得ㄋホ 一切 怖畏リ㇆ 一切 惡獸リ尸 虎狼師子亠 一切 惡鬼亠 人非人 等ソ㇆ 怨賊亠 災橫亠 及 諸 毒害亠ノ尸入乙 度ソㄋ 五障 解脫 四地 念 忘 不

A: 誦持陀羅尼[34(·),11~12(·),+15(·),25(\),23~33(·)]得[15(·)]度一切怖畏[33~43(·)]一切惡獸[15~25(-)]虎狼師子[53(·)]一切惡鬼[53(·)]人非人等[33(/)]怨賊[53(·)]災橫[53(·)]及[42(·)]諸毒害[53(·),+35(\),22(·)]解脫五障[34(·),55(·)]不忘念四地[34(·),+45(\)#45(\),55(·),42(-),51(·)]

B: 誦持陀羅尼[乙,白,口,ナ尸,入㇆]得[ホ]度一切怖畏[リ㇆]一切惡獸[尸]虎狼師子[亠]一切惡鬼[亠]人非人等[ソ㇆]怨賊[亠]災橫[亠]及[七]諸毒害[亠,ノ尸乙,ㄋ]解脫五障[乙,ケ]不忘念四地[乙,ノ尸入乙,ケ,ナㅎ七,丨]

C: 陀羅尼乙 誦持(ソ)白口ナ尸入㇆ 得ホ 一切 怖畏リ㇆ 一切 惡獸(リ)尸 虎狼師子亠 一切 惡鬼亠 人非人 等ソ㇆ 怨賊亠 災橫亠 及七 諸毒害亠ノ尸乙 度(ソ)ㄋ 五障乙 解脫(ソ)ケ 四地乙 念ノ尸入乙 忘(尸) 不(ソ)ケ(ソ)ナㅎ七丨

D: 陀羅尼를 誦持하면 능히 일체 怖畏인, 一切 惡獸인 범·이리·사자니 一切 惡鬼니 人非人 등의 怨賊이니 災橫이니 및 모든 毒害니 하는 것을 건너 五障을 解脫하며 四地를 念하는 것을 잊지 않으며 한다.

E: 사지 보살이 다라니를 외워서 지니면 일체 두려움과 일체 사나운 짐승 호랑이·이리·사자와 일체 악귀와 사람 사람 아닌 이 등이나 원수와 도적의 사나운 재앙 및 모든 독의 해를 넘어서며 다섯 가지 장애를 해탈하되 사지를 생각하여 잊지 않는다.

N: 若有誦持此陀羅尼咒者。脫諸怖畏惡獸惡鬼人非人等。怨賊災橫及諸苦惱。解脫五障。不忘念四地。

(만일 이 다라니 주문을 외워 지니면 모든 두려움과 악한 짐승, 악한 귀신, 사람인 듯하면서 사람이 아닌 것과 원수나 도적의 재해와 횡액 및 모든 고통과 번민에서 벗어날 것이며, 다섯 가지 장애를 벗어나서 4지를 생각하여 잊지 않게 된다.)

<금광3, 10:10-12>

P: 善男子菩薩摩訶薩於此五地種種功德莊嚴名陀羅尼得生

Q: 善男子 菩薩摩訶薩 於此 五地 種種 功德莊嚴 名 陀羅尼 得 生

A: 善男子菩薩摩訶薩[33(·)]於此五地[44(·)]種種功德莊嚴[=53(·)³,=+15~25(-)]名[42(·)]陀羅尼[34(·)]得[15(·)]生[42(-),51(·)]

B: 善男子菩薩摩訶薩[ㄱ]於此五地[十]種種功德莊嚴[ᄀ,ノ尸]名[㄄]陀羅尼[乙]得[ホ]生[ナ右ㄴ,ㅣ]

C: 善男子(ᄼ) 菩薩摩訶薩ㄱ {於}此 五地十 種種 功德莊嚴ᄀノ尸 名㄄ 陀羅尼乙 得 ホ 生(ㅣㅣ)ナ右ㄴㅣ

D: ⑤善男子야, 菩薩摩訶薩은 이 五地에서 種種 功德莊嚴이라고 하는 이름의 陀羅尼를 능히 낼 수 있다.

E: 선남자여, 보살마하살이 이 오지에서 가지가지 공덕을 장엄함이라는 이름의 다라

---

3 글자 사이의 간격이 없어서 '53(·)'이 자획 끝의 왼쪽에 기입되어 있다.(▶178페이지 ③번)

니로 살아간다.

[N]: 善男子。菩薩摩訶薩於第五地得陀羅尼。名種種功德莊嚴。

(선남자야, 보살마하살은 제5지에서 종종공덕장엄(種種功德莊嚴)이라는 다라니를
얻게 된다.)

<금광3, 10:13-16>

[P]: 哆姪他 訶里訶里柅 遮履遮履柅 迦羅摩柅 僧伽羅摩柅 三婆訶沙柅 剡婆訶柅 悉耽
婆訶柅 謨訶柅 莎塩部吼陛 莎訶

[Q]: 哆姪他 訶里訶里柅 遮履遮履柅 迦羅摩柅 僧伽羅摩柅 三婆訶沙柅 剡婆訶柅 悉耽
婆訶柅 謨訶柅 莎塩部吼陛 莎訶

[A]: 哆姪他 訶里訶里柅 遮履遮履柅 迦羅摩柅 僧伽羅摩柅 三婆訶沙柅 剡婆訶柅 悉耽
婆訶柅 謨訶柅 莎塩部吼陛 莎訶

[B]: 哆姪他 訶里訶里柅 遮履遮履柅 迦羅摩柅 僧伽羅摩柅 三婆訶沙柅 剡婆訶柅 悉耽
婆訶柅 謨訶柅 莎塩部吼陛 莎訶

[C]: 哆姪他 訶里訶里柅 遮履遮履柅 迦羅摩柅 僧伽羅摩柅 三婆訶沙柅 剡婆訶柅 悉耽
婆訶柅 謨訶柅 莎塩部吼陛 莎訶

[D]: 哆姪他 訶里訶里柅 遮履遮履柅 迦羅摩柅 僧伽羅摩柅 三婆訶沙柅 剡婆訶柅 悉耽
婆訶柅 謨訶柅 莎塩部吼陛 莎訶

[E]: 다냐타怛姪他[其一] 하리하리니訶里訶里尼[其二] 차리차리니遮履遮履尼[其三] 가
라마니柯羅[留我切]摩尼[其四] 승가라마니僧柯羅[留我切]摩尼[其五] 삼바하사니
三婆訶沙尼[其六] 섬바하니剡[常琰折]婆訶尼[其七] 실탐바하니悉[吳音呼悉]耽婆
訶尼[其八] 모하니謨訶尼[其九] 사염부후폐莎琰部吼陛[吳音呼陛 其十] 쇄하鎖訶
[虎可切 其十一]

[N]: 怛姪他 訶哩訶哩 儞遮哩遮哩儞 羯喇摩(引) 儞僧羯喇摩(引) 儞 三婆山儞瞻跋儞 悉
耽婆儞謨漢儞 碎闍步陛莎訶

<금광3, 10:17-18>

P: 善男子是陀羅尼名過五恒河沙諸佛爲救護五地菩薩

Q: 善男子 是 陀羅尼 名 五 恒河沙 過 諸 佛 五地菩薩 救護 爲

A: 善男子是陀羅尼[42(·)]名[33(·)]過五恒河沙[34(·),33(:)]諸佛[22~32(·)]爲救護五地菩薩[34(·),31(·),22~32(··),32(:)#31~32(:)]

B: 善男子是陀羅尼[ヒ]名[ㄱ]過五恒河沙[乙,ニㄱ]諸佛[リ]爲救護五地菩薩[乙,人,白ノㄱリ,ニㄱリ罒]

C: 善男子(ろ) 是 陀羅尼ヒ 名ㄱ 五 恒河沙乙 過ニㄱ 諸 佛リ 五地菩薩乙 救護(ソ) {爲}人(ソ)白ノㄱリニㄱリ罒

D: 善男子야, 이 陀羅尼의 이름은 五 恒河沙를 넘으신 모든 부처님이 五地菩薩을 救護하고자 하신 것인지라

E: 선남자여, 이 다라니의 이름은 항하의 모래알 수의 다섯 배를 넘는 모든 부처님께서 구하여 보호하시니

N: 善男子。此陀羅尼。是過五恒河沙數諸佛所說。爲護五地菩薩摩訶薩故。
(선남자야, 이 다라니는 이 5항하사 수보다 많은 여러 부처님께서 설하신 것이니 5지 보살마하살을 보호하기 위한 것이다.)

<금광3, 10:18-20>

P: 誦持陀羅尼得ろホ度[ソろ]一切怖畏リㄱ一切毒害リ尸虎狼師子亠一切惡鬼亠人非人等ソㄱ怨賊亠災橫亠諸ラ有ソㄱ惱害亠ノ尸乙、解脫五障不忘念五地

Q: 陀羅尼 誦持 得ろホ 一切 怖畏リㄱ 一切 毒害リ尸 虎狼師子亠 一切 惡鬼亠 人非人 等ソㄱ 怨賊亠 災橫亠 諸ラ 有ソㄱ 惱害亠ノ尸乙 度ソろ 五障 解脫 五地 念忘 不

A: 誦持陀羅尼[34(·),11~12(·)#12(·),+15(·),25(\),23~33(·)]得[15(·)]度一切怖畏[33~43(·)]一切毒害虎狼師子[53(·)]一切惡鬼[53(·)]人非人等[33(/)]怨賊[53(·)]災橫[53(·)]諸[23(·)]有[33(/)]惱害[53(·),+35(\),22(·)]解脫五障[34(·),55(·)]不忘念五

地[34(·),+45(\)#45(\),55(·),42(-),51(·)]

B : 誦持陀羅尼[乙,白,口,ナ尸,ㅅㄱ]得[示]度一切怖畏[ㅣㄱ]一切毒害虎狼師子[亠]一
切惡鬼[亠]人非人等[ㆍㄱ]怨賊[亠]災橫[亠]諸[ㆆ]有[ㆍㄱ]惱害[亠,ノ尸乙,ㆆ]解
脫五障[乙,ㅈ]不忘念五地[乙,ノ尸ㅅ乙,ㅈ,ナㆆ七,ㅣ]

C : 陀羅尼乙 誦持(ㆍ)白口ナ尸ㅅㄱ 得示 一切 怖畏ㅣㄱ 一切 毒害(ㅣ尸) 虎狼師子
亠 一切 惡鬼亠 人非人 等ㆍㄱ 怨賊亠 災橫亠 諸ㆆ 有ㆍㄱ 惱害亠ノ尸乙 度(ㆍ)
ㆆ 五障乙 解脫(ㆍ)ㅈ 五地乙 念ノ尸ㅅ乙 忘(尸) 不(ㆍ)ㅈ(ㆍ)ナㆆ七ㅣ

D : 陀羅尼를 誦持하면 능히 一切 怖畏인, 一切 毒害인 범·이리·사자니 一切 惡鬼니
人非人 등의 怨賊이니 災橫이니 여러 존재하는 惱害이니 하는 것을 건너 五障을
解脫하며 五地를 念하는 것을 잊지 않으며 한다.

E : 오지 보살이 다라니를 외워 지니면, 일체의 두려움과 일체 독의 피해와 호랑이·이
리·사자와 일체의 악한 귀신과 사람과 사람 아닌 이 등이나 원수와 도적의 사나운
재앙과 모든 괴로움을 벗어나고 다섯 가지 장애를 해탈하되 오지를 생각하여 잊지
않는다.

N : 若有誦持此陀羅尼咒者。脫諸怖畏惡獸惡鬼人非人等。怨賊災橫及諸苦惱。解脫
五障。不忘念五地。

(만일 이 다라니 주문을 외워 지니면 모든 두려움과 악한 짐승, 악한 귀신, 사람인
듯하면서 사람이 아닌 것과 원수나 도적의 재해와 횡액 및 모든 고통과 번민에서
벗어날 것이며, 다섯 가지 장애를 벗어나서 5지를 생각하여 잊지 않게 된다.)

<금광3, 10:20-22>

P : 善男子菩薩摩訶薩於此六地圓智等名陀羅尼得生

Q : 善男子 菩薩摩訶薩 於此 六地 圓智等 名 陀羅尼 得 生

A : 善男子[22(·)]菩薩摩訶薩[33(·)]於此六地[44(·)]圓智等[53(·),+15~25(-)#+15~25(·)]
名[42(·)]陀羅尼[34(·)]得[15(·)]生[22~32(·),42(-),51(·)]

B : 善男子[ㆆ]菩薩摩訶薩於此六地[十]圓智等[亠,ノ尸]名[七]陀羅尼[乙]得[示]生[ㅣ,
ナㆆ七,ㅣ]

C: 善男子氵 菩薩摩訶薩⼀{於}此 六地十 圓智等二ノア 名七 陀羅尼乙 得⺀ 生=ナ

ㅎㄴ｜

D: ⑥善男子야, 菩薩摩訶薩은 이 六地에서 圓智等이라고 하는 이름의 陀羅尼를 능히 낼 수 있다.

E: 선남자여, 이 보살마하살이 이 육지에서 원만한 지혜 등이라고 이름하는 다라니로 살아간다.

N: 善男子。菩薩摩訶薩於第六地。得陀羅尼。名圓滿智。

(선남자야, 보살마하살은 제6지에서 원만지(圓滿智)라는 다라니를 얻게 된다.)

<금광3, 10:23-11:02>

P: 哆姪他 毗頭罟毗頭罟 摩履柅 柯履柯履 苾頭誘訶底 溜溜溜溜 周柳周柳 杜魯婆杜魯婆 遮遮遮者 婆娑 薩活私底 薩婆薩埵悉南 彌斗 曼多羅 波拖 莎訶

Q: 哆姪他 毗頭罟毗頭罟 摩履柅 柯履柯履 苾頭誘訶底 溜溜溜溜 周柳周柳 杜魯婆杜魯婆 遮遮 遮者 婆娑 薩活私底 薩婆薩埵悉南 彌斗 曼多羅 波拖 莎訶

A: 哆姪他 毗頭罟毗頭罟 摩履柅 柯履柯履 苾頭誘訶底 溜溜溜溜 周柳周柳 杜魯婆杜魯婆 遮遮遮者 婆娑 薩活私底 薩婆薩埵悉南 彌斗 曼多羅 波拖 莎訶

B: 哆姪他 毗頭罟毗頭罟 摩履柅 柯履柯履 苾頭誘訶底 溜溜溜溜 周柳周柳 杜魯婆杜魯婆 遮遮遮者 婆娑 薩活私底 薩婆薩埵悉南 彌斗 曼多羅 波拖 莎訶

C: 哆姪他 毗頭罟毗頭罟 摩履柅 柯履柯履 苾頭誘訶底 溜溜溜溜 周柳周柳 杜魯婆杜魯婆 遮遮遮者 婆娑 薩活私底 薩婆薩埵悉南 彌斗 曼多羅 波拖 莎訶

D: 哆姪他 毗頭罟毗頭罟 摩履柅 柯履柯履 苾頭誘訶底 溜溜溜溜 周柳周柳 杜魯婆杜魯婆 遮遮遮者 婆娑 薩活私底 薩婆薩埵悉南 彌斗 曼多羅 波拖 莎訶

E: 다냐타怛姪他[其一] 비두리비두리毘頭離[良紙切]毘頭離[同上音 其二] 마리니摩履尼[其三] 가리가리柯履柯履[其四] 빌두유하데苾[蜉必切]頭誘訶底[吳音呼底 其五] 류류류류留[良後切]留留留[三字同上 其六] 주류주류周柳周柳[其七] 두로바두로바杜魯婆杜魯婆[其八] 사사사자捨[申我切]捨捨[兩字同上音]者[章我切 其九] 바

율사바栗沙[使下切 其十] 살활사디薩[相脫切]活[急囀音呼此兩字]私底[知履切 其
十一] 살바살타남薩婆薩捶南[寧甘切 其十二] 실지하두悉遲[直梨切]遲[香家切]斗
[其十三] 만다라바치曼[無丹切]多羅波杕[其十四] 쇄하鎖訶[虎可切 其十五]

N: 怛姪他 毘徒哩毘徒哩 摩哩儞迦哩迦哩 毘度漢底 嚕嚕嚕嚕 主嚕主嚕 杜嚕婆杜嚕
婆 捨捨設者婆哩灑莎(入) 悉底薩婆薩埵喃 悉甸睹曼怛囉缽陀儞莎訶

<금광3, 11:03-04>

P: 善男子是陀羅尼名過六恒河沙諸佛爲救護六地菩薩[4]

Q: 善男子 是 陀羅尼 名 六 恒河沙 過 諸 佛 六地菩薩 救護 爲

A: 善男子[22(·)]是陀羅尼[=42(·)]名[33(·)]過六恒河沙[34(·),33(:)]諸佛[22~32(·)]爲救
護六地菩薩[34(·),31(·),22~32(··),32(:)]

B: 善男子[氵]是陀羅尼[七]名[丁]過六恒河沙[乙,二丁]諸佛[刂]爲救護六地菩薩[乙,
人,白ノ丁刂,二丁刂四]

C: 善男子氵 是 陀羅尼七 名丁 六 恒河沙乙 過(ソ)二丁 諸 佛刂 六地菩薩乙 救護
(ソ){爲}人(ソ)白ノ丁刂二丁刂四

D: 善男子야, 이 陀羅尼의 이름은 六 恒河沙를 넘으신 모든 부처님이 六地菩薩을 救
護하고자 하신 것인지라

E: 선남자여, 이 다라니의 이름은 항하의 모래알 수의 여섯 배가 넘는 모든 부처님께
서 구하여 보호하시니

N: 善男子。此陀羅尼。是過六恒河沙數諸佛所說。爲護六地菩薩摩訶薩故。
(선남자야, 이 다라니는 이 6항하사 수보다 많은 모든 부처님께서 설하신 것인데 6
지 보살마하살을 보호하기 위한 것이다.)

---

4 '菩薩'로 되어 있어야 할 부분이 '善薩'로 되어 있다.(▶179페이지 ④번)

<금광3, 11:04-06>

P: 誦持陀羅尼得度[ᄉ 1]一切怖畏 リ 1一切毒害 リ ア 虎狼師子 ᅩ 一切惡鬼 ᄼ 人非人 等ᄽ 1 怨賊 ᄼ 災横 ᄼ 諸 氵 有ᄽ 1 惱害 ᄼ ノ ア 乙 丶 解脱五障不忘念六地

Q: 陀羅尼 誦持 得 一切 怖畏 リ 1 一切 毒害 リ ア 虎狼師子 ᄼ 一切 惡鬼 ᄼ 人非人 等 ᄽ 1 怨賊 ᄼ 災横 ᄼ 諸 氵 有ᄽ 1 惱害 ᄼ ノ ア 乙 度ᄽ 氵 五障 解脱 六地 念 忘 不

A: 誦持陀羅尼[=34(·),11~12(·),+15(·),25(\),23~33(·)]得[15(·)]度一切怖畏[33~43(·)]一切毒害[15~25(-)]虎狼師子[53(·)]一切惡鬼[53(·)]人非人等[33(/)]怨賊[53(·)]災横[53(·)]諸[23(·)]有[33(/)]惱害[53(·),+35(\)#35(\),22(·)]解脱五障[34(·),55(·)]不忘念六地[34(·),+45(\)#45(\)⁵,55(·),42(-),51(·)]

B: 誦持陀羅尼[乙,白,口,ナ ア,ㅅ 1]得[쇼]度一切怖畏[リ 1]一切毒害[ア]虎狼師子[ᄼ]一切惡鬼[ᄼ]人非人等[ᄽ 1]怨賊[ᄼ]災横[ᄼ]諸[氵]有[ᄽ 1]惱害[ᄼ,ノ ア 乙,氵]解脱五障[乙,氵]不忘念六地[乙,ノ ア ㅅ 乙,氵,ナ ナ セ,丨]

C: 陀羅尼乙 誦持(ᄽ)白口ナ ア ㅅ 1 得쇼 一切 怖畏リ 1 一切 毒害(リ)ア 虎狼師子 ᄼ 一切 惡鬼 ᄼ 人非人 等ᄽ 1 怨賊 ᄼ 災横 ᄼ 諸 氵 有ᄽ 1 惱害 ᄼ ノ ア 乙 度(ᄽ)氵 五障乙 解脱(ᄽ)氵 六地乙 念ノ ア ㅅ 乙 忘(ア) 不(ᄽ)氵(ᄽ)ナ ナ セ 丨

D: 陀羅尼를 誦持하면 능히 一切의 怖畏인, 一切 毒害인 범·이리·사자니 一切 惡鬼니 人非人 等의 怨賊이니 災横이니 여러 존재하는 惱害니 하는 것을 건너 五障을 解脱하며 六地를 念하는 것을 잊지 않으며 한다.

E: 육지 보살이 다라니를 외워 지니면, 일체의 두려움과 일체의 독의 피해와 호랑이·이리·사자와 일체의 악귀 사람과 사람 아닌 이 등이나 원수와 도적의 사나운 재앙과 모든 고뇌를 벗어나며 다섯 가지 장애를 해탈하되 육지를 생각하여 잊지 않는다.

N: 若有誦持此陀羅尼咒者。脱諸怖畏惡獸惡鬼人非人等。怨賊災横及諸苦惱。解脱五障。不忘念六地。

(만일 이 다라니 주문을 외워 지니면 모든 두려움과 악한 짐승, 악한 귀신, 사람인

---

5 '地'의 마지막 획의 빼침 부분이 자획의 다른 부분에 비해 먹으로 가필을 한 것처럼 진하게 기입되어 있다. 이 부분의 왼쪽에 보이는 선의 경우 점토구결의 일부로 보기는 어려울 듯하다.(▶179페이지 ⑤번)

듯하면서 사람이 아닌 것과 원수나 도적의 재해와 횡액 및 모든 고통과 번민에서 벗어날 것이며, 다섯 가지 장애를 벗어나서 6지를 생각하여 잊지 않게 된다.)

<금광3, 11:06-08>

P: 善男子菩薩摩訶薩於此七地法勝行名陀羅尼得生

Q: 善男子 菩薩摩訶薩 於此 七地 法勝行 名 陀羅尼 得 生

A: 善男子[22(·)]菩薩摩訶薩[33(·)]於此七地[44(·)]法勝行[6][53(·),=+15~25(-)]名[42(·)]陀羅尼[34(·)]得[15(·)]生[22~32(·),42(-),=51(·)]

B: 善男子[ㅣ]菩薩摩訶薩[ㄱ]於此七地[十]法勝行[亠,ノア]名[七]陀羅尼[乙]得[ホ]生[ㅣㅣ,ナㅎ七,ㅣ]

C: 善男子ㅣ 菩薩摩訶薩ㄱ {於}此 七地十 法勝行亠ノア 名七 陀羅尼乙 得ホ 生ㅣㅣ ナ ㅎ 七 ㅣ

D: ⑦善男子야, 菩薩摩訶薩은 이 七地에서 法勝行이라고 하는 이름의 陀羅尼를 능히 낼 수 있다.

E: 선남자여, 보살마하살은 이 칠지에서 법의 훌륭한 행이라는 이름의 다라니로 살아간다.

N: 善男子。菩薩摩訶薩於第七地。得陀羅尼。名法勝行。
(선남자야, 보살마하살은 제7지에서 법승행(法勝行)이라는 다라니를 얻게 된다.)

<금광3, 11:09-13>

P: 哆姪他 闍訶闍訶漏 闍訶闍訶闍訶漏 鞞柳枳鞞柳枳 阿密多邏伽訶多柅 婆力灑柅 鞞柳耻枳 婆柳婆底 鞞提喜枳 頻陀鞞履柅 密栗咀底枳 蒲箏蒲箏 莎訶

Q: 哆姪他 闍訶闍訶漏 闍訶闍訶闍訶漏 鞞柳枳鞞柳枳 阿密多邏伽訶多柅 婆力灑柅

---

6   35 위치의 종이 주름이 마치 사선처럼 도드라져 보인다.(▶179페이지 ⑥번)

鞞柳耻枳 婆柳婆底 鞞提喜枳 頻陀鞞履柅 密栗咀底枳 蒲箒蒲箒 莎訶

A: 哆姪他 闍訶闍訶漏 闍訶闍訶闍訶漏 鞞柳枳鞞柳枳 阿密多邏伽訶多柅 婆力灑柅
鞞柳耻枳 婆柳婆底 鞞提喜枳 頻陀鞞履柅 密栗咀底枳 蒲箒蒲箒 莎訶

B: 哆姪他 闍訶闍訶漏 闍訶闍訶闍訶漏 鞞柳枳鞞柳枳 阿密多邏伽訶多柅 婆力灑柅
鞞柳耻枳 婆柳婆底 鞞提喜枳 頻陀鞞履柅 密栗咀底枳 蒲箒蒲箒 莎訶

C: 哆姪他 闍訶闍訶漏 闍訶闍訶闍訶漏 鞞柳枳鞞柳枳 阿密多邏伽訶多柅 婆力灑柅
鞞柳耻枳 婆柳婆底 鞞提喜枳 頻陀鞞履柅 密栗咀底枳 蒲箒蒲箒 莎訶

D: 哆姪他 闍訶闍訶漏 闍訶闍訶闍訶漏 鞞柳枳鞞柳枳 阿密多邏伽訶多柅 婆力灑柅
鞞柳耻枳 婆柳婆底 鞞提喜枳 頻陀鞞履柅 密栗咀底枳 蒲箒蒲箒 莎訶

E: 다냐타怛姪他[其一] 사하사하루闍訶闍訶漏[良後切 其二] 사하사하사하루闍訶闍
訶闍訶漏[同前音 其三] 비류지비류지鞞柳枳鞞柳枳[其四] 아밀다라가하니阿蜜多
羅[留我切]伽訶尼[其五] 바력사니婆力灑尼[其六] 비류치지鞞柳恥枳[其七] 바류바
뎨婆柳婆底[其八] 비제히지鞞提喜[訶履切]枳[其九] 빈타비리니頻[防隣切]陀鞞履
尼[其十] 밀율달뎨지蜜栗怛底[知履切]枳[其十一] 포호추유포호추유蒲呼箒酉蒲呼
箒酉[其十二] 쇄하鎖訶[虎可切 其十三]

N: 怛姪他 勺訶上 勺訶引 嚕勺訶勺訶勺訶嚕 鞞陸枳鞞陸枳 阿蜜㘑哆唬漢儞 勃哩山
儞 鞞嚕勑枳 頻陀鞞哩儞 阿蜜哩底枳 薄虎主愈 薄虎主愈 莎訶

<금광3, 11:14-15>

P: 善男子是陀羅尼名過七恒河沙諸佛爲救護七地菩薩

Q: 善男子 是 陀羅尼 名 七 恒河沙 過 諸 佛 七地菩薩 救護 爲

A: 善男子[22(·)]是陀羅尼[=42(·)]名[33(·)]過七恒河沙[34(·),33(:)]諸佛[22~32(·)]爲救
護七地菩薩[34(·),31(·),22~32(··),32(:)]

B: 善男子[氵]是陀羅尼[ㄷ]名[ㄱ]過七恒河沙[乙,二ㄱ]諸佛[ㅣㅣ]爲救護七地菩薩[乙,
人,白ノㄱㅣ,ニㄱㅣ四]

C: 善男子氵 是 陀羅尼ㄷ 名ㄱ 七 恒河沙乙 過(ʋ)ニㄱ 諸 佛ㅣㅣ 七地菩薩乙 救護

(ソ){爲}人(ソ)白ノㄱ刂二ㄱ刂罒

D: 善男子야, 이 陀羅尼의 이름은 七 恒河沙를 넘으신 모든 부처님이 七地菩薩을 救護하고자 하신 것인지라

E: 선남자여, 이 다라니의 이름은 항하의 모래알 수의 일곱 배가 넘는 모든 부처님께서 구하여 보호하시니

N: 善男子。此陀羅尼。是過七恒河沙數諸佛所說。爲護七地菩薩摩訶薩故
(선남자야, 이 다라니는 7항하사 수보다 많은 여러 부처님께서 말씀하신 것인데 7지 보살마하살을 보호하기 위한 것이다.)

<금광3, 11:15-17>

P: 誦持陀羅尼得度[ソろ]一切怖畏刂ㄱ一切惡獸刂尸虎狼師子亠一切惡鬼亠人非人等ソㄱ怨賊亠毒害亠災橫亠ノ尸乙、解脫五障不忘念七地

Q: 陀羅尼 誦持 得 一切 怖畏刂ㄱ 一切 惡獸刂尸 虎狼師子亠 一切 惡鬼亠 人非人 等ソㄱ 怨賊亠 毒害亠 災橫亠ノ尸乙 度ソろ 五障 解脫 七地 念 忘 不

A: 誦持陀羅尼[34(·),11~12(·),+15(·),25(\),23~33(·)]得[15(·)]度一切怖畏[33~43(·)]一切惡獸[15~25(-)]虎狼師子[53(·)]一切惡鬼[53(·)]人非人等[33(/)]怨賊[=53(·)]毒害[53(·)]災橫[53(·),+35(\),22(·)]解脫五障[34(·),55(·)]不忘念七地[34(·),+45(\)#45(\),55(·),42(-),51(·)]

B: 誦持陀羅尼[乙,白,口,ナ尸,入ㄱ]得[ホ]度一切怖畏[刂ㄱ]一切惡獸[尸]虎狼師子[亠]一切惡鬼[亠]人非人等[ソㄱ]怨賊[亠]毒害[亠]災橫[亠,ノ尸乙,ろ]解脫五障[乙,ᄼ]不忘念七地[乙,ノ尸入乙,ᄼ,ナ示七,丨]

C: 陀羅尼乙 誦持(ソ)白口ナ尸入ㄱ 得ホ 一切 怖畏刂ㄱ 一切 惡獸(刂)尸 虎狼師子亠 一切 惡鬼亠 人非人 等ソㄱ 怨賊亠 毒害亠 災橫亠ノ尸乙 度(ソ)ろ 五障乙 解脫(ソ)ᄼ 七地乙 念ノ尸入乙 忘(尸) 不(ソ)ᄼ(ソ)ナ示七丨

D: 陀羅尼를 誦持하면 능히 一切 怖畏인, 一切 惡獸인 범·이리·사자니 一切 惡鬼니 人非人 등의 怨賊이니 毒害니 災橫이니 하는 것을 건너 五障을 解脫하며 七地를 念하는 것을 잊지 않으며 한다.

E: 칠지 보살이 다라니 주문을 외워 지니면, 일체의 두려움과 일체의 사나운 짐승 호랑이·이리·사자와 일체 악귀 사람과 사람 아닌 이 등이나 원수와 도적과 독의 피해나 사나운 재앙을 벗어나고 다섯 가지 장애를 해탈하되 칠지를 생각하여 잊지 않는다.

N: 若有誦持此陀羅尼咒者。脫諸怖畏惡獸惡鬼人非人等。怨賊災橫及諸苦惱。解脫五障。不忘念七地。

(만일 이 다라니 주문을 외워 지니면 모든 두려움과 악한 짐승, 악한 귀신, 사람인 듯하면서 사람이 아닌 것과 원수나 도적의 재해와 횡액 및 모든 고통과 번민에서 벗어날 것이며, 다섯 가지 장애를 벗어나서 7지를 생각하여 잊지 않게 된다.)

<금광3, 11:17-18>

P: 善男子菩薩摩訶薩於此八地無盡藏名陀羅尼得生

Q: 善男子 菩薩摩訶薩 於此 八地 無盡藏 名 陀羅尼 得 生

A: 善男子[22(·)]菩薩摩訶薩[33(·)]於此八地[44(·)]無盡藏[53(·),=+15~25(-)]名[42(·)]陀羅尼[34(·)]得[15(·)]生[22~32(·),42(-),51(·)]

B: 善男子[ㄱ]菩薩摩訶薩[ㄱ]於此八地[十]無盡藏[ㅡ,ノㄹ]名[ㄷ]陀羅尼[乙]得[ㅛ]生[ㅣ,ㅏㆆㄷ,ㅣ]

C: 善男子ㄱ 菩薩摩訶薩ㄱ {於}此 八地十 無盡藏ㅡノㄹ 名ㄷ 陀羅尼乙 得ㅛ 生ㅣㅏㆆㄷㅣ

D: ⑧善男子야, 菩薩摩訶薩은 이 八地에서 無盡藏이라고 하는 이름의 陀羅尼를 능히 낼 수 있다.

E: 선남자여, 보살마하살은 이 팔지에서 다함 없는 법의 곳간[無盡藏]이라는 이름의 다라니로 살아간다.

N: 善男子。菩薩摩訶薩於第八地。得陀羅尼。名無盡藏。

(선남자야, 보살마하살은 제8지에서 무진장(無盡藏)이라는 다라니를 얻게 된다.)

<금광3, 11:19-21>

P: 哆姪他 死履死履 始履始履 寐底寐底 柯履柯履 訶履訶履 醯柳醯柳 周柳周柳 伴陀寐 莎訶

Q: 哆姪他 死履死履 始履始履 寐底寐底 柯履柯履 訶履訶履 醯柳醯柳 周柳周柳 伴陀寐 莎訶

A: 哆姪他 死履死履 始履始履 寐底寐底 柯履柯履 訶履訶履 醯柳醯柳 周柳周柳 伴陀寐 莎訶

B: 哆姪他 死履死履 始履始履 寐底寐底 柯履柯履 訶履訶履 醯柳醯柳 周柳周柳 伴陀寐 莎訶

C: 哆姪他 死履死履 始履始履 寐底寐底 柯履柯履 訶履訶履 醯柳醯柳 周柳周柳 伴陀寐 莎訶

D: 哆姪他 死履死履 始履始履 寐底寐底 柯履柯履 訶履訶履 醯柳醯柳 周柳周柳 伴陀寐 莎訶

E: 다냐타怛姪他[其一] 시리시리矢履[急囀音呼此兩字]矢履[其二] 시리尸履[小緩音呼此兩字 其三] 마뎨마뎨寐[無死切]底寐[同上切]底[其四] 가리가리柯履柯履[其五] 하리하리訶履訶履[其六] 혜류혜류醯柳醯柳[其七] 주류주류周柳周柳[其八] 반타하마盤陀訶寐[無死切 其九] 쇄하鎖訶[其十]

N: 怛姪他 室唎室唎室唎儞 蜜底蜜底 羯哩羯哩醯嚕醯嚕 主嚕主嚕 畔陀弭 莎訶

<금광3, 11:22-23>

P: 善男子是陀羅尼名過八恒河沙諸佛爲救護八地菩薩

Q: 善男子 是 陀羅尼 名 八 恒河沙 過 諸 佛 八地菩薩 救護 爲

A: 善男子[22(·)]是陀羅尼[42(·)]名[33(·)]過八恒河沙[34(·),33(:)]諸佛[22~32(·)]爲救護八地菩薩[34(·),31(·),22~32(··),32(:)]

B: 善男子[氵]是陀羅尼[七]名[丁]過八恒河沙[乙,二丁]諸佛[刂]爲救護八地菩薩[乙, 入,白丿丁刂,二丁刂四]

C : 善男子 ʒ 是 陀羅尼 ㄴ 名 ㄱ 八 恒河沙 乙 過(ᄼ)ㄴ ㄱ 諸 佛 ㅣ 八地菩薩 乙 救護
(ᄼ){爲}人(ᄼ)白 ノ ㄱ ㅣ ㄴ ㄱ ㅣ ㄲ

D : 善男子야, 이 陀羅尼의 이름은 八 恒河沙를 넘으신 모든 부처님이 八地菩薩을 救
護하고자 하신 것인지라

E : 선남자여, 이 다라니의 이름은 항하의 모래알 수의 여덟 배가 넘는 모든 부처님께
서 구하고 보호하시니

N : 善男子。此陀羅尼。是過八恒河沙數諸佛所說。爲護八地菩薩摩訶薩故。
(만일 이 다라니 주문을 외워 지니면 모든 두려움과 악한 짐승, 악한 귀신, 사람인
듯하면서 사람이 아닌 것과 원수나 도적의 재해와 횡액 및 모든 고통과 번민에서
벗어날 것이며, 다섯 가지 장애를 벗어나서 8지를 생각하여 잊지 않게 된다.)

<금광3, 11:23-25>

P : 誦持陀羅尼得度[ᄼʒ]一切怖畏ㅣㄱ一切惡獸ㅣ尸虎狼師子亠一切惡鬼亠人非人
等ᄼㄱ怨賊亠毒害亠災橫亠ノ尸乙丶解脫五障不忘念八地

Q : 陀羅尼 誦持 得 一切 怖畏ㅣㄱ 一切 惡獸ㅣ尸 虎狼師子亠 一切 惡鬼亠 人非人 等
ᄼㄱ 怨賊亠 毒害亠 災橫亠ノ尸乙 度ᄼʒ 五障 解脫 八地 念 忘 不

A : 誦持陀羅尼[34(·),11~12(·),+15(·),25(\),23~33(·)]得[15(·)]度一切怖畏[33~43(·)]
一切惡獸[15~25(-)]虎狼師子[53(·)]一切惡鬼[53(·)]人非人等[33(/)]怨賊
[=53(·)]毒害[53(·)]災橫[53(·),+35(\),22(·)]解脫五障[34(·),55(·)]不忘念八地
[34(·),=+45(\)#45(\),55(·),42(-),51(·)]

B : 誦持陀羅尼[乙,白,口,ナ尸,入ㄱ]得[ホ]度一切怖畏[ㅣㄱ]一切惡獸[尸]虎狼師子
[亠]一切惡鬼[亠]人非人等[ᄼㄱ]怨賊[亠]毒害[亠]災橫[亠,ノ尸乙,ʒ]解脫五障
[乙,ʡ]不忘念八地[乙,ノ尸入乙,ʡ,ナㅎ七,ㅣ]

C : 陀羅尼乙 誦持(ᄼ)白口ナ尸入ㄱ 得ホ 一切 怖畏ㅣㄱ 一切 惡獸(ㅣ)尸 虎狼師子
亠 一切 惡鬼亠 人非人 等ᄼㄱ 怨賊亠 毒害亠 災橫亠ノ尸乙 度(ᄼ)ʒ 五障乙 解
脫(ᄼ)ʡ 八地乙 念ノ尸入乙 忘(尸) 不(ᄼ)ʡ(ᄼ)ナㅎ七ㅣ

D : 陀羅尼를 誦持하면 능히 一切 怖畏인, 一切 惡獸인 범·이리·사자니 一切 惡鬼니

人非人 등의 怨賊이니 毒害니 災橫이니 하는 것을 건너 五障을 解脫하며 八地를 念하는 것을 잊지 않으며 한다.

E: 팔지 보살이 다라니를 외워 지니면, 일체의 두려움과 일체의 사나운 짐승 호랑이·이리·사자와 일체 악귀와 사람과 사람 아닌 이 등이나 원수와 도적이나 독의 피해나 사나운 재앙을 벗어나고 다섯 가지 장애를 해탈하되 팔지를 생각하여 잊지 않는다.

N: 若有誦持此陀羅尼呪者。脫諸怖畏惡獸惡鬼人非人等。怨賊災橫及諸苦惱。解脫五障。不忘念八地。

(만일 이 다라니 주문을 외워 지니면 모든 두려움과 악한 짐승, 악한 귀신, 사람인 듯하면서 사람이 아닌 것과 원수나 도적의 재해와 횡액 및 모든 고통과 번민에서 벗어날 것이며, 다섯 가지 장애를 벗어나서 8지를 생각하여 잊지 않게 된다.)

사진 이미지 자료

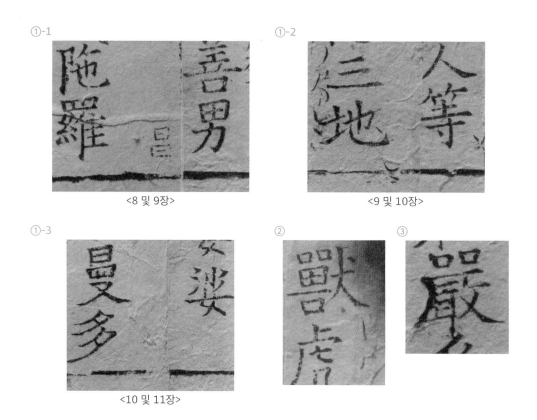

①-1

<8 및 9장>

①-2

<9 및 10장>

①-3

<10 및 11장>

②

③

P: 善男子菩薩摩訶薩於此九地無量門名陀羅尼得生

Q: 善男子 菩薩摩訶薩 於此 九地 無量門 名 陀羅尼 得 生

A: 善男子[22(·)]菩薩摩訶薩[33(·)]於此九地[44(·)]無量門[53(·),=+15~25(-)]名[42(·)]陀羅尼[34(·)]得[15(·)]生[22~32(·),42(-),51(·)]

B: 善男子[〻]菩薩摩訶薩[丨]於此九地[十]無量門[亠 , 丿 尸]名[七]陀羅尼[乙]得[亦]生[刂 , 〢 亐 七 , 丨]

C: 善男子 〻 菩薩摩訶薩 丨 {於}此 九地 十 無量門 亠 丿 尸 名 七 陀羅尼 乙 得 亦 生 刂 〢 亐 七 丨

D: ⑨善男子야, 菩薩摩訶薩은 이 九地에서 無量門이라고 하는 이름의 陀羅尼를 능히 낼 수 있다.

E: 선남자여, 보살마하살은 이 구지에서 한량없는 문이라는 이름의 다라니로 살아간다.

N: 善男子。菩薩摩訶薩於第九地。得陀羅尼名無量門。
(선남자야, 보살마하살은 9지에서 무량문(無量門)이라는 다라니를 얻게 된다.)

P: 哆姪他 訶底[六履反] 旃陀履枳 俱嵐婆邏梯 斗邏死斗邏死 拔吒犾吒死 死履死履 柯死履 柯補修履 薩活私底 薩婆薩埵南 莎訶

Q: 哆姪他 訶底[六履反] 旃陀履枳 俱嵐婆邏梯 斗邏死斗邏死 拔吒犾吒死 死履死履 柯死履 柯補修履 薩活私底 薩婆薩埵南 莎訶

A: 哆姪他 訶底[六履反] 旃陀履枳 俱嵐婆邏梯 斗邏死斗邏死 拔吒犾吒死 死履死履 柯死履 柯補修履 薩活私底 薩婆薩埵南 莎訶

B: 哆姪他 訶底[六履反] 旃陀履枳 俱嵐婆邏梯 斗邏死斗邏死 拔吒犾吒死 死履死履 柯死履 柯補修履 薩活私底 薩婆薩埵南 莎訶

C: 哆姪他 訶底[六履反] 旃陀履枳 俱嵐婆邏梯 斗邏死斗邏死 拔吒犾吒死 死履死履

柯死履 柯補修履 薩活私底 薩婆薩埵南 莎訶

D: 哆姪他 訶底[六履反] 旃陀履枳 俱嵐婆邏梯 斗邏死斗邏死 拔吒抶吒死 死履死履 柯死履 柯補修履 薩活私底 薩婆薩埵南 莎訶

E: 다냐타怛姪他 [其一] 하리전지리지訶履旃地履枳 [其二] 구람바라제俱嵐婆羅[留我切]梯[吳音呼弟他弟切] [其三] 두라사斗羅[同前音]死 [其四] 발타발타사拔吒拔吒死 [其五] 시리시리矢履矢履 [其六] 가시리柯尸履 [其七] 가비시리柯比尸履 [其八] 살활사뎨薩[相脫切]活私底[知履切] [其九] 살바살타남薩婆薩埵南[寧甘切] [其十] 쇄하鎖訶[虎可切] [其十一]

N: 怛姪他　訶哩旃荼哩枳　俱藍婆喇體[天里反]　都剌死　跋吒跋吒死室唎室唎 迦室哩迦必室唎　莎[蘇活反]悉底　薩婆薩埵喃 莎訶

<금광3, 12:07-09>

P: 善男子是陀羅尼名過九恒河沙諸佛爲救護九地菩薩

Q: 善男子 是 陀羅尼 名 九 恒河沙 過 諸 佛 九地菩薩 救護 爲

A: 善男子[22(·)]是陀羅尼[42(·)]名[33(·)]過九恒河沙[34(·),33(:)]諸佛爲救護九地菩薩[34(·),31(·),22~32(··),32(:)]

B: 善男子[ʒ]是陀羅尼[匕]名[乛]過九恒河沙[乙,二乛]諸佛爲救護九地菩薩[乙,人,白ノ乛刂,二乛刂罒]

C: 善男子ʒ 是 陀羅尼匕 名乛 九 恒河沙乙 過(ソ)二乛 諸 佛(刂) 九地菩薩乙 救護(ソ) {爲}人(ソ)白ノ乛刂二乛刂罒

D: 善男子야, 이 陀羅尼의 이름은 九 恒河沙를 넘으신 모든 부처님이 九地菩薩을 救護하고자 하신 것인지라

E: 선남자여, 이 다라니의 이름은 항하의 모래알 수의 아홉 배가 넘는 모든 부처님께서 구하고 보호하시니

N: 善男子。此陀羅尼。是過九恒河沙數諸佛所說。爲護九地菩薩摩訶薩故。
(선남자야, 이 다라니는 이 9항하사 수보다 많은 여러 부처님께서 말씀하신 것인데

9지 보살마하살을 보호하기 위한 것이다.)

<금광3, 12:09-10>

P: 誦持陀羅尼得度[ソ㇁]一切怖畏リ㇀一切惡獸リ尸虎狼師子亠一切惡鬼亠人非人等ソ㇀怨賊亠毒害亠災橫亠ノ尸乙、解脫五障不忘念九地

Q: 陀羅尼 誦持 得 一切 怖畏リ㇀ 一切 惡獸リ尸 虎狼師子亠 一切 惡鬼亠 人非人 等ソ㇀ 怨賊亠 毒害亠 災橫亠ノ尸乙 度ソ㇁ 五障 解脫 九地 念 忘 不

A: 誦持陀羅尼[34(·),11~12(·),=+15(·),25(\),23~33(·)]得[15(·)]度一切怖畏[33~43(·)]一切惡獸[15~25(-)]虎狼師子[53(·)]一切惡鬼[53(·)]人非人等[33(/)]怨賊[53(·)]毒害[53(·)]災橫[53(·),+35(\),22(·)]{22(·)}解脫五障[34(·),55(·)]不忘念九地[34(·),+45(\),55(·),42(-),51(·)]

B: 誦持陀羅尼[乙,白,口,ナ尸,入㇀]得[ホ]度一切怖畏[リ㇀]一切惡獸[尸]虎狼師子[亠]一切惡鬼[亠]人非人等[ソ㇀]怨賊[亠]毒害[亠]災橫[亠,ノ尸乙,㇁]解脫五障[乙,㢱]不忘念九地[乙,ノ尸入乙,㢱,ナ亦七,丨]

C: 陀羅尼乙 誦持(ソ)白口ナ尸入㇀ 得ホ 一切 怖畏リ㇀ 一切 惡獸(リ)尸 虎狼師子亠 一切 惡鬼亠 人非人 等ソ㇀ 怨賊亠 毒害亠 災橫亠ノ尸乙 度(ソ)㇁ 五障乙 解脫(ソ)㢱 九地乙 念ノ尸入乙 忘(尸) 不(ソ)㢱(ソ)ナ亦七丨

D: 陀羅尼를 誦持하면 능히 一切 怖畏인, 一切 惡獸인 범·이리·사자니 一切 惡鬼니 人非人 등의 怨賊이니 毒害니 災橫이니 하는 것을 건너 五障을 解脫하며 九地를 念하는 것을 잊지 않으며 한다.

E: 구지 보살이 다라니를 외워 지니면, 일체의 두려움과 일체의 사나운 짐승 호랑이·이리·사자와 일체 악귀와 사람과 사람 아닌 이 등과 원수와 도적이나 독의 피해나 사나운 재앙을 벗어나고 다섯 가지 장애를 해탈하되 구지를 생각하여 잊지 않는다.

N: 若有誦持此陀羅尼咒者。脫諸怖畏惡獸惡鬼人非人等。怨賊災橫及諸苦惱。解脫五障。不忘念九地。

(만일 이 다라니 주문을 외워 지니면 모든 두려움과 악한 짐승, 악한 귀신, 사람인 듯하면서 사람이 아닌 것과 원수나 도적의 재해와 횡액 및 모든 고통과 번민에서

벗어날 것이며, 다섯 가지 장애를 벗어나서 9지를 생각하여 잊지 않게 된다.)

<금광3, 12:10-12>

P: 善男子菩薩摩訶薩ㄱ於此十地氵十破壞堅固金剛山亠丿尸名陀羅尼乙得氵ホ生刂ナ〒七丨

Q: 善男子 菩薩摩訶薩ㄱ {於}此 十地氵十 破壞堅固金剛山亠丿尸 名 陀羅尼乙 得氵ホ 生刂ナ〒七丨

A: 善男子[22(·)]菩薩摩訶薩[33(·)]於此十地[44(·)]破壞堅固金剛山[53(·),+15~25(-)]名[42(·)]陀羅尼[34(·)]得[15(·)]生[22~32(·),42(-),51(·)]

B: 善男子[氵]菩薩摩訶薩[ㄱ]於此十地[十]破壞堅固金剛山[亠,丿尸]名[七]陀羅尼[乙]得[ホ]生[刂,ナ〒七,丨]

C: 善男子氵 菩薩摩訶薩ㄱ {於}此 十地十 破壞堅固金剛山亠丿尸 名七 陀羅尼乙 得ホ 生刂ナ〒七丨

D: ⑩善男子야, 菩薩摩訶薩은 이 十地에서 破壞堅固金剛山이라고 하는 이름의 陀羅尼를 능히 낼 수 있다.

E: 선남자여, 보살마하살은 이 십지에서 견고한 금강산을 파괴함이라는 이름의 다라니로 살아간다.

N: 善男子。菩薩摩訶薩於第十地。得陀羅尼。名破金剛山。
(선남자야, 보살마하살은 제10지에서 파금강산(破金剛山)이라는 다라니를 얻게 된다.)

<금광3, 12:13-21>

P: 哆姪他 悉提醯 修悉提醯 姹差祢 姹差祢 毗目底 阿摩詈 毗摩詈 涅摩詈 瞢伽詈 喜攞若伽攞陛 剌那伽攞陛 娑曼多陀提詈 薩剌他娑陀梶 摩那死 摩訶摩那死 遏部吼底 遏哲部吼底 婆邏提 毗邏提 遏周提 阿美里底 阿邏是 毗邏是 婆覽訶寐[志已反]婆覽訶寐 富樓祢 富樓那摩奴邏體 莎訶

Q: 哆姪他 悉提醯 修悉提醯 姥差祢 姥差祢 毗目底 阿摩罞 毗摩罞 涅摩罞 曹伽罞 喜懶若伽懶陛 剌那伽懶陛 娑曼多陀提罞 薩剌他娑陀柅 摩那死 摩訶摩那死 遏部吼底 遏哲部吼底 婆邏提 毗邏提 遏周提 阿美里底 阿邏是 毗邏是 婆覽訶寐[志已反] 婆覽訶寐 富樓祢 富樓那摩奴邏體 莎訶

A: 哆姪他 悉提醯 修悉提醯 姥差祢 姥差祢 毗目底 阿摩罞 毗摩罞 涅摩罞 曹伽罞 喜懶若伽懶陛 剌那伽懶陛 娑曼多陀提罞 薩剌他娑陀柅 摩那死 摩訶摩那死 遏部吼底 遏哲部吼底 婆邏提 毗邏提 遏周提 阿美里底 阿邏是 毗邏是 婆覽訶寐[志已反] 婆覽訶寐 富樓祢 富樓那摩奴邏體 莎訶

B: 哆姪他 悉提醯 修悉提醯 姥差祢 姥差祢 毗目底 阿摩罞 毗摩罞 涅摩罞 曹伽罞 喜懶若伽懶陛 剌那伽懶陛 娑曼多陀提罞 薩剌他娑陀柅 摩那死 摩訶摩那死 遏部吼底 遏哲部吼底 婆邏提 毗邏提 遏周提 阿美里底 阿邏是 毗邏是 婆覽訶寐[志已反] 婆覽訶寐 富樓祢 富樓那摩奴邏體 莎訶

C: 哆姪他 悉提醯 修悉提醯 姥差祢 姥差祢 毗目底 阿摩罞 毗摩罞 涅摩罞 曹伽罞 喜懶若伽懶陛 剌那伽懶陛 娑曼多陀提罞 薩剌他娑陀柅 摩那死 摩訶摩那死 遏部吼底 遏哲部吼底 婆邏提 毗邏提 遏周提 阿美里底 阿邏是 毗邏是 婆覽訶寐[志已反] 婆覽訶寐 富樓祢 富樓那摩奴邏體 莎訶

D: 哆姪他 悉提醯 修悉提醯 姥差祢 姥差祢 毗目底 阿摩罞 毗摩罞 涅摩罞 曹伽罞 喜懶若伽懶陛 剌那伽懶陛 娑曼多陀提罞 薩剌他娑陀柅 摩那死 摩訶摩那死 遏部吼底 遏哲部吼底 婆邏提 毗邏提 遏周提 阿美里底 阿邏是 毗邏是 婆覽訶寐[志已反] 婆覽訶寐 富樓祢 富樓那摩奴邏體 莎訶

E: 다냐타怛姪他 [其一] 신제혜悉提[吳音呼提醯吳音呼弟訶弟切後三醯字悉同此音] [其二] 수신제혜修悉提[同前音]醯[訶弟切] [其三] 노자녜姥者禰[吳音呼弟年弟切後三禰字悉同此音] [其四] 노채녜姥差[楚解切]禰 [其五] 비목데毘目底[吳音呼底後四底字悉同此音] [其六] 아마리阿摩罞[吳音呼弟留弟切後五罞字悉同此音] [其七] 비마리毘摩罞 [其八] 열마리涅摩罞 [其九] 망가려曹[望恒切]伽罞 [其十] 희뢰야갈랄폐혜喜懶若[如也切]竭[奇達切]刺[留達切急囀此音呼此兩字]陛[吳音呼陛]醯[訶弟切] [其十一] 하랄나갈랄폐혜何刺那竭[奇達切]刺陛[吳音呼陛]醯 [其十二] 바만다발할제리婆曼多跋渴[喜達切]弟[吳音呼弟]罞 [其十三] 살바뢰타사다하녜薩婆

賴他[聽我切]娑陀呵[虎可切]禰 [其十四] 마나사摩那死 [其十五] 마하마나사摩訶
摩那死 [其十六] 알부후뎨頞部吼底 [其十七] 알철부후뎨頞哲部吼底 [其十八] 바라
제婆羅弟[同前音] [其十九] 비라시毘羅是 [其二十] 알주저頞周底 [其二十一] 아미
리뎨阿美里底 [其二十二] 아라시阿羅是 [其二十三] 비라시毘羅是 [其二十四] 바람
하메婆藍訶米[吳音呼弟無弟切] [其二十五] 바람마수리婆藍摩須㗚 [其二十六] 부
루녜富樓禰 [其二十七] 부루나마노라체富樓那摩怒羅體[吳音呼體] [其二十八] 쇄
하鎖訶 [其二十九]

N: 怛姪他　悉提[去]　蘇悉提[去]　謨折儞木察儞　毘木底菴末麗　毘末麗涅末麗　忙揭
麗呬囒若揭鞞　曷喇怛娜揭鞞　三曼多跋姪麗　薩婆頞他娑憚儞　摩捺斯莫訶摩
捺斯　頞步底頞　窒步底　阿☒誓毘喇誓　頞主底　菴蜜㗚底　阿☒誓毘喇誓　跋嚧
謎　跋囉蚶[火舍]麼莎[入]　囇晡喇儞晡喇娜　曼奴喇剃　莎訶

<금광3, 12:22-23>

P: 善男子ʒ是陀羅尼灌頂吉祥句ㄴ名ㄱ過[ʋ二ㄱ]十恒河沙乙丶諸佛ㅔ爲[ㅅʋ白ノ
ㄱㅔ二ㄱㅔ罒]救護[ʋ丶]十地菩薩乙丶

Q: 善男子ʒ是 陀羅尼 灌頂吉祥句ㄴ 名ㄱ 十 恒河沙乙 過ʋ二ㄱ 諸 佛ㅔ 十地菩薩
乙 救護ʋ{爲}ㅅʋ白ノㄱㅔ二ㄱㅔ罒

A: 善男子[22(·)]是陀羅尼灌頂吉祥句[42(·)]名[33(·)]過十恒河沙[34(·),33(:)]諸佛
[22~32(·)]爲救護{11(·)}十地菩薩[34(·),31(·),22~32(··),32(:)]

B: 善男子[ʒ]是陀羅尼灌頂吉祥句[ㄴ]名[ㄱ]過十恒河沙[乙,二ㄱ]諸佛[ㅔ]爲救護十
地菩薩[乙,ㅅ,白ノㄱㅔ,二ㄱㅔ罒]

C: 善男子ʒ是 陀羅尼 灌頂吉祥句ㄴ 名ㄱ 十 恒河沙乙 過(ʋ)二ㄱ 諸 佛ㅔ 十地菩
薩乙 救護(ʋ){爲}ㅅ(ʋ)白ノㄱㅔ二ㄱㅔ罒

D: 善男子야, 이 陀羅尼 灌頂吉祥句의 이름은 十 恒河沙를 넘으신 모든 부처님이 十
地菩薩을 救護하고자 하신 것인지라

E: 선남자여, 이 다라니 관정길상구(灌頂吉祥句)는 이름이 항하의 모래알 수의 열 배
가 넘는 모든 부처님께서 구하여 보호하시니

N: 善男子。此陀羅尼灌頂吉祥句。是過十恒河沙數諸佛所說。爲護十地菩薩摩訶薩故。若有誦持此陀羅尼咒者。脫諸怖畏惡獸惡鬼人非人等。怨賊災橫。一切毒害。皆悉除滅。解脫五障。不忘念十地。

(선남자야, 이 다라니 관정길상구(灌頂吉祥句)는 이 10항하사 수보다 많은 여러 부처님께서 말씀하신 것인데 10지 보살마하살을 보호하기 위한 것이다.)

<금광3, 12:23-13:01>

P: 誦持[ソ白ロナ尸入ㄱ]陀羅尼呪乙、得ㄋホ度[ソㄋ]一切怖畏リㄱ一切惡獸虎狼師子一切惡鬼人非人等ソㄱ怨賊亠毒害亠災橫亠ノ尸乙、解脫[ソふ]五障乙、不[冬ソふソナ亣七丨]忘[、]念[ノ尸入乙、]十地乙、

Q: 陀羅尼呪乙 誦持ソ白ロナ尸入ㄱ 得ㄋホ 一切 怖畏リㄱ 一切 惡獸 虎狼師子 一切 惡鬼 人非人 等ソㄱ 怨賊亠 毒害亠 災橫亠ノ尸乙 度ソㄋ 五障乙 解脫ソふ 十地乙 念ノ尸入乙 忘不冬ソふソナ亣七丨

A: 誦持陀羅尼呪[34(·),11~12(·),+15(·),25(\),=23~33(·)]得[15(·)]度一切怖畏[33~43(·)]一切惡獸[15~25(-)]虎狼師子[53(·)]一切惡鬼[53(·)]人非人等[33(/)]怨賊[53(·)]毒害[53(·)]災橫[53(·),+35(\),22(·)]解脫五障[34(·),55(·)]不忘念十地[1][34(·),+45(\),42(-),51(·)]

B: 誦持陀羅尼呪[乙,白,ロ,ナ尸,入ㄱ]得[ホ]度一切怖畏[リㄱ]一切惡獸[尸]虎狼師子[亠]一切惡鬼[亠]人非人等[ソㄱ]怨賊[亠]毒害[亠]災橫[亠,ノ尸乙,ㄋ]解脫五障[乙,ふ]不忘念十地[乙,ノ尸入乙,ふ,ナ亣七,丨]

C: 陀羅尼呪乙 誦持(ソ)白ロナ尸入ㄱ 得ホ 一切 怖畏リㄱ 一切 惡獸(リ)尸 虎狼師子亠 一切 惡鬼亠 人非人 等ソㄱ 怨賊亠 毒害亠 災橫亠ノ尸乙 度(ソ)ㄋ 五障乙 解脫(ソ)ふ 十地乙 念ノ尸入乙 忘(尸) 不(ソ)ふ(ソ)ナ亣七丨

D: 陀羅尼呪를 誦持하면 능히 一切 怖畏인, 一切 惡獸인 범·이리·사자니 一切 惡鬼니

---

1 구결점을 지우고 다시 기입한 흔적이 있다.(▶203페이지 ①번)

人非人 등의 怨賊이니 毒害니 災橫이니 하는 것을 건너 五障을 解脫하며 十地를 念하는 것을 잊지 않으며 한다.

E: 십지 보살이 다라니 주문을 외워 지니면, 일체의 두려움과 일체 사나운 짐승 호랑이·이리·사자와 일체 악귀와 사람과 사람 아닌 이 등이나 원수와 도적이나 독의 피해나 사나운 재앙을 넘어서 다섯 가지 장애를 解脫하되 십지의 생각을 잊지 않는다.”

N: 若有誦持此陀羅尼咒者。脫諸怖畏惡獸惡鬼人非人等。怨賊災橫。一切毒害。皆悉除滅。解脫五障。不忘念十地。
(만일 이 다라니 주문을 외워 지니면 모든 두려움을 벗으며 악한 짐승, 악한 귀신, 사람인 듯하면서 사람이 아닌 것과 원수나 도적의 재해와 횡액 및 모든 고통과 번민에서 벗어날 것이며, 다섯 가지 장애를 벗어나서 10지를 생각하여 잊지 않게 된다.)

<금광3, 13:01-03>

P: 是時ㅣ師子相無礙光焰菩薩ㄱ卽ノ從[ㄸ]座乙、起ニニ下² 偏袒右肩右膝著地合掌恭敬ﾂ彡ホ頂ᅩ禮[ﾂ白口]佛足乙、卽ノ以[彡]偈頌乙、而ᅩ讚歎[ﾂ白ニㄹ]佛乙、

Q: 是 時ㅣ 師子相無礙光焰菩薩ㄱ 卽ノ 座乙 從ㄸ 起ﾂニ下 偏袒右肩 右膝著地 合掌恭敬ﾂ彡ホ 頂ᅩ 佛足乙 禮ﾂ白口 卽ノ 偈頌乙 {以}彡 而ᅩ 佛乙 讚歎ﾂ白ニ ㄹ

A: 是時[44(·)]師子相無礙光焰菩薩[33(·)]卽[21(·)]從座[34(·),42(·)]起[54(·)]偏袒右肩右膝著地合掌恭敬[15(·)]頂[43(·)]禮佛足[34(·),11~12(·),+15(·)]卽以[구결자(ㅊ?)]偈頌[34(·),24(·)]而[43(·)]讚歎佛[34(·),11~12(·),14~15(|)]

B: 是時[ㅣ]師子相無礙光焰菩薩[ㄱ]卽[ノ]從座[乙,ㄸ]起[下]偏袒右肩右膝著地合掌

2　[교감] ‘ニ二下’는 석독구결의 문법으로는 이해할 수 없는 표기이며 ‘ﾂニ下’의 오기로 판단하였다.(▶ 203페이지 ②번)

恭敬[尓]頂[灬]禮佛足[乙,白,口]即以偈頌[乙,氵]而[灬]讚歎佛[乙,白,ニ尸]

C: 是 時十 師子相無礙光焰菩薩テ 即ノ 座乙 從七 起下 偏袒右肩 右膝著地 合掌恭敬(ッ氵)尓 頂灬 佛足乙 禮(ッ)白口 即(ノ) 偈頌乙 {以}氵 而灬 佛乙 讚歎(ッ)白 ニ尸

D: 이 때 師子相無礙光焰菩薩은 곧 자리에서 일어나시어, 偏袒右肩 右膝著地 合掌恭敬하여서 정수리로 부처님의 발에 예수하고, 곧 게송으로써 부처님을 讚歎하시기를,

E: 이때 사자상무애광염(師子相無礙光炎)보살이 곧 자리에서 일어나 오른 한쪽 어깨를 드러내고 오른 무릎을 땅에 꿇고 합장하여 공경하며 부처님 발에 예배하고 곧 게송으로 부처님을 찬탄하였다.

N: 爾時師子相無礙光焰菩薩。聞佛說此不可思議陀羅尼已。即從座起偏袒右肩。右膝著地合掌恭敬。頂禮佛足。以頌讚佛。

(그 때 사자상무애광염보살이 부처님께서 이 불가사의(不可思議)한 다라니를 설하심을 듣고 나서, 즉시 자리에서 일어나 오른 어깨를 드러내 오른 무릎을 땅에 대고, 합장 공경하여 부처님 발에 정례하고 게송으로써 부처님을 찬탄하였다.)

<금광3, 13:04-05>

P: 敬ッ白口ノ令ホ七ㅣ 禮³無[ニ下]譬喩ッ氵ノ尸入⁴丶說[ニロト1乙灬]深無相義乙 丶眾生ㅣ失[ㅣ⁵氵1乙]於見乙丶世尊ㅣ二氵能か濟度ッニ口乙か

Q: 敬禮ッ白口ノ令ホ七ㅣ 譬喩ッ氵ノ尸入 無ニ下 深無相義乙 說ニロト1乙灬 眾生ㅣ {於}見乙 失ㅣ氵1乙 世尊ㅣ二氵 能か 濟度ッニ口乙か

---

3 [교감] '禮'에 달아야 할 'ッ白口ノ令ホ七ㅣ'를 '敬'에 잘못 기입하였고, 이것의 올바른 위치를 표시하기 위해 '禮'의 아래에 동그라미를 그리고 'ッ'까지 선으로 이어놓았다.(▶203페이지 ③번)

4 'ㅅ'자의 자형이 일반적이지 않다.(▶203페이지 ④번)

5 [교감] 자형상으로 'ㅣ'인지 'ッ'인지 분명치 않은데, 'ㅣ'에 더 가까운 것으로 판단하였다.(▶203페이지 ⑤번)

A: 敬禮[11~12(·),41(.·)#41~51(.·)[6]]無譬喩[22(·),+15~25(-),54(·)-잡+]說深無相[35(/),53(·)]{지시선#+25(/)}義[34(·),지시선][7]衆生[22~32(·)]失於見[34(·),34~44(·),22(·),44~45(/),구결자(乙火)] 世尊[22~32(·),24(빼침)]能[55(·)]濟度[+45~55(·)]

B: 敬禮[白,x丨]無譬喩[阝,丿 尸,下] 說深無相[丁乙,亠]義[乙] 衆生[刂]失於見[乙,火,阝,丁入乙] 世尊[刂,二氵]能[尔]濟度[二口乙尔]

C: 敬禮(丷)白x丨 譬喩(丷)阝丿尸 無下 深無相義乙 說丁乙亠 衆生刂 {於}見乙火 失阝丁入乙 世尊刂二氵 能尔 濟度(丷)二口乙尔

D: "敬禮합니다, 譬喩할 바 없으시어 深無相義를 說하신 것을. 衆生이 正見을 잃은 것을 世尊이시라야 능히 濟度하시며,

E: 비유할 데 없는 이에게 경례하나이다. 모습 없는 깊은 뜻을 설하시어 중생의 망상의 견해를 세존께서 능히 제도하시네.

N: 敬禮無譬喩。甚深無相法。衆生失正知。唯佛能濟度。
(비유할 데 없이 매우 깊은 상(相)이 없는 법에 경례하나이다. 중생은 바른 소견 잃었으므로 오직 부처님만이 제도하시네.)

<금광3, 13:05>

P: 世尊丁佛眼灬故丿 無[二(丷尔?)[8]]見[尸]、一法相亇刀、

Q: 世尊丁 佛眼灬 故丿 一 法 相亇刀 見尸 無二尔

A: 世尊[33(·)]佛眼[43(·)]故[21(·)]無見一法相[+11~12(·),14(·),15~25(-),45~55(·)-잡]

---

6 유일한 41(.·)이다. 자토의 '口丿亦七丨'에 대응된다. 'x尔'에 해당하는 점토가 45~55위치에 현토되는 것을 고려하면 41~51위치로 볼 가능성도 있다.

7 53위치에 단점을 기입하였다가 지운 흔적이 있다.(▶203페이지 ⑥번)

8 [교감] "석독구결에서 선어말어미 '-二-'와 연결어미 '-尔'사이에 개제되는 '丷'는 이해하기 힘든 요소이므로 오기로 판단하였다. '丷'로 보이는 부분의 첫 번째 획에 해당하는 것이 실획이 아닐 가능성도 있다"(▶203페이지 ⑦번)

B: 世尊[ᄀ]佛眼[ᅟᆢ]故[ノ]無見一法相[ᅌᅡ,ᄼ,ᄼ,ᄼ]

C: 世尊ᄀ 佛眼ᅟᆢ 故ノ 一法相ᅌᅡᄼ 見ᄼ 無ᄼᄼ

D: 世尊은 佛眼으로 한 法의 모습만큼도 봄이 없으시며,

E: 세존의 부처 눈[佛眼]으로는 한 법의 모습도 볼 수 없거늘

N: 如來明慧眼。不見一法相。

(여래는 밝은 혜안(慧眼)으로 한 법의 모양만을 안 보시고)

<금광3, 13:06>

P: 無上尊ᄀ法眼ᅟᆢ 見[ᄼᄼ]不思議義乙丶

Q: 無上尊ᄀ 法眼ᅟᆢ 不思議義乙 見ᄼᄼ

A: 無上尊[33(·)]法眼[43(·)]見不思議義[34(·),45~55(·)]

B: 無上尊[ᄀ]法眼[ᅟᆢ]見不思議義[乙,ᄼᄼ]

C: 無上尊ᄀ 法眼ᅟᆢ 不思議義乙 見ᄼᄼ

D: 無上尊은 法眼으로 不思議義를 보시며,

E: 위없는 세존의 법의 눈[法眼]으로 불가사의한 뜻 본다네.

N: 復以正法眼。普照不思議。

(다시 바른 법안(法眼)으로 부사의하게 두루 비치네.)

<금광3, 13:06-07>

P: 不[ᄾᅩᄼᄼᇹ]能ᄼ生[ᅵᄼ丶]一法ᅌᅡᄼ丶 亦不[ᄾᅩᄼᄼᇹ⁹ᄼᄼᄼ下]滅[ᄼ丶]一法ᅌᅡᄼ丶

---

9 [교감] 'ᄾᅩ'과 'ᄼᄼ下' 사이에 뭔가를 썼다가 지우고 그 왼쪽에 'ᄼᄼᇹ'를 썼다. 'ᄼᄼ'는 'ᇹ'에 비해 크기가 매우 작다. 'ᄾᅩ'다음에 'ᄼᄼ'를 썼다가 지우고 'ᇹ'를 먼저 기입한 후에 다시 'ᄼᄼ'를 기입한 것으로 판단된다.(▶203페이지 ⑧번)

爲[ニ1入灬]平等見リニ1入乙、故ノ尊1至[ニロ1リ3七ソ[10]ᄼ]無上處3十、

Q: 能ᄼ 一法亇刀 生リ尸 不冬ソ彡 亦 一法亇刀 滅尸 不冬ソ彡ソニ下 平等見リニ1入乙 爲ニ1入灬 故ノ 尊1 無上處3十 至ニロ1リ3七ᄼ

A: 不能[55(·)]生一法[+11~12(·),14(·),15~25(-),35(·)]亦不滅一法[+11~12(·),14(·),15~25(-),35(·),54(·)]爲平等見[22~32(·),=45(:)[11],24(·),43(·)]故[21(·)]尊[33(·)]至無上處[44(·),54~55(|)]

B: 不能[ᄼ]生一法[亇,刀,尸,彡] 亦不滅一法[亇,刀,尸,彡,下] 爲平等見[リ,ニx入乙,氵,灬]故[ノ] 尊[1]至無上處[十,ニロ1リ3七ᄼ]

C: 能ᄼ 一法亇刀 生尸 不(ソ)彡 亦 一法亇刀 滅尸 不(ソ)彡(ソニ)下 平等見リニx入乙 {爲}氵(1)灬 故ノ 尊1 無上處十 至ニロ1リ3七ᄼ

D: 능히 한 法만큼도 生하지 않고 또 한 法만큼도 滅하지 않고 하시어, 平等見이신 것을 말미암은 까닭으로 世尊은 無上處에 이르시며,

E: 능히 한 법도 생겨나지 않고 또한 한 법도 사라지지 않으니 평등하게 보는 까닭에 높이 위없는 곳에 이르네.

N: 不生於一法。亦不滅一法。由斯平等見。得至無上處。
(한 법도 나지 않고 또한 한 법도 멸하지 않네. 이 평등한 소견으로 말미암아 위없는 데 이르렀네.)

<금광3, 13:08-09>

P: 不[冬ソニ1入灬]損[、]生死乙、故ノ 願ソ3ホ尊1證[ソニロ1リ罒]涅槃乙、過[ソニ1入灬]二法見乙、故ノ 是故灬證[ソニロ1リ3七ᄼ]寂靜乙、

---

10 [교감] 석독구결에서 선어말어미 '-3七-'과 어말어미 '-1, -ᄼ, -ロ'들은, 이 예를 제외하면, 그 사이에 어떤 형태도 개재된 경우가 없다. 또한 이어지는 다음 문장의 서술어 부분이 '證ソニロ1リ3七ᄼ'로 되어 있음을 고려하여 이 예의 'ソ'를 오기로 판단하였다.(▶203페이지 ⑨번)

11 45(:)의 유일례이다. 자토의 'ニ1入乙'에 대응된다.

Q : 生死乙 損 不冬ソニ1入灬 故ノ 願ソ氵ホ 尊1 涅槃乙 證ソニロ1リ罒 二法見
乙 過ソニ1入灬 故ノ 是 故灬 寂靜乙 證ソニロ1リ氵七か

A : 不損生死[34(·),15~25(-),43(:)]故[21(·)]願[15(·)]尊[33(·)]證涅槃[34(·),31~32(··)[12]]
過二法見[34(·),43(:)]故[21(·)]是故[43(·)]證寂靜[34(·),54~55(|)]

B : 不損生死[乙,尸,ニ1灬]故[ノ]願[ホ]尊[1]證涅槃[乙,x罒]過二法見[乙,ニ1入
灬]故[ノ]是故[灬]證寂靜[乙,ニロ1リ氵七か]

C : 生死乙 損尸 不(ソ)ニ1入灬 故ノ 願(ソ氵)ホ 尊1 涅槃乙 證x罒 二 法 見乙 過
(ソ)ニ1入灬 故ノ 是 故灬 寂靜乙 證ニロ1リ氵七か

D : 生死를 덜지 않으신 까닭으로 願하여서 世尊은 涅槃을 證하시어, 두 法의 견해를
넘으신 까닭으로 이런 까닭으로 寂靜을 證하시며,

E : 생사를 덜지 않으므로 세존께서 열반 증득하시길 바라며 생사 두 법의 견해를 뛰어
넘으므로 그 까닭에 고요함을 증득하네.

N : 不壞於生死。亦不住涅槃。不著於二邊。是故證圓寂。
(나고 죽음 부수지 않고 열반에도 머무르지 않아 두 변[二邊]에 집착하지 않으니 이
런 까닭에 원적(圓寂)을 증득하셨네.)

<금광3, 13:09-10>

P : 世尊氵 智1 一味リニ下 淨品灬 不淨品灬ノ소十 不[冬ソニ尸入灬[13]]分別[、]界乙
、 故ノ 獲[ニロ1リ氵七|]無上淸淨乙、

Q : 世尊氵 智1 一味リニ下 淨品灬 不淨品灬ノ소十 界乙 分別 不冬ソニ尸入灬 故
ノ 無上淸淨乙 獲ニロ1リ氵七|

A : 世尊[23(·)]智[33(·)]一味[22~32(·),54(·)]淨品[53(·)]不淨品[53(·),24(\\),44(·)]不分

---

12 31~32(··)의 유일례이다. 자토의 'ソニロ1リ罒'에 대응된다.

13 [교감] '不'에 좌측토로 '冬ソニ1入灬'를 기입하였는데 난상에 'ソニ尸入灬'를 적고 선으로 이어놓았다.
'ニ1入灬'를 '尸入灬'로 수정한 것으로 판단된다.(▶203페이지 ⑩번)

[2자합부]別[역독선(우하향)]界[34(·),15~25(-),+45(:),43(·)]故[21(·)]獲無上清淨[34(·),51~52(|),경계선,구결자(乙)]

B: 世尊[氵]智[⺊]一味[刂,下]淨品[亠]不淨品[亠,丿㑒,十]不分別界[乙,尸,二尸入乙,灬]故[丿] 獲無上清淨[乙,二ロ⺊刂彡匕丨]

C: 世尊氵 智⺊ 一味刂(二)下 淨品亠 不淨品亠丿㑒十 界乙 分別尸 不(丷)二尸入乙灬 故丿 無上清淨乙 獲二ロ⺊刂彡匕丨

D: 世尊의 智慧는 一味이시어 淨品이니 不淨品이니 하는 것에 대하여 境界를 分別하지 않으시는 까닭으로 無上清淨을 얻으셨습니다.

E: 세존의 지혜 한맛이라 깨끗하고 부정한 것 경계 분별하지 않으므로 위없이 청정함을 얻으셨네.

N: 於淨不淨品。世尊知一味。由不分別法。獲得最清淨。
(청정한 것과 청정하지 않은 것을 세존은 한 맛으로 아시니, 분별치 않으므로 말미암아 가장 청정하심 얻으시었네.)

<금광3, 13:10-11>

P: 世尊氵無邊身⺊ 不[冬丷二ロ尸亠]說[尸丶]一言字㐅力丶 一切弟子衆氵十[14]飽滿[㑒[15]刂匕[16]亻丷尸入灬]法雨乙丶故丿丷二ロ[17]尸𠃋

Q: 世尊氵 無邊身⺊ 一 言字㐅力 說尸 不冬丷二ロ尸亠 一切 弟子衆氵十 法雨乙 飽滿厶刂匕亻丷尸入灬 故丿丷二ロ尸𠃋

A: 世尊[23(·),구결자(氵)]無邊身[33(·)]不說一言字[+11~12(·),14(·),15~25(-),+53(·.)]

---

14 [교감] 구결자 '十'의 밑부분에 역독점처럼 생긴 획이 있다. 현토자가 역독점으로 생각하고 기입한 것이라면 명백한 오기이다.(▶203페이지 ⑪번)

15 [교감] '㑒'의 자형으로 적었으나 '厶'를 적은 것으로 이해할 수 있다.(▶203페이지 ⑫번)

16 [교감] '𠂇'를 적었다가 '匕'으로 수정하였다.(▶204페이지 ⑬번)

17 [교감] '故丿丷二尸𠃋'로 적었다가 '二'와 '尸' 사이에 'ロ'를 추가하였다.(▶204페이지 ⑭번)

一切弟子衆[23(·),44(·)]飽滿法雨[34(·),23~24(·),33~44(/)]故[+35(/),=43(·),[18]21(·),+45~55(·)]

B: 世尊[ラ]無邊身[ㄱ]不說一言字[ケ,刀,尸,二口尸亠]一切弟子衆[ラ,十]飽滿法雨[乙,亽刂,七彳]故[ソ尸乙,灬,ノ,二口尸尔]

C: 世尊ラ 無邊身ㄱ 一 言字ケ刀 說尸 不(ソ)二口尸亠 一切 弟子衆ラ十 法雨乙 飽滿亽刂七彳ソ尸乙灬 故ノ(ソ)二口尸尔

D: 世尊의 無邊身은 하나의 言字만큼도 說하지 않으시나, 모든 弟子들에게 法雨를 飽滿하게 하고자 하는 까닭으로 하시며,

E: 세존의 가이없는 몸 한 말씀 한 글자도 설하지 않으시되 모든 제자들은 법의 비로 배부르게 가득 채우도다.

N: 世尊無邊身。不說於一字。令諸弟子衆。法雨皆充滿。
(세존의 끝없는 몸 한 글자로 말할 수 없으니 모든 제자들에게 법 비 모두 충만케 하시라.)

<금광3, 13:12-13>

P: 衆生ラ相乙思惟ソ白ノ尸厶 一切種皆七無ソㄱ刂ろ七丨ソ二口尸亠 困苦ソ(下?)ㄱ[19]諸衆生ラ十 世尊刂二氵普刂救濟ソ二口尸尔

Q: 衆生ラ 相乙 思惟ソ白ノ尸厶 一切 種 皆七 無ソㄱ刂ろ七丨ソ二口尸亠 困苦ソ卜ㄱ 諸 衆生ラ十 世尊刂二氵 普刂 救濟ソ二口尸尔

A: 衆生[23(·)]相[34(·)]思惟[+13(··)]一切種皆[42(·)]無[51(/),+53(·.)]困[20]苦[21(/·)[21]]

18 +35(/)와 =43(·)는 '故'자에 달려 있으나 앞으로 옮겨서 해독에 반영하였다.

19 [교감] 문맥상 '困苦ソ-'의 관형사형의 표기로 보아야 한다는 점과 아래 변란 밑에 'ソ卜ㄱ'으로 판독될 수 있는 세필구결자가 있는 점 등을 중시하여 'ソ卜ㄱ'으로 교감하였다.(▶204페이지 ⑮번)

20 '困'에 11(/·)을 기입하였다가 지운 흔적이 있는 듯하다.(▶204페이지 ⑯번)

21 유일한 21(/·) 용례이다. 자토 구결을 고려하여 'ソ卜ㄱ'으로 판독할 가능성도 있다.

諸衆生[23(·),44(·),구결자(ソトㄱ)][22]世尊[24(빼침)]普[22~32(·)]救濟[+45~55(·)]

B: 衆生[ラ]相[乙]思惟[白ノ尸ム] 一切種皆[七]無[ㄱ刂ろ七丨,ニロ尸亠] 困苦[ソト ㄱ]諸衆生[ラ,十] 世尊[ニシ]普[刂]救濟[ニロ尸ㅅ]

C: 衆生ラ 相乙 思惟(ソ)白ノ尸ム 一切 種 皆七 無(ソ)ㄱ刂ろ七丨,(ソ)ニロ尸亠 困苦ソトㄱ 諸 衆生ラ十 世尊(刂)ニシ 普刂 救濟(ソ)ニロ尸ㅅ

D: 衆生의 相을 思惟하시되 一切 種 모두 없는 것이다 하시나, 困苦한 모든 중생에게 世尊이시라야 널리 救濟하시며

E: 중생의 모양 사유하여도 일체 종류가 다 없으며 피곤하고 힘든 모든 중생 세존께서 널리 구제하시네.

N: 佛觀衆生相。一切種皆無。然於苦惱者。常興於救護。
(부처님이 중생의 모양 보시면 일체의 것 모두 없으나 그렇지만 고통받는 이에게 언제나 구호를 일으킨다네.)

<금광3, 13:13-14>

P: 苦亠樂亠常亠無常亠 有我亠無我亠等ソㄱ如[攴]是、衆多ソㄱ義ろ十 世尊ラ慧 ㄱ無[ニロ尸ㅅ]著ノ尸、

Q: 苦亠 樂亠 常亠 無常亠 有我亠 無我亠 等ソㄱ 是 如攴 衆多ソㄱ 義ろ十 世尊ラ 慧ㄱ 著ノ尸 無ニロ尸ㅅ

A: 苦[53(·)]樂[53(·)]常[53(·)]無常[53(·)]有我[53(·)]無我[53(·)]等[33(/)]如是[11(·)] {22~32(·),22(·)}[23]衆多[33(/)]義[44(·)]世尊[23(·)]慧[33(·)]無著[+15~25(-),+45~55(·)]

B: 苦[亠]樂[亠]常[亠]無常[亠] 有我[亠]無我[亠]等[ソㄱ]如是[攴]衆多[ソㄱ]義[十] 世尊[ラ]慧[ㄱ]無著[ノ尸,ニロ尸ㅅ]

---

22 난하에 細筆로 'ソトㄱ'이 기입되어 있다. 해당 세필이 구결자 'ラ十'보다 먼저 기입이 되었을 경우 '苦' 자의 점토와 관련된 내용일 수 있다. 혹은 '苦'자에 현토된 자토 'ソトㄱ'의 자형 오류를 보충하는 내용일 가능성도 있다.(▶204페이지 ⑰번)

23 22~32(·)과 22(·)을 반영하여 '是刂 如攴(ソ)ろ'로 해독할 가능성도 있다.

C: 苦ᄂ 樂ᄂ 常ᄂ 無常ᄂ 有我ᄂ 無我ᄂ 等ッ1 是 如ㅅ 衆多ッ1 義十 世尊ㅅ 慧

ㄱ 著ノア 無ニロアケ

D: 苦니 樂이니 常이니 無常이니 有我니 無我니 하는, 이와 같이 많은 뜻에 世尊의 智

慧는 執着함이 없으시며

E: 괴로움·즐거움·항상함·무상함과 내가 있고 내가 없는 등 이와 같은 온갖 뜻에 세

존의 지혜 집착 없다네.

N: 苦樂常無常。有我無我等。不一亦不。不生亦不滅。

(괴로움과 즐거움, 항상함과 무상함 나[我]와 나 아님 등은 같지도 않고 다르지도

않으며 생(生)하지도 않고 멸(滅)하지도 않네.)

<금광3, 13:14-15>

P: 世間ㄱ 不[ㅊㅣㄱㅊ]一ケ 異ッ1、 譬ㅅ1如[ㅊッケ]空谷ケㄷ 響、 不度ッケ亦

不滅ッケットノ1ㅅ乙 唯ハ佛ㅣㄴケ 能ケ 了知ッニロアケ

Q: 世間ㄱ 一ケ 異ッ1 不ㅊㅣㄱㅊ 譬ㅅ1 空谷ケㄷ 響 如ㅊッケ 不度ッケ 亦 不滅

ッケットノ1ㅅ乙 唯ハ 佛ㅣㄴケ 能ケ 了知ッニロアケ

A: 世間[33(·)]不一[55(·)]異[33(/),33~43(·),25(·),구결자(ㅊㅣㄱㅊ)24]譬[23~33(·)]

如空谷[22(·),42(·)]響[11(·),22(·)]不度[35(·)]亦不滅[35(·),45(·/)]#44~45(·/)]唯佛

[24(빼침)]能[55(·)]了知[+45~55(·)]

B: 世間[ㄱ]不一[ケ]異[ッ1,ㅣㄱ,ㅊ] 譬[ㅅ1]如空谷[ケ,ㄷ]響[ㅊ,ケ] 不度[ケ]亦不

滅[ケ,トノ1ㅅ乙] 唯佛[ㄴケ]能[ケ]了知[ㄴロアケ]

C: 世間ㄱ 一ケ 異ッ1 不(ㅊ)ㅣㄱㅊ 譬ㅅ1 空谷ケㄷ 響 如ㅊ(ッ)ケ 不度(ッ)ケ 亦

不滅(ッ)ケ(ッ)トノ1ㅅ乙 唯 佛(ㅣ)ㄴケ 能ケ 了知(ッ)ニロアケ

D: 世間은 같지도 다르지도 않은 것이, 비유하면 空谷의 메아리 같아, 不度하고 또한

不滅하고 하는 것을 오직 부처님이시라야 능히 了知하시며,

---

24 마지막 구결자의 자형이 확실하지 않으나, 문맥상 'ㅊ'로 파악하였다.(▶204페이지 ⑱번)

E: 세간은 같지도 다르지도 않으니 비유하면 빈 골에 메아리 같아 건너지도 않고 또한 사라지지도 않나니 오직 부처님만이 능히 밝게 아시네.

N: 如是衆多義。隨說有差別。譬如空谷響。唯佛能了知。
(이런 여러 가지 뜻 대상 따라 말씀하심에 차별 있으나 마치 빈 골짜기의 메아리 같음을 오직 부처님만이 아시네.)

<금광3, 13:15-17>

P: 法界ㅣ無[ヒロㄱ]分別、是故灬無ヒロㄱ乙異ッㄱ乘、爲[人ソニアㅅ灬]度[ソ²⁵、]衆生乙、故ノ分別ッㅏ三乘乙說ニロㄱ川ㅏセㅣソヒㅅㅣｌ

Q: 法界ㅣ分別無ヒロㄱ是故灬異ッㄱ乘無ヒロㄱ乙衆生乙度ッ{爲}人ソニアㅅ灬故ノ分別ッㅏ三乘乙說ニロㄱ川ㅏセㅣソヒㅅㅣｌ

A: 法界[33(·)]無分別[33~34(·)]是故[43(·)]無異[33(/)]乘[35(.·)]²⁶爲度衆生[34(·),31(·),+45(:)]故[21(·)]分別[22(·)]說三乘[34(·),11(‖),11~21(/),51(/),41(:)]

B: 法界[ㄱ]無分別[ロㄱ]是故[灬]無異[ッㄱ]乘[ロㄱ乙]爲度衆生[乙,ㅅ,ニアㅅ乙]故[ノ]分別[ㅏ]說三乘[乙,X,X,ㄱ川ㅏセㅣ,ソヒㅅㅣｌ]

C: 法界ㄱ分別無(ヒ)ロㄱ是故灬異ッㄱ乘無ロㄱ乙衆生乙度(ッ){爲}ㅅ(ッ)ニアㅅ(灬)故ノ分別(ッ)ㅏ三乘乙說XXㄱ川ㅏセㅣソヒㅅㅣｌ

D: 法界는 分別이 없으니 이런 까닭으로 다른 乘 없거늘, 衆生을 濟度하고자 하시는 까닭으로 分別하여 三乘을 說하셨습니다." 하셨다.

E: 법계는 분별 없어 그 까닭에 다른 승(乘) 없으나 중생 제도 위하여 분별하여 삼승(三乘) 설하셨다네.

N: 法界無分別。是故無異乘。爲度衆生故。分別說有三。
(법계(法界)는 분별이 없으니 그 까닭에 다른 승[異乘] 없건만 중생을 제도하기 위

---

25 [교감] 구결자(어떤 글자인지는 분명하지 않음)를 썼다가 지우고 'ソ'를 다시 기입하였다.(▶204페이지 ⑲번)
26 유일한 35(.·)이다. 자토의 'ロㄱ乙'에 대응한다.

하여 분별하여 세 가지로 말씀하시네.)

<금광3, 13:18-20>

P : 是時十大自在梵王ㄱ於大會�中ㅋㅏㅎ二ㄱ一人從[ㄴ]座乙丶而灬起二下偏ㅋ
祖[ㅋ]右肩乙²⁷右膝乙著[ヽㅋ]地ㅋ十丶合掌恭敬ヽ白ㅋㅊ頂灬禮[ヽ白ㅁ]佛足乙
丶而灬白佛言

Q : 是 時十 大自在梵王ㄱ {於}大會ㄴ 中ㅋ十ヽㅏㅎ二ㄱ一人 座乙 從ㄴ 而灬 起二下
偏ㅋ 右肩乙 祖ㅋ 右膝乙 地ㅋ十 著ヽㅋ 合掌恭敬ヽ白ㅋㅊ 頂灬 佛足乙 禮ヽ白
ㅁ 而灬 佛白言

A : 是時[44(·)]大自在梵王[33(·)]於大會[42(·),54(··)²⁸]中[44(·),구결자(ヽ ㅏ ㅎ 二 ㄱ
一人)²⁹,지시선]³⁰從座[34(·),42(·)]而[43(·)]起[54(·)#+54(·)#54(··)]偏[22(·)]祖右肩
[34(·),22(·)]右膝[34(·)]著地[44(·),22(·)]合掌恭敬[11~12(·),15(·)]頂[43(·)]禮佛足
[34(·),11~12(·),+15(·)]而[43(·)]白佛言

B : 是時[十]大自在梵王[ㄱ]於大會[ㄴ,x人]中[十]從座[乙,ㄴ]而[灬]起[下]偏[ㅋ]祖右
肩[乙,ㅋ]右膝[乙]著地[十,ㅋ]合掌恭敬[白,ㅊ]頂[灬]禮佛足[乙,白,ㅁ]而[灬]白佛言

C : 是 時十 大自在梵王ㄱ {於}大會ㄴ 中十x人 座乙 從ㄴ 而灬 起(二)下 偏ㅋ 右肩乙
祖ㅋ 右膝乙 地十 著(ヽ)ㅋ 合掌恭敬(ヽ)白(ㅋ)ㅊ 頂灬 佛足乙 禮(ヽ)白ㅁ 而灬
佛白言

D : 이 때 大自在梵王은 大會 가운데에 계시다가, 자리에서 일어나시어 한쪽으로 오른
쪽 어깨를 벗어[오른쪽 어깨만 벗어] 오른쪽 무릎을 땅에 대며 合掌恭敬하여서 정
수리로 부처님의 발에 예수하고, 부처님께 사뢰어 말씀드리시기를

---

27 역독점이 와야 할 자리인데 역독점이 기입되지 않았다.(▶204페이지 ⑳번)

28 54(··)의 유일례이다. 자토의 'ヽ ㅏ ㅎ 二 ㄱ 一人'에 대응된다.

29 난상에 기입되어 있다.(▶204페이지 ㉑번)

30 '中'자의 54위치에 뭔가 썼다가 지운 흔적이 있고, 난상에는 極細筆로 'ヽ ㅏ ㅎ 二 ㄱ 一人'라고 기입되어 있
다. 지시선을 고려할 때 '會'에 달린 54(··)은 '中'으로 옮겨 해독하여야 한다.(▶204페이지 ㉒번)

E: 이때 대자재범천왕[大自在梵王]이 대회 가운데 있다가 자리에서 일어나 오른쪽 어깨를 벗고 오른 무릎을 꿇어 부처님 발에 머리 숙여 예배하고 부처님께 말씀드렸다.

N: 爾時大自在梵天王。亦從座起偏袒右肩。右膝著地。合掌恭敬。頂禮佛足而白佛言。

(그 때 대자재범천왕도 또한 자리에서 일어나 오른 어깨를 드러내고 오른 무릎을 땅에 대고 합장하고 공경하여 부처님 발에 정례하고 부처님께 여쭈었다.)

<금광3, 13:20-21>

P: 世尊ㅜ 希有難量ノ ㅓ ㄴ ㅁ ㅣ 是金光明經 ㅗ 微妙 ✓ ニ ㅌ ㄴ 之義 ㅣ 究竟滿足 ✓ ㅡ ㅋ 皆[31]能 ㅋ [32]成就[✓ ㅋ ✓ ニ ㅁ ㅓ ㅅ ㅡ ㅡ]一切佛法 ㅗ 一切佛 ㅗ 恩(묵권점)[33]

Q: 世尊ㅜ 希有難量ノ ㅓ ㄴ ㅁ ㅣ 是 金光明經 ㅗ 微妙 ✓ ニ ㅌ ㄴ {之} 義 ㅣ 究竟 滿足 ✓ ㅡ ㅋ 皆 能 ㅋ 一切 佛法 ㅗ 一切 佛恩 ㅗ 成就 ✓ ㅋ ✓ ニ ㅁ ㅓ ㅅ ㅡ ㅡ

A: 世尊[54(·)]希有難量[15(·\)][34], 41~51(·)[35]#41(-)]是金光明經[53(·)]微妙[11~12(|),42(·)]之義[22~32(·)]究竟滿足[45~55(·)]皆能[55(·)]成就一切佛法[53(·)]一切佛[45(··)][36],43(·),53(·)][37]恩[53(·),+35(\),55(·)]

---

31 [교감] '皆'자의 오른쪽에 커다란 묵점이 확인되는데 '能'자에 달린 'ㅌ'이 '皆'자에 달려야 한다는 것을 표시하는 교정 부호일 가능성이 있다. 그러나 단정하기 어려워 교감에는 반영하지 않았다.(▶204페이지 ㉓번)

32 [교감] 본문에는 '能ㅌ'으로 현토되어 있는데 난상에 '能ㅋ'를 적어 교정하였다.(▶204페이지 ㉔번)

33 [교감] '恩'에 달아야 할 'ㅗ'를 '佛'에 잘못 달아서 '恩'의 오른쪽 아래에 동그라미를 그려 올바른 위치를 표시해 주었다. 그리고 'ㅗ'로 연결된 목적어 전체의 마지막 부분이므로 'ㅗ ノ ㄹ'이 예상되는 자리인데 'ㅗ'만 표기한 것은 오기로 판단할 수 있다. 그러나 복원해야 할 토가 반드시 'ノ ㄹ'인지 분명치 않아 교감에 반영하지는 않았다.(▶204페이지 ㉕번)

34 유일한 15(·\)이다. 자토의 'ノ ㅓ'에 대응된다. 15(ㅇ)과의 관련성을 고려할 필요가 있다.

35 유일한 41~51(·)이다. 자토의 'ㄴ ㅣ'에 대응된다.

36 유일한 45(··)이다. 자토의 'ㄴ ㅓ ㅅ'에 대응된다.

37 원래 '恩'에 기입되어야 할 점토들이 '佛'에 기입되어 있다. 점토의 위치가 겹쳐서 그렇게 한 듯하다.(▶204페이지 ㉖번)

B: 世尊[𠂆]希有難量[X,x丨]是金光明經[亠]微妙[二ㅌ,七]之義[刂]究竟滿足[二ᅀ]皆能[ᅀ]成就一切佛法[亠]一切佛[x㇆入乙,罒,亠]恩[亠,丿尸乙,ᅀ]

C: 世尊𠂆 希有難量Xx丨 是 金光明經亠 微妙(丷)二ㅌ七{之} 義刂 究竟 滿足(丷)二ᅀ 皆 能ᅀ 一切 佛法亠 一切 佛恩亠丿尸乙 成就(丷)ᅀx㇆入乙罒亠

D: “세존이시여, 希有하여 헤아리기 어려우십니다, 이 金光明經은. 微妙하신 뜻이 究竟 滿足시키시며 모두 능히 一切 佛法이니 一切 佛恩이니 하는 것을 成就하며 하시기 때문입니다.”

E: “세존이시여, 희유하여 헤아리기 어렵습니다. 이 『금광명경』의 미묘한 뜻을 구경에 만족하여야 다 능히 모든 불법과 모든 부처님 은혜를 이룰 것입니다.”

N: 世尊。此金光明最勝王經。希有難量。初中後善。文義究竟。皆能成就一切佛法。若受持者。是人則爲報諸佛恩。

(“세존이시여, 이 금광명최승왕경은 희유하여 헤아리기 어렵나이다. 처음과 중간과 끝이 좋고 글 뜻도 철저하여 모두 일체의 불법(佛法)을 성취하였나이다. 만일 받아 지닌다면 이 사람은 곧 모든 부처님의 은혜를 갚는 것이 될 것입니다.”)

<금광3, 13:21-22>

P: 佛(㇆?)[38]言乃二尸如[支丨[39]]是、如[支丨]是、善男子氵如[支丷𠂇丨]汝彡所、說氵乂㇆、

Q: 佛㇆ {言}乃二尸 是 如支丨 是 如支丨 善男子氵 汝彡 說氵乂㇆ 所 如支丷𠂇丨

A: 佛[33(·)]言[22~32(·)]如是如是{13(/)}善男子[22(·)]如汝[23(·)]所說

38 [교감] ‘㇆’의 가로획이 짧아 ‘丨’에 가깝게 보이지만 ‘㇆’에 해당하는 점토(33(·))가 찍혀 있어 ‘㇆’으로 판단하는 데는 무리가 없다. 오른쪽에 짧은 가로획 같은 점이 있으나 의미 있는 것으로는 보이지 않는다.(▶205페이지 ㉗번)

39 [교감] 지운 부분이 ‘丷𠂇丨’인지 ‘丷㇆’인지 분명치 않아 표시하지 않았다. 현토자가 의도한 수정 결과가 ‘是 如支丷丨 是 如支丷丨’일 가능성도 배제할 수 없으나 뚜렷한 구결자만 반영하여 ‘是 如支丨 是 如支丨’로 판단하였다.(▶205페이지 ㉘번)

[33~34(|)[40],11(·),52(·)]

B : 佛[ㄱ]言[ㅣㅣ]如是如是善男子[ㅏ]如汝[ㅕ]所說[xㄱ,ㅊ,ㅏ]

C : 佛ㄱ 言ㅣㅣ(ニア) 是 如 是 如 善男子ㅏ 汝ㅕ 說xㄱ 所 如ㅊ(ㆍ)ㅏ(丨)

D : 부처님은 말씀하시기를 "이와 같다[그렇다], 이와 같다[그렇다]. 善男子야, 네가 말한 바와 같다.

E : 부처님께서 말씀하셨다. "그러하도다. 그러하도다. 선남자여, 그대가 말하는 것과 같도다.

N : 佛言。善男子。如是如是。如汝所說。
(부처님이 말씀하셨다. "선남자야, 그렇고 그렇니라. 너의 말과 같으니라.)

<금광3, 13:22-13:24>

P : 善男子ㅏ若得ㅏㅊ聽聞[ㆍ白ロㅏㄱ]是金光明經乙 、一切菩薩ㄱ不[ㅆㆍㅌㅎㄴ ㅣ]退[41]阿耨多羅三藐三菩提ㅏ十ㄱ[42]

Q : 善男子ㅏ 若 得ㅏㅊ 是 金光明經乙 聽聞ㆍ白ロㅏㄱ 一切 菩薩ㄱ 阿耨多羅三藐三菩提ㅏ十ㄱ 退 不ㅆㆍㅌㅎㄴ ㅣ

A : 善男子[22(·)]若[42(·)]得[15(·)]聽聞是金光明經[34(·),11~12(·),+15(·),33(.·)[43]]一切菩薩[33(·)]不退阿耨多羅三藐三菩提[44(·),15~25(-),52(:)]

B : 善男子[ㅏ]若[ㅌ]得[ㅊ]聽聞是金光明經[乙,白,ロ,ㅏㄱ]一切菩薩[ㄱ]不退阿耨多羅三藐三菩提[十,ア,ㅌㅎㄴ ㅣ]

C : 善男子ㅏ 若ㅌ 得(ㅏ)ㅊ 是 金光明經乙 聽聞(ㆍ)白ロㅏㄱ 一切 菩薩ㄱ 阿耨多羅三藐三菩提十 退ア 不(ㆍ)ㅌㅎㄴ ㅣ

---

40 33~34(|)의 유일례이다. 자토의 'ㅏㅅㄱ'에 대응된다.

41 역독점이 기대되는 곳이나 기입되지 않았다.

42 역독점이 기대되는 곳이나 기입되지 않았다.

43 33(·)의 유일례이다. 자토의 'ㅏㄱ'에 대응된다.

D: 善男子야, 만약 능히 이 金光明經을 들으면, 모든 菩薩은 阿耨多羅三藐三菩提에서 물러나지 않을 수 있다.

E: 선남자여, 만약 이 『금광명경』을 들으면 일체 보살이 아뇩다라삼먁삼보리에서 물러나지 않는다.

N: 善男子。若得聽聞是經典者。皆不退於阿耨多羅三藐三菩提。
(선남자야, 만약 이 경전을 듣게 되면 모두 아뇩다라삼먁삼보리에서 물러서지 않으리니,)

<금광3, 13:24-14:01>

P: 何以故善男子ㄋ是ㄱ不退(乙、?)[44]地菩薩成熟[ノ亽十]善根乙、是ㄱ第一印刂二ㄅ是金光明微妙經典ㄱ衆經ㄋ七之王刂ㄅソ二丁入罒亠

Q: 何以故 善男子ㄋ 是ㄱ 不退地菩薩 善根乙 成熟ノ亽十 是ㄱ 第一印刂二ㄅ 是 金光明微妙經典ㄱ 衆經ㄋ七{之} 王刂ㄅソ二丁入罒亠

A: 何以故善男子[22(·)]是[33(·)]不退地菩薩[15~25(-)[45],22~32(·)]成熟善根[34(·),24(\),44(·)]是[33(·)]第一印[22~32(·),45~55(·)]是金光明微妙經典[33(·)]衆經[22(·),42(·)]之王[22~32(·),55(·),43(:),53(·)]

B: 何以故善男子[ㄋ]是[ㄱ]不退地菩薩[尸,刂]成熟善根[乙,ノ亽,十]是[ㄱ]第一印[刂,二ㄅ]是金光明微妙經典[ㄱ]衆經[ㄋ,七]之王[刂,ㄅ,二丁入罒,亠]

C: 何以故 善男子ㄋ 是ㄱ 不退地菩薩尸刂 善根乙 成熟ノ亽十 是ㄱ 第一印刂二ㄅ 是 金光明微妙經典ㄱ 衆經ㄋ七{之} 王刂ㄅ(ソ)二丁入罒亠

D: 왜냐하면, 善男子야, 이는 不退地菩薩이 善根을 成熟시키는 데에 있어 이는 第一印이시며, 이 金光明微妙經典은 많은 경전의 王이며 하시기 때문이다.

---

44 [교감] '不退地菩薩'이 한 단어라 '退'자에 '乙'이 달릴 아무런 이유가 없고 그 주변에도 '乙'을 기입할 만한 자리가 없는데 애초에 왜 '乙'을 기입했는지 이해하기 어렵다.(▶205페이지 ㉙번)

45 33(·)으로 파악할 만한 것이 있으나 자획의 일부로 보인다.(▶205페이지 ㉚번)

E : 무슨 까닭인가? 선남자여, 이 물러서지 않는 지위의 보살은 선근이 성숙하기 때문이며 이 제일인[印: 契印]이요, 이 금광명의 미묘한 경전은 많은 경 가운데 으뜸이므로

N : 善男子。是能成熟不退地菩薩殊勝善根。是第一法印。是衆經王故

(왜냐 하면 이것은 불퇴지(不退地) 보살의 훌륭한 선근을 잘 성숙시키는 것으로서, 이것은 제일 가는 법인(法印)이며, 이것은 모든 경의 왕인 까닭이니라.)

사진 이미지 자료

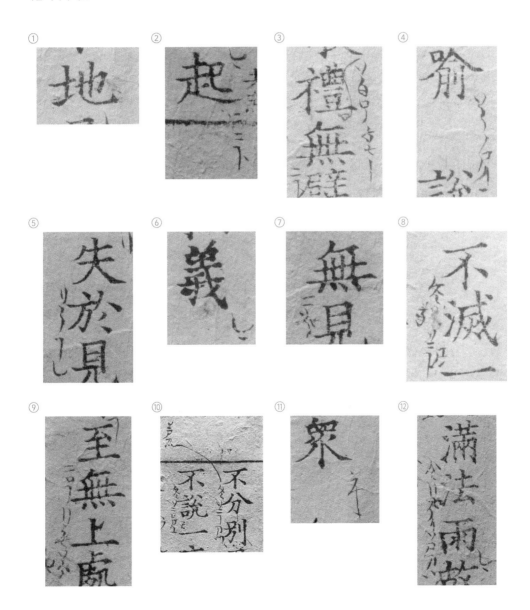

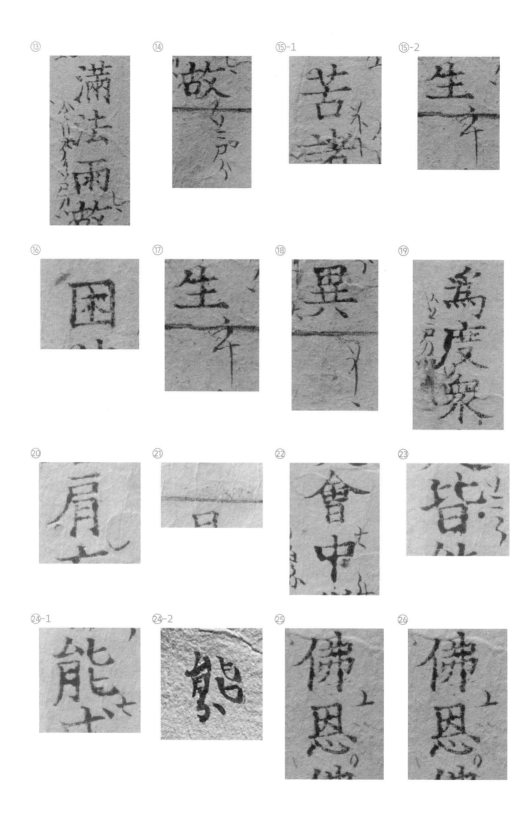

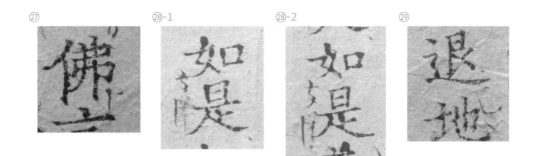

㉗　㉘-1　㉘-2　㉙

㉚

<금광3, 14:01>

P: 故𠫓得𠄌尒聽聞ソ𢀳受持ソ𢀳讀ソ𢀳誦ソ𢀳ソ大[1]𣎴丨

Q: 故𠫓 得𠄌尒 聽聞ソ𢀳 受持ソ𢀳 讀ソ𢀳 誦ソ𢀳ソナ𣎴丨

A: 故[41(·)]得聽聞[35(·)]受持[35(·)]讀[35(·)]誦[35(·),52(\·)[2]]

B: 故[𠫓]得聽聞[𢀳]受持[𢀳]讀[𢀳]誦[𢀳,x丨]

C: 故𠫓 得(𠄌尒) 聽聞(ソ)𢀳 受持(ソ)𢀳 讀(ソ)𢀳 誦(ソ)𢀳x丨

D: 그러므로 능히 聽聞하고 受持하고 讀하고 誦하고 해야 한다.

E: 듣고 받아 지니고 읽고 외워야 한다.

N: 應聽聞受持讀誦。

(마땅히 듣고 받아 지니고 읽고 외우라.)

<금광3, 14:01-03>

P: 何以故善男子(𠄌?)[3]若一切衆刂[4]生未[刂𢀳]種[一尸、]善根乙、未[刂𢀳]成熟[、[5]]

---

1 [교감] 석독구결자로 '大'는 인정하기 곤란하다. '大'의 다른 용례가 없으며 이 환경에서 선어말어미로 '다'를 상정하기 어렵기 때문이다. 여기서는 이 글자의 한 획은 의미가 없는 것으로 보고 선어말어미 'ナ'의 오기로 판단하였다. 이것이 혹 '七'을 썼다가 'ナ'로 수정한 결과일 가능성도 있다.(▶230페이지 ①번) 13장 11행에도 유사한 자형이 보인다. Ⅳ-086에서는 13장 11행의 예에 대해 'ナ'에서 '七'으로 수정한 결과로 파악한 바 있다. 그렇다면 14장 1행의 예와 대칭이 되는 예로 이해할 수 있다.

2 52(\·)의 유일례이다. 자토의 'ソナ𣎴丨'에 대응된다. 『합부금광명경』 권3에 현토된 '\·'의 경우 전반적으로 'ナ𣎴'와 관련된다. 예를 들어 23~33(\·)은 이 자료에 모두 세 번 출현하는데 각기 자토구결의 'ソナ尸入𠃍'(2장 22행), 'ソナ𣎴尸入𠃍'(5장 8행), 'ソナ𣎴入𠃍'(6장 23항)에 대응된다. 앞서 살펴본 14장 3행의 '經'에 현토된 43(\·) 역시 'ソナ𣎴𠃍入灬'로 대응된다.

3 [교감] '丨'에 가깝게 보이나 호격조사 '𠄌'의 표기가 분명하다. '𠄌'에 대응하는 점토(22(·))도 찍혀 있다.(▶230페이지 ②번)

4 [교감] '生'에 기입되어야 할 '刂'가 '衆'에 잘못 기입되어 있다.(▶230페이지 ③번)

5 일반적인 역독점과 달리 뭉툭하고 번져 있는 듯하다.(▶230페이지 ④번)

善根乙、未[刂ゑソナㄱㄱ]親近[、[6]]諸佛乙、不[人[7]ソナ(礻?)[8]ㄱ入灬亠]得ㄋ尒

聽聞、[9]是金光明經乙、

Q: 何以故 善男子ㄋ 若 一切 衆生刂 善根乙 種一尸 未刂ゑ 善根乙 成熟 未刂ゑ 諸佛乙 親近 未刂ゑソナㄱㄱ 得ㄋ尒 是 金光明經乙 聽聞 不ハソナ礻ㄱ入灬亠

A: 何以故善男子[22(·)]若[42(·)]一切衆生[22~32(·)]未種善根[34(·),15~25(-),22~32(·),35(·)]未成熟善根[34(·),22~32(·),35(·)]未親近諸佛[34(·),35(·),32~33(-)[10]]不得[15(·)]聽聞是金光明經[34(·),32~42(·),43(\·)[11],53(·)]

B: 何以故善男子[ㄋ]若[ヒ]一切衆生[刂]未種善根[乙,尸,刂,ゑ]未成熟善根[乙,刂,ゑ]未親近諸佛[乙,ゑ,xㄱ]不得[尒]聽聞是金光明經[乙,ハ,x灬,亠]

C: 何以故 善男子ㄋ 若ヒ 一切 衆生刂 善根乙 種尸 未刂(ソ)ゑ 善根乙 成熟 未刂(ソ)ゑ 諸 佛乙 親近 未(刂ソ)ゑxㄱ 得(ㄋ)尒 是 金光明經乙 聽聞 不ハx灬亠

D: 왜냐하면, 善男子야, 만약 一切 衆生이 善根을 심지 못하고 善根을 成熟시키지 못하고 여러 부처님을 親近히 하지 못하고 한 것은, 능히 이 金光明經을 聽聞하지 못했기 때문이다.

E: 왜냐 하면 선남자여, 만약 일체 중생이 아직 선근을 심지 않았거나 아직 선근이 성숙하지 않거나 아직 여러 부처님을 친근하지 못하였으면 이 『금광명경』을 들을 수

---

6 일반적인 역독점과 달리 수평선처럼 좀 길게 그어져 있다.(▶230페이지 ⑤번)

7 [교감] '人'의 자형으로 적었으나 'ハ'를 적은 것으로 이해할 수 있다.(▶230페이지 ⑥번)

8 [교감] 일반적인 '礻'의 자형과 비교하면 시작 부분에 획이 하나가 더 있다. 그러나 달리 볼 대안이 없어 잠정적으로 '礻'로 판단하였다. 이 자료에는 이처럼 필요 없는 획이 하나 더 추가된 듯한 구결자가 많이 보인다.

9 [교감] 역독점이 왼쪽에 있어야 할 것이 오른쪽에 잘못 찍혀 있다.(▶230페이지 ⑦번)

10 32~33(-)의 유일례이다. ① 같은 위치에 기입되는 32~33(/)이 'ソㄱㄱ'에 대응된다는 점, ② 자토구결의 대응되는 부분이 'ソナㄱㄱ'으로 나타난다는 점 등을 고려하면 32~33(-)은 'ナㄱㄱ'으로 해독할 가능성이 있다.

11 43(\·)의 유일례이다. 『합부금광명경』 권3에 현토된 '\·'의 경우 전반적으로 'ナ礻'와 관련된다. 예를 들어 23~33(\·)은 이 자료에 모두 세 번 출현하는데 각기 자토구결의 'ソナ尸入ㄱ'(2장 22행), 'ソナ礻尸入ㄱ'(5장 8행), 'ソナ礻入ㄱ'(6장 23항)에 대응된다. 앞서 살펴본 14장 1행의 52(\·) 역시 자토구결의 'ソナ礻丨'에 대응되고, 이 예에서도 'ソナ礻ㄱ入灬'로 대응된다.

없다.

N : 何以故。善男子。若一切衆生。未種善根。未成熟善根。未親近諸佛者。不能聽
聞是微妙法。

(왜냐 하면 선남자야, 만일 일체중생으로서 아직 선근을 심지 못했거나 선근이 성
숙하지 않았거나, 모든 부처님께 친근하지 못하였다면 이 미묘한 법을 들을 수 없
었으리라.)

<금광3, 14:03-05>

P : 善男子ヶ是金光明經乙以[ㆍㄱㅅ⌐]聽聞ㆍㅎ受持ㆍㅎㆍㄱㅅ乙ㆍ故ノ是善男子
⌐善女人⌐ノアㄱ一切罪障乙悉能ㅊ除滅ㆍㅁ得[ㆍㅌㅈㅊ]極清淨ㆍㄱㅅ乙ㆍ

Q : 善男子ㅎ[12] 是 金光明經乙 聽聞ㆍㅎ 受持ㆍㅎㆍㄱㅅ乙 {以}ㆍㄱㅅ⌐ 故ノ 是 善
男子⌐ 善女人⌐ノアㄱ 一切 罪障乙 悉 能ㅊ 除滅ㆍㆍㅁ 極 清淨ㆍㄱㅅ乙 得ㆍㅌ
ㅈㅊ

A : 善男子[22(·)]是金光明經[34(·)]以聽聞[35(·)]受持[35(·),45(/),24(·),43(·)]故[21(·)]
是善男子[53(·)]善女人[53(·),+15~25(-),33(·)]一切罪障[34(·)]悉能[55(·)]除滅
[+15(·)]得[역독선-각]極清淨常[45(/),54~55(:),지시선[13]]

B : 善男子[ㅎ]是金光明經[乙]以聽聞[ㅎ]受持[ㅎ,ㆍㄱㅅ乙,ㅎ,⌐]故[ノ]是善男子[⌐]
善女人[⌐,ノア,ㄱ]一切罪障[乙]悉能[ㅊ]除滅[ㅁ]得極清淨常[ㆍㄱㅅ乙,ㅌㅈㅊ]

C : 善男子ㅎ 是 金光明經乙 聽聞(ㆍ)ㅎ 受持(ㆍ)ㅎㆍㄱㅅ乙 {以}ㆍ(ㄱ)⌐ 故ノ 是
善男子⌐ 善女人⌐ノアㄱ 一切 罪障乙 悉 能ㅊ 除滅(ㆍ)ㅁ 極 清淨ㆍㄱㅅ乙 得
(ㆍ)ㅌㅈㅊ

D : 善男子야, 이 金光明經을 聽聞하고 受持하고 한 것을 말미암은 까닭으로, 이 善男子
니 善女人이니 하는 이는 一切 罪障을 다 능히 없애고 極清淨한 것을 얻을 것이며,

---

12 다른 구결자에 비해 먹 색깔이 매우 엷다.

13 다른 지시선에 비하여 매우 길게 그어져 있다.(▶230페이지 ⑧번)

E : 선남자여, 이 금광명경을 듣고 받아 지니므로 이 선남자와 선여인은 모든 죄와 장
　　애가 다 능히 없어지고 지극히 청정함을 얻어

N : 若善男子善女人能聽受者。一切罪障皆悉除滅。得最淸淨。
　　(만약 선남자 선여인으로서 이를 듣는다면 온갖 죄장(罪障)이 모조리 멸하여 없어
　　지고, 최고의 청정함을 얻고,)

<금광3, 14:05-07>

P : 常ㅣ得ㅎ 〳[見白ㅎ]佛乙、不[夫¹⁴ㅎ〳ㅎ]離[丶]世尊乙、常ㅣ聞[白ㅎ]妙法乙、
　　常ㅣ聽[白ㅎ〳ヒㅎㅣ〳]正法乙、生[〳ニ¹⁵]不退地ㅎ十、師子勝人乙¹⁶而灬得ㅎ 〳
　　親近〳白ㅎ不[(숓?)¹⁷〳ヒㅎㅣ〳]相ノ遠離丶

Q : 常ㅣ得ㅎ 〳 佛乙 見白ㅎ 世尊乙 離 不ㅊㅎ〳ㅎ 常ㅣ 妙法乙 聞白ㅎ 常ㅣ 正法
　　乙 聽白ㅎ〳ヒㅎㅣ〳 不退地ㅎ十 生〳ニㅣ 師子勝人乙 而灬 得ㅎ 〳 親近〳白ㅎ
　　相ノ 遠離 不ㅊ〳ヒㅎㅣ〳

A : 常得[15(·)]見佛[34(·),11~12(·),35(·)]不[역독선(우하향)]離[역독선(우하향)]世
　　尊[34(·),35(·),22(·),구결자(〳 ㅎ)¹⁸]常[22~32(·)]聞妙法[34(·),11~12(·),35(·)]常
　　[22~32(·)]聽正法[34(·),11~12(·),35(·),54~55(:)]生不退地[44(·),33(:)]師子勝人
　　[34(·)]而[43(·)]得[15(·)]親近[11~12(·),22(·)]不相[21(·)]遠離[15~25(-),54~55(:)]

14　[교감] 동사 부정으로 해석이 되며, 이러한 환경에서 이 문헌의 같은 장(제14장)에는 ""不ㅊ〳ㅎ"가 아닌
　　"不ㅊㅎ"의 표기만 여러 번 반복하여 나오는 특징적인 현상이 있음을 중요시하여 "不ㅊㅎ"의 오기로 보
　　았다. 만약 이렇게 교감하지 않는다면 이 사례는 석독구결의 부정법에서 매우 특이한 예외적 존재라고
　　해야 한다.

15　[교감] 문법적으로 관형사형 어미가 있어야 할 환경이며 동사 '生〳-'의 목적어 성분에 '〳ニㅣ'으로 해
　　독될 수 있는 점토(33(:))가 있으므로 교감에서는 'ㅣ'을 보충하였다.

16　'乙' 아래에 무언가를 적었다가 지운 흔적이 보인다.(▶231페이지 ⑨번)

17　[교감] 'ㅊ'의 일반적인 자형보다 획이 하나 더 있다. 이 자료의 구결자에는 이처럼 흔히 기입되지 않는
　　자획이 덧붙은 자형이 더러 보인다.(▶231페이지 ⑩번)

18　난하에 아주 가는 세필로 '〳ㅎ'가 기입되어 있다. 이는 22위치 단점 오른편에 점토로 오인할 만한 묵선
　　이 있어 난하에 정확한 독법을 교주해 놓은 것으로 추정된다.(▶231페이지 ⑪번)

B: 常得[ホ]見佛[乙,白,ホ]不離世尊[乙,ホ,ラ]常[刂]聞妙法[乙,白,ホ]常[刂]聽正法
[乙,白,ホ,ヒオハ]生不退地[十,二ㄱ]師子勝人[乙]而[灬]得[ホ]親近[白,ラ]不相
[ノ]遠離[尸,ヒオハ]

C: 常(刂) 得(ラ)ホ 佛乙 見白ホ 世尊乙 離(尸) 不(ㅊ ッ)ホ(ッ)ラ 常刂 妙法乙 聞白
ホ 常刂 正法乙 聽白ホ(ッ)ヒオハ 不退地十 生(ッ)二ㄱ 師子勝人乙 而灬 得(ラ)
ホ 親近(ッ)白ラ 相ノ 遠離尸 不(ッ)ヒオハ

D: 항상 능히 부처님을 뵙고 世尊을 여의지 않고 하여, 항상 妙法을 듣고 항상 正法을
듣고 할 것이며, 不退地에 나신 師子勝人을 능히 親近히 하여 서로 멀리 여의지 않
을 것이며,

E: 항상 부처님을 뵙고 세존을 여의지 아니하며 항상 묘법을 듣고 항상 정법을 들으며
물러서지 않는 지위[不退地]가 생기며 사자승인(師子勝人 : 佛)을 친근하여 서로
멀리 여의지 않는다.

N: 常得見佛。不離諸佛及善知識勝行之人。恒聞妙法住不退地。
(부처님을 늘 뵙고, 여러 부처님과 선지식, 훌륭한 행을 하는 사람 곁을 떠나지 않
고, 묘한 법문을 늘 들어 불퇴지에 머무르리라.)

<금광3, 14:07-15>

P: 無盡無減海印出妙功德陀羅尼‥無盡無減衆生意行言語通達陀羅尼‥無盡無減日
圓無垢相光陀羅尼‥無盡無減滿月相光陀羅尼‥無盡無減能伏一切惑事功德流陀
羅尼‥無盡無減破壞堅固金剛山陀羅尼‥無盡無減說不可說義因緣藏陀羅尼‥無
盡無減眞實語言法則音聲通達陀羅尼‥無盡無減虛空無垢心行印陀羅尼‥無盡無
減無邊佛身能顯現陀羅尼‥ノ尸乙ッラッヒ亦七丨

Q: 無盡無減海印出妙功德陀羅尼‥ 無盡無減衆生意行言語通達陀羅尼‥無盡無減日
圓無垢相光陀羅尼‥ 無盡無減滿月相光陀羅尼‥ 無盡無減能伏一切惑事功德流陀
羅尼‥ 無盡無減破壞堅固金剛山陀羅尼‥ 無盡無減說不可說義因緣藏陀羅尼‥
無盡無減眞實語言法則音聲通達陀羅尼‥ 無盡無減虛空無垢心行印陀羅尼‥ 無盡
無減無邊佛身能顯現陀羅尼‥ノ尸乙ッ ラッヒ亦七丨

無盡無減海印出妙功德陀羅尼[53(·)]無盡無減眾生意行言語通達陀羅尼[53(·)] 無盡無減日圓無垢相光陀羅尼[53(·)]無盡無減滿月相光陀羅尼[53(·)]無盡無減 能伏一切惑事功德流陀羅尼[53(·)]無盡無減破壞堅固金剛山陀羅尼[53(·)]無盡 無減說不可說義因緣藏陀羅尼[53(·)]無盡無減眞實語言法則音聲通達陀羅尼 [53(·)]無盡無減虛空無垢心行印陀羅尼[53(·)]無盡無減無邊佛身能顯現陀羅尼 [53(·),+35(\),22(·),52(:)]

Ⓑ: 無盡無減海印出妙功德陀羅尼[ᅩ]無盡無減眾生意行言語通達陀羅尼[ᅩ]無盡無減 日圓無垢相光陀羅尼[ᅩ]無盡無減滿月相光陀羅尼[ᅩ]無盡無減能伏一切惑事功德 流陀羅尼[ᅩ]無盡無減破壞堅固金剛山陀羅尼[ᅩ]無盡無減說不可說義因緣藏陀羅 尼[ᅩ]無盡無減眞實語言法則音聲通達陀羅尼[ᅩ]無盡無減虛空無垢心行印陀羅尼 [ᅩ]無盡無減無邊佛身能顯現陀羅尼[ᅩ,ノア乙,ゟ,ヒゔセ丨]

Ⓒ: 無盡無減海印出妙功德陀羅尼ᅩ 無盡無減眾生意行言語通達陀羅尼ᅩ 無盡無減日 圓無垢相光陀羅尼ᅩ 無盡無減滿月相光陀羅尼ᅩ 無盡無減能伏一切惑事功德流陀 羅尼ᅩ 無盡無減破壞堅固金剛山陀羅尼ᅩ 無盡無減說不可說義因緣藏陀羅尼ᅩ 無盡無減眞實語言法則音聲通達陀羅尼ᅩ 無盡無減虛空無垢心行印陀羅尼ᅩ 無盡 無減無邊佛身能顯現陀羅尼ᅩノア乙(ʼ)ゟ(ʼ)ヒゔセ丨

Ⓓ: 無盡無減海印出妙功德陀羅尼니 盡無減眾生意行言語通達陀羅尼니 無盡無減日圓 無垢相光陀羅尼니 無盡無減滿月相光陀羅尼니 無盡無減能伏一切惑事功德流陀羅 尼니 無盡無減破壞堅固金剛山陀羅尼니 無盡無減說不可說義因緣藏陀羅尼니 無 盡無減眞實語言法則音聲通達陀羅尼니 無盡無減虛空無垢心行印陀羅尼니 無盡無 減無邊佛身能顯現陀羅尼니 하는 것을 할 것이다.

Ⓔ: 무진무감해인출묘공덕다라니(無盡無減海印出妙功德陀羅尼)·무진무감중생의행언 어통달(無盡無減眾生意行言語通達)다라니·무진무감일원무구상광(無盡無減日圓 無垢相光)다라니·무진무감만월상광(無盡無減滿月相光)다라니·무진무감능복일체 혹사공덕류(無盡無減能伏一切惑事功德流)다라니·무진무감파괴견고금강산(無盡 無減破壞堅固金剛山)다라니·무진무감설불가설의인연장(無盡無減說不可說義因 緣藏)다라니·무진무감진실어언법칙음성통달(無盡無減眞實語言法則音聲通達)다 라니·무진무감허공무구심행인(無盡無減虛空無垢心行印)다라니·무진무감무변불

신능현현(無盡無減無邊佛身能顯現)다라니,

: 獲得如是勝陀羅尼門無盡無減。所謂海印出妙功德陀羅尼。無盡無減。通達衆
生意行言語陀羅尼。無盡無減。無盡無減。日圓無垢相光陀羅尼。無盡無減。
滿月相光陀羅尼。無盡無減。能伏諸惑演功德流陀羅尼。無盡無減。破金剛山陀
羅尼。無盡無減。說不可說義因緣藏陀羅尼。無盡無減。通達實語法則音聲陀
羅尼。無盡無減。虛空無垢心行印陀羅尼。無盡無減。無邊佛身。皆能顯現陀羅
尼。無盡無減。

(이와 같은 훌륭한 다라니문(陀羅尼門)을 얻어 다함이 없고 축남이 없으리니, 이른
바 해인이 묘한 공덕을 내는[海印以妙功德] 다라니는 다함이 없고 축남도 없으며,
중생의 뜻과 행과 말을 통달하는[通達衆生意行言語] 다라니는 다함이 없고 축남도
없으며, 해가 원만하여 때가 없는 모양의 빛[日圓無垢相光] 다라니는 다함이 없고
축남도 없으며, 만월 모양의 빛[滿月相光] 다라니는 다함이 없고 축남도 없으며, 능
히 모든 미혹을 없애고 공덕의 물줄기를 늘 흐르게 하는[能伏諸惑演功德流] 다라
니는 다함이 없고 축남이 없으며, 금강산을 부수는[破金剛山] 다라니는 다함이 없
고 축남도 없으며, 말할 수 없는 뜻의 인연을 말하는 창고[說不可說義因緣藏] 다라
니는 다함이 없고 축남도 없으며, 진실한 말과 법칙과 소리를 통달하는[通達實語法
則音聲] 다라니는 다함이 없고 축남도 없으며, 허공처럼 때 없는 마음과 행의 인[虛
空無垢行印] 다라니는 다함이 없고 축남도 없으며, 끝없는 부처님 몸이 다 능히 나
타나는[無邊佛身皆能顯現] 다라니는 다함이 없고 축남도 없느니라.)

<금광3, 14:15-16>

P: 善男子 3 如[ㅊ ㆍ 1]是、諸陀羅尼等 ㆍ ㅣ 乙 得 3 ホ 成就 ㆍ 3 ナ 1 ㅅ ㆍ 故 ノ

Q: 善男子 3 是 如 ㅊ ㆍ 1 諸 陀羅尼 等 ㆍ ㅣ 乙 得 3 ホ 成就 ㆍ 3 ナ 1 ㅅ ㆍ 故 ノ

A: 善男子[22(·)]如是[11(·),33(/)]諸[33(·)]陀羅尼等[34~35(/)]得[15(·)]成就
[22(·),43(-)]故[21(·)]

B: 善男子[3]如是[ㅊ, ㆍ 1]諸[1]陀羅尼等[ㆍ ㅣ 乙]得[ホ]成就[3 ,ナ 1 ㅅ ㆍ]故[ノ]

C: 善男子 3 是 如 ㅊ ㆍ 1 諸 1 陀羅尼 等 ㆍ ㅣ 乙 得(3)ホ 成就(ㆍ) 3 ナ 1 ㅅ ㆍ 故 ノ

D: 善男子야, 이와 같은 여러 陀羅尼들을 능히 成就한 까닭으로,

E: 선남자여, 이와 같은 모든 다라니들을 성취하므로

N: 善男子。如是等無盡無減諸陀羅尼門。得成就故。
(선남자야, 이와 같이 다함이 없고 줄어드는 것도 없는 다라니문을 성취한 까닭에,)

<금광3, 14:16-18>

P: 菩薩摩訶薩ᄀ於十方ᄂ一切佛土ᄒ十 諸化佛身ᄆ 說[ᄵᄒᄼᄋ]無上ᄵᄂᄀ 種種ᄂ 正法乙、於法如如ᄒ十不[ᄎ[^19]ᄒ]動、不[ᄎᄒ]去、不[ᄎᄒᄵᄼ]來、

Q: 菩薩摩訶薩ᄀ {於}十方ᄂ 一切 佛土ᄒ十 諸 化佛身ᄆ 無上ᄵᄂᄀ 種種ᄂ 正法乙 說ᄵᄒᄼᄋ {於}法如如ᄒ十 動 不ᄎᄒ 去 不ᄎᄒ 來 不ᄎᄒᄵᄼ

A: 菩薩摩訶薩[33(·)]於十方一切佛土[44(·)]諸化佛身[43(·)]說無上[33(:)]種種正法[34(·),54(|),구결자(乙)]於[구결자(ᄵᄒ一)][^20]法如如[44(·)]不動[15~25(-)-복,35(·)]不去[15~25(-)-각,35(·)]不來[15~25(-)-각,35(·),55(·)]

B: 菩薩摩訶薩[ᄀ]於十方一切佛土[十]諸化佛身[ᄆ]說無上[ᄂᄀ]種種正法[乙,ᄒᄼ一]於法如如[十]不動[ᄼ,ᄒ]不去[ᄼ,ᄒ]不來[ᄼ,ᄒ,ᄼ]

C: 菩薩摩訶薩ᄀ {於}十方 一切 佛土十 諸 化佛身ᄆ 無上ᄵᄂᄀ 種種 正法乙 說ᄒ ᄼ一 {於}法 如如十 動ᄼ 不(ᄵ)ᄒ 去ᄼ 不(ᄵ)ᄒ 來ᄼ 不(ᄵ)ᄒ(ᄵ)ᄼ

D: ①菩薩摩訶薩은 十方 一切 佛土에서 여러 化佛身으로 無上하신 種種 正法을 說하나 法 如如에서 움직이지 않고 가지 않고 오지 않고 하며,

E: 선남자여, 이와 같은 모든 다라니들을 성취하므로 보살마하살은 시방 일체 불국토에서 모든 변화하여 나타나신 부처님 몸[化佛身]으로 위없는 가지가지 정법을 설하되 여여(如如)한 법에서 움직이지도 않고 가지도 않고 오지도 않는다.

N: 是菩薩摩訶薩能於十方一切佛土。化作佛身。演說無上種種正法。於法眞如。不

---

19 [교감] 'ᄎ'의 일반적인 자형보다 획이 하나 더 있다.

20 난하에 아주 가는 세필로 'ᄵᄒ一'가 기입되어 있다.(▶231페이지 ⑫번)

動不住。

(이 보살마하살은 능히 시방 온갖 부처님 나라에 부처의 몸으로 화하여 위없는 가지가지 바른 법을 연설하고, 법진여(法眞如)에서 흔들리지 않고 머무르지 않으며,)

<금광3, 14:18-19>

P: 善能亐成熟[今[21]刂ヒ尸亠]一切衆生ラ善根、亦不[冬ソ㢱]見[尸、]一切衆(刂?)[22] 生刂可[七ソㄱ乙、]成熟今刂ノ亣、者

Q: 善能亐 一切 衆生ラ 善根 成熟𠆢刂ヒ尸亠 亦 一切 衆生刂 成熟𠆢刂ノ亣可七ソ ㄱ乙{者} 見尸 不冬ソ㢱

A: 善能[45(·)]成熟一切衆生[23(·)]善根[34(·),=23~24(·),54(|)]亦不見一切衆生 [22~32(·)]可成熟[=23~24(·),42(\),35(/)#34~35(/),15~25(-),55(·)]者

B: 善能[亐]成熟一切衆生[ラ]善根[乙,𠆢刂,ヒ尸亠]亦不見一切衆生[刂]可成熟[𠆢刂, ノ亣七,ソㄱ乙,尸,㢱]者

C: 善能亐 一切 衆生ラ 善根乙 成熟𠆢刂ヒ尸亠 亦 一切 衆生刂 成熟𠆢刂ノ亣{可} 七ソㄱ乙{者} 見尸 不(ソ)㢱

D: ②능히 一切 衆生의 善根을 成熟시키나 또한 一切 衆生이 成熟시킬 만한 이(成熟시킬 만한 一切 衆生)를 보지 않으며,

E: 그리고 능히 일체 중생의 선근을 잘 성숙시키되 또한 일체 중생으로 가히 성숙시킬 자를 보지 못하며

N: 善能成熟一切衆生善根。亦不見一衆生可成熟者。
(온갖 중생의 선근을 잘 성숙시키되 또한 한 중생도 성숙된 것을 보지 않는다.)

---

21 [교감] '今'의 자형으로 적었으나 '𠆢'를 적은 것으로 이해할 수 있다.

22 [교감] '衆'에 구결자 '刂'를 달았다가 지운 흔적이 있다.(▶231페이지 ⑬번)

<금광3, 14:19-21>

P: 說[ヒ ア 亠]種種七諸法乙、於諸言辭ㄋ十不[冬ᄒ]動、不[冬ᄒ]去、不[冬ᄒ]住、不[冬ᄒソナオ(<-ㄱ)[23]罒[24]]來、能ㄅ現[ヒ ア 亠]生滅乙、向[ソㄅ]無生滅乙、

Q: 種種七 諸 法乙 說ヒ ア 亠 {於}諸 言辭ㄋ十 動 不冬ᄒ 去 不冬ᄒ 住 不冬ᄒ 來 不冬ᄒソナオ罒 能ㄅ 生滅乙 現ヒ ア 亠 無生滅乙 向ソㄅ

A: 說種種諸法[34(·),54(|)]於諸言辭[44(·)]不動[15~25(-),35(·)]不去[15~25(-),35(·)]不住[15~25(-),=35(·)]不來[15~25(-),35(·),31(-)]能[55(·)]現生滅[34(·),=54(|)]向無生滅[34(·),55(·)]

B: 說種種諸法[乙,ヒ ア 亠]於諸言辭[十]不動[ア,ᄒ]不去[ア,ᄒ]不住[ア,ᄒ]不來[ア,ᄒ,ナオ罒]能[ㄅ]現生滅[乙,ヒ ア 亠]向無生滅[乙,ㄅ]

C: 種種 諸 法乙 說ヒ ア 亠 {於}諸 言辭十 動ア 不(ソ)ᄒ 去ア 不(ソ)ᄒ 住ア 不(ソ)ᄒ 來ア 不(ソ)ᄒ(ソ)ナオ罒 能ㄅ 生滅乙 現ヒ ア 亠 無生滅乙 向(ソ)ㄅ

D: ③갖가지 여러 法을 說하나 여러 言辭에서 움직이지 않고 가지 않고 머무르지 않고 오지 않고 하는 것이라서 능히 生滅을 나타내나 無生滅을 向하며,

E: 가지가지 모든 법을 설하되 모든 말[言辭]에서 움직이지도 않고 가지도 않고 오지도 않으며 능히 생멸을 나타내되 생멸 없음을 향하며

N: 雖說種種諸法。於言辭中不動不住。不去不來。能於生滅證無生滅。
(비록 가지가지 모든 법을 설하지만 말[言辭] 가운데서 움직이지 않고 머무르지 않으며, 가지도 않고 오지도 않는다. 능히 나고 멸하는 데서 나고 멸함이 없는 것을 증득한다.)

---

23 [교감] 'ㄱ'을 적었다가 'オ'로 수정하였다.(▶231페이지 ⑭번)

24 [교감] 앞뒤 문장의 연결 관계를 고려하면 'ソㄅ'가 예상되는 자리인데 'ソナオ罒'가 표기되었다. 오기로 판단할 수 있으나 달리 볼 여지(점토의 영향 등)도 있어서 교감에 반영하지는 않았다.

<금광3, 14:21-22>

P: 說[ㅌㅅㅡ]諸行法乙、[ㅌㅎㅌㅣ]²⁵無所去來ノㅅ、一切法ㄱ無[ㆍㄱㅅㅡ]異ㆍㄱ、故ㅡ

Q: 諸 行法乙 說ㅌㅅㅡ 去來ノㅅ 所 無ㅌㅎㅌㅣ 一切 法ㄱ 異ㆍㄱ 無ㆍㄱㅅㅡ{故}ㅡ

A: 說諸行法[34(·),54(|)]無所去來[+15~25(-),52(:)]一切法[33(·)]無異[33(/),43(/)]故[53(·)]

B: 說諸行法[乙,ㅌㅅㅡ]無所去來[ノㅅ,ㅌㅎㅌㅣ]一切法[ㄱ]無異[ㆍㄱ,(ㆍ)ㄱㅅㅡ]故[ㅡ]

C: 諸 行法乙 說ㅌㅅㅡ 去來ノㅅ 所 無ㅌㅎㅌㅣ 一切 法ㄱ 異ㆍㄱ 無ㄱㅅㅡ{故}ㅡ

D: ④여러 行法을 說하나 가고 오는 바 없다. 一切 法은 다름이 없기 때문이다."

E: 모든 지어가는 법[諸行法]을 설하되 가고 오는 바가 없으니 일체법은 다름이 없기 때문이다.")²⁶

N: 以何因緣。說諸行法無有去來。由一切法體無異故。
(무슨 인연으로써 모든 행법(行法)이 감도 없고 옴도 없다고 말하는가. 온갖 법체가 다름이 없음을 말미암은 까닭이니라.")

---

25 [교감] 아래 '無'에 달려야 할 'ㅌㅎㅌㅣ'가 '法'의 좌측토로 잘못 기입되어 있다.

26 이 부분에 대한 한명숙 옮김(2019)의 번역은 다음과 같다.
"선남자여, 이와 같은 모든 다라니를 모두 성취하기 때문에 보살마하살은 시방의 일체의 불국토에서 여러 가지 화불의 몸을 나타내어 위없는 여러 가지 바른 법을 설하되, 법여여(法如如)에서 움직이지도 않고 가지도 않고 오지도 않는다. 모든 중생의 선근을 잘 성숙시키면서 또한 성숙시킬 만한 중생이 있음을 보지 않는다. 여러 가지의 모든 법을 설하지만 모든 말에서 움직이지 않고 가지도 않고 머물지도 않으며 오지도 않으며 생멸을 나타내면서 생멸이 없음을 향한다. 모든 행법(行法)을 설하지만 가고 오는 것이 없으니 일체법이 다름이 없기 때문이다."

<금광3, 14:22-24>

P: 說[尸]是金光明經乙、已([三]?[27]ソ(白?)[28]ハ二ㄱ三万億菩薩摩訶薩ㄱ得[ㅌハ二ㅊ]無生法忍乙、無[ㄱ]量、諸菩薩ㄱ不[冬ソㅌハ二ㅊ]退[、]菩提心乙、無[ㅊ]量、無[ソㄱ]邊、比丘ㄱ得[ㅌ尸ㅊ]法眼淨乙、無[ㄱ]量、衆生ㄱ發[ソㅌㅣ]菩提心乙、

Q: 是 金光明經乙 說尸 已氵ソロハ二ㄱ 三万億 菩薩摩訶薩ㄱ 無生法忍乙 得ㅌハ二ㅊ 量 無ㄱ 諸 菩薩ㄱ 菩提心乙 退 不冬ソㅌハ二ㅊ 量 無ㅊ 邊 無ソㄱ 比丘ㄱ 法眼淨乙 得ㅌ尸ㅊ 量 無ㄱ 衆生ㄱ 菩提心乙 發ソㅌㅣ

A: 說是金光明經[34(·),15~25(-)]已[24(·),33(·.)]三万億菩薩摩訶薩[33(·)]得無生法忍[34(·),45(:)#=45~55(:)]無量[33(·)]諸菩薩[33(·)]不退菩提心[34(·),15~25(-),45(:)#=45~55(:)]無量[55(·)]無邊[33(·)]比丘[33(·)]得法眼淨[34(·),54~55(·.)[29]]無量衆生[33(·)]發菩提心[34(·),52(·.)[30]]

B: 說是金光明經[乙,尸]已[氵,ロハ二ㄱ]三万億菩薩摩訶薩[ㄱ]得無生法忍[乙,ㅌハ二ㅊ]無量[ㄱ]諸菩薩[ㄱ]不退菩提心[乙,尸,ㅌハ二ㅊ]無量[ㅊ]無邊[ㄱ]比丘[ㄱ]得法眼淨[乙,xㅊ]無量衆生[ㄱ]發菩提心[乙,xㅣ]

C: 是 金光明經乙 說尸 已氵(ソ)ロハ二ㄱ 三万億 菩薩摩訶薩ㄱ 無生法忍乙 得ㅌハ二ㅊ 量 無ㄱ 諸 菩薩ㄱ 菩提心乙 退尸 不(ソ)ㅌハ二ㅊ 量 無ㅊ 邊 無ㄱ 比丘ㄱ 法眼淨乙 得xㅊ 量 無ㄱ 衆生ㄱ 菩提心乙 發xㅣ

D: 이 金光明經을 說하고 나시니, 三万億 菩薩摩訶薩은 無生法忍을 얻으셨으며, 한량

---

27 [교감] 자형상으로는 '氵'보다 '三'에 더 가깝다. 그러나 '已'자에 토가 달린 다른 예에서는 모두 '氵'가 쓰인 점과 구결자 '三'은 (이 예를 제외하면) 〈화소〉에서만 쓰인 점을 고려하여 '氵'로 판단하였다.(▶231페이지 ⑮번)

28 [교감] 자형상으로는 'ロ'보다 '白'에 더 가깝다. 그러나 '已'자에 구결점 33(·.)이 기입되었고 15장 1행의 '見'자에 기입된 33(·.)은 'ロハ二ㄱ'에 대응되기 때문에 이것이 'ロ'일 가능성이 크다는 점, 14장 7행과 18행의 '不'자에 기입된 '冬'도 불필요해 보이는 자획이 하나 더 추가된 사례가 있는 점 등을 고려하여 'ロ'로 판단하였다.

29 54~55(·.)의 유일례이다. 자토의 'ㅌ尸ㅊ'에 대응된다.

30 52(·.)의 유일례이다. 자토의 'ソㅌㅣ'에 대응된다.

없는 여러 菩薩은 菩提心을 물러나게 하지 않으셨으며, 한량없으며 끝없는 比丘는 法眼淨을 얻었으며, 한량없는 衆生은 菩提心을 發하였다.

E: 이 『금광명경』을 설하고 나니 삼만억 보살마하살이 무생법인(無生法忍)을 얻고 한량없는 모든 보살이 보리심에서 물러서지 않으며 한량없고 가이없는 비구들이 법의 눈이 청정함을 얻었으며 한량없는 중생이 보리심을 발하였다.

N: 說是法時。三萬億菩薩摩訶薩。得無生法忍。無量諸菩薩不退菩提心。無量無邊苾芻苾芻尼。得法眼淨。無量衆生發菩薩心。

(이 법을 설할 때에 3만 억 보살마하살이 무생법인(無生法忍)을 얻었고, 한량없는 모든 보살이 깨닫고자 하는 마음에서 물러서지 않았으며, 한량없고 끝없는 필추·필추니가 깨끗한 법의 눈을 얻었고, 한량없는 중생이 보살심을 일으켰다.)

<금광3, 14:24-25>

P: 是時ナ世尊イ而灬說[氵]偈乙、言リニア

Q: 是 時ナ 世尊イ 而灬 偈乙 說氵 言リニア

A: 是時[44(·)]世尊[33(·)]而[43(·)]說偈[34(·),22(·)]言[14~15(|)]

B: 是時[ナ]世尊[イ]而[灬]說偈[乙,氵]言[ニア]

C: 是 時ナ 世尊イ 而灬 偈乙 說氵 言(リ)ニア

D: 이 때 世尊은 偈를 說하여 말씀하시기를,

E: 이때 세존께서 게송으로 말씀하셨다.

N: 爾時世尊。而說頌曰。(그 때 부처님께서 게송으로 말씀하시었다.)

<금광3, 15:01-02>[31]

P: 逆[ㅡ 仒 ㄴ]生死流乙、道ㄱ甚深ソ⺕微ソ⺕ソㅡ下難氵見白ノ禾ロハㅡㄱ貪欲灬覆ノㄱ衆生ㄱ愚ソㄋ尒冥暗ソナㄱ入灬不[入[32]ノ禾ナㄱ刂丨ソヒハㅡㄱ[33]]見尸、

Q: 生死流乙 逆ㅡ 仒 ㄴ 道ㄱ 甚 深ソ⺕ 微ソ⺕ソㅡ下 難氵 見白ノ禾ロハㅡㄱ 貪欲灬 覆ノㄱ 衆生ㄱ 愚ソㄋ尒 冥暗ソナㄱ入灬 見尸 不ハノ禾ナㄱ刂丨ソヒハㅡㄱ

A: 逆生死流[34(·),24(:),42(·)]道[33(·)]甚深[35(·)]微[35(·),54(·)]難[24(·)]見[11~12(·),15(ɔ),33(·.)]貪欲[43(·)]覆[33(\)]衆生[33(·)]愚[15(·)]冥暗[43(-)]不見[15~25(-),32~42(·),15(ɔ),52(··),41(:)]

B: 逆生死流[乙,ㅡ 仒,ㄴ]道[ㄱ]甚深[⺕]微[⺕,下]難[氵]見[白,ノ禾,ロハㅡㄱ]貪欲[灬]覆[ノㄱ]衆生[ㄱ]愚[尒]冥暗[ナㄱ入灬]不見[尸,ハ,ノ禾,ナㄱ刂丨,ヒハㅡ丨]

C: 生死流乙 逆ㅡ 仒 ㄴ 道ㄱ 甚 深(ソ)⺕ 微(ソ)⺕(ソㅡ)下 難氵 見白ノ禾ロハㅡㄱ 貪欲灬 覆ノㄱ 衆生ㄱ 愚(ソㄋ)尒 冥暗(ソ)ナㄱ入灬 見尸 不ハノ禾ナㄱ刂丨(ソ)ヒハㅡ丨

D: "生死流를 거스르시는 道는 매우 깊고 微妙하고 하시어 어렵게야 뵐 수 있는[뵙기 어려운] 것이시니 貪欲으로 덮인 衆生은 어리석어서 어두운 까닭으로 보지 못하는 것이다." 하셨다.

E: 생사의 흐름 거스르는 도(道) 매우 깊고 미세하여 보기 어려우니 탐욕이 중생 덮어 어리석고 어두워 보지 못하네.

N: 勝法能逆生死流。甚深微妙難得見。有情盲冥貪欲覆。由不見故受衆苦。
(훌륭한 법은 능히 생사의 물결을 거스르나 매우 깊고 미묘하여 보기조차 어렵네.

---

31 15장 1행의 欄上에 '去叱ㅡ禾'라고 기입되어 있다. '逆'의 訓과 관련된 것일 가능성이 있다. 또한 '逆'의 訓인 '거슬-' 또는 '거스리-'와 관련된 것일 가능성이 있다. 『자비도량참법』 21장 14행에 '疲'의 훈을 '侍入乙非'처럼 구결자로 표기한 예가 있다.(▶231페이지 ⑯번)

32 [교감] '入'의 자형으로 적었으나 'ハ'를 적은 것으로 이해할 수 있다.

33 [교감] '不'에 달린 자토는 'ハノ禾ナㄱ刂丨ソヒハㅡㄱ'으로 판독된다. 하지만 종결어미가 쓰일 환경이고 대응하는 점토도 연결어미가 아닌 종결어미에 해당하는 요소가 현토되어 있는 점을 고려하면 마지막의 'ㄱ'은 '丨'의 오기일 가능성도 있으나 확실치 않아 교감에는 반영하지 않았다.

중생들은 눈멀고 탐욕으로 뒤덮여서 이를 보지 못하니, 온갖 고통을 받는구나.)

<금광3, 15:03-04>

P: 是時十大會ㄷ之衆ㄱ從[ㄷ]座乙、而灬起二下偏袒右肩右膝着地合掌恭ㇴ白ㅎㅊ敬³⁴頂灬禮[白口]佛足乙、而灬白佛言白二尸

Q: 是 時十 大會ㄷ{之} 衆ㄱ 座乙 從ㄷ 而灬 起二下 偏袒右肩 右膝着地 合掌恭敬ㇴ 白ㅎㅊ 頂灬 佛足乙 禮白口 而灬 佛 白言白二尸

A: 是時[44(·)]大會[42(·)]之衆[33(·)]從座[34(·),42(·)]而[43(·)]起[54(·)]偏[22(·)]袒右肩[34(·),55(·)]右膝着地[44(·),22(·)]合掌恭敬[11~12(·),15(·)]頂[43(·)]禮佛足[34(·),11~12(·),+15(·)]而[43(·)]白佛[23(·),44(·),22(·)]言[11~12(·)]

B: 是時[十]大會[ㄷ]之衆[ㄱ]從座[乙,ㄷ]而[灬]起[下]偏[ㅎ]袒右肩[乙,ㅁ]右膝着地[44(·),22(·)]合掌恭敬[白,ㅊ]頂[灬]禮佛足[乙,白,口]而[灬]白佛[ㅎ,十,ㅎ]言[白]

C: 是 時十 大會ㄷ{之} 衆ㄱ 座乙 從ㄷ 而灬 起(二)下 偏ㅎ 右肩乙 袒ㅎ 右膝(乙) 地十 着ㅎ 合掌恭敬(ㇴ)白(ㅎ)ㅊ 頂灬 佛足乙 禮白口 而灬 佛ㅎ十 白ㅎ 言白(二尸)

D: 이 때에 大會의 大衆은 자리에서 일어나시어 한쪽으로 오른쪽 어깨를 벗어[오른쪽 어깨만 벗어] 오른쪽 무릎을 땅에 대며 合掌恭敬하여서 정수리로 부처님의 발에 예수하고, 부처님께 사뢰어 말씀드리시기를,

E: 이때 대회의 대중이 자리에서 일어나 오른 한쪽 어깨를 드러내고 오른 무릎을 땅에 꿇고 합장하고 공경하며 부처님 발에 이마를 대어 예배하고 부처님께 말씀드렸다.

N: 爾時大衆。俱從座起。頂禮佛足。而白佛言。
(그 때 대중이 모두 함께 자리에서 일어나서 부처님 발에 정례하고 부처님께 여쭈었다.)

---

34 [교감] '敬'에 달아야 할 'ㇴ白ㅎㅊ'을 '恭'에 잘못 달아서 '敬'의 오른쪽 아래에 동그라미를 그려 올바른 위치를 표시해 주었다.(▶231페이지 ⑰번)

\<금광3, 15:04-05\>

P : 若有³⁵處處ㅅ十講宣[ㅅ³⁶白ロナㄱ놋ㅡ]此金光明經乙、

Q : 若 有 處處ㅅ十 此 金光明經乙 講宣ㅅ白ロナㄱ놋ㅡ

A : 若有[52(·)]處處[44(·)]講宣此金光明經[34(·),23~24(·),11~12(·),+15(·),25(-),53(·)]

B : 若有[ナ]處處[十]講宣此金光明經[乙,ㅅㅣ,白,ロ,ナㄱ놋,ㅡ]

C : 若 有ナ(ㅣ) 處處十 此 金光明經乙 講宣ㅅㅣ白ロナㄱ놋ㅡ

D : "혹 있다, 곳곳에서 이 金光明經을 講宣시키는 것이.

E : "만약 곳곳에서 이『금광명경』을 강술하여 펴면

N : 世尊。若所在處。講宣讀誦此金光明最勝王經。

　　("세존이시여, 누구든지 있는 데서 이 금광명최승왕경을 강설하고 읽고 외우면,)

\<금광3, 15:05-06\>

P : 是會ㄴ大衆ㄱ皆悉往[ㅿ]ㅿ、彼³⁷爲ノ作[ㅛロ(ㄴ?)³⁸ノ才ㅎ]聽衆ㅣ尸入乙、

Q : 是 會ㄴ 大衆ㄱ 皆 悉 彼ㅿ 往ㅿ 爲ノ 聽衆ㅣ尸入乙 作ㅛロㄴノ才ㅎ

A : 是會[42(·)]大衆[33(·)]皆[42(·)]悉[22(·)]往彼[13(·)#12~13(·),22(·)]爲[21(·)]作聽
　　衆[22~32(·),+45(/)#45(/),54~55(·\)³⁹]

35　[교감] '有'에 'ㄴㅏㅣ'가 예상되는 환경인데 토가 달리지 않았다. 오기로 판단할 수 있으나 복원해야 할
　　토가 반드시 'ㄴㅏㅣ'인지 분명치 않아 교감에 반영하지는 않았다.

36　[교감] 'ㅅ'의 자형으로 적었으나 'ㅿ'를 적은 것으로 이해할 수 있다.

37　[교감] '彼'에 달아야 할 'ㅿ'를 '往'에 잘못 기입하였고, 이것의 올바른 위치를 표시하기 위해 '彼'의 아
　　래에 동그라미를 그리고 'ㅿ'까지 선으로 이어놓았다.(▶231페이지 ⑱번)

38　[교감] 일반적인 'ㄴ'의 자형과는 차이가 있다. 'ㄴ'으로 보기에는 두 번째 획이 끊어져 있어 'ㅡ' 아래 별
　　도의 획이 있는 것같기도 하다. 그러나 이것을 다른 구결자로 판독할 여지가 많지 않고 이어지는 문맥에
　　서 'ㅡロㄴノ才ㅎ'가 반복되는 점을 고려하여 'ㄴ'으로 판단하였다.(▶231페이지 ⑲번)

39　54~55(·\)의 유일례이다. 자토의 'ㅛロㄴノ才ㅎ'에 대응된다. 자토와의 대응을 고려하면 15장 7행의 '快'
　　에 현토된 54~55(\)과 함께 'ロㄴノ才ㅎ'일 가능성이 있다. 하지만 15장 9행의 '盛'에 현토된 +45~55(-)도
　　자토의 'ロㄴノ才ㅎ'와 대응되므로 확실하지 않다.

B : 是會[ㄴ]大衆[ㄱ]皆[ㄴ]悉[ㅎ]往彼[ㅿㅎ]爲[ノ]作聽衆[ㅣㅅㄹㅅ,xㅎ⁴⁰]

C : 是 會ㄴ 大衆ㄱ 皆ㄴ 悉ㅎ 彼ㅿ 往ㅎ 爲ノ 聽衆ㅣㅅㄹ 作(ㅅ)xㅎ

D : (그렇다면) 이 法會의 大衆은 모두 다 거기 가 (金光明經의 講宣을) 위하여 聽衆이 되고자 할 것이며,

E : 이 모임의 대중이 모두 다 그 곳에 가서 청중이 될 것이요,

N : 我等大衆皆悉往彼。爲作聽衆。

　　(저희들 대중은 모조리 저 곳에 가서 청중(聽衆)이 되겠사오며,)

<금광3, 15:06-07>

P : 是說法師乙火種種ᅩ利益ノ⁴¹安樂無障ㅅㅎᅙ身心泰然ㅅㅎᅙ 今⁴²ㅣㅎ

Q : 是 說法師乙火 種種ᅩ 利益ノ 安樂 無障ㅅㅎᅙ 身心 泰然ㅅㅎᅙ ㅅㅣㅎ

A : 是說法師[=34~44(·),구결자(火)]種種[43(·)]利益[+13(\\)]安樂無障[35(·)]身心泰然[35(·),23~24(·),55(·)]

B : 是說法師[火]種種[ᅩ]利益[ノアㅅ]安樂無障[ᅙ]身心泰然[ᅙ,ㅅㅣ,ㅎ]

C : 是 說法師火 種種ᅩ 利益ノアㅅ 安樂 無障(ㅅㅎ)ᅙ 身心 泰然(ㅅㅎ)ᅙ ㅅㅣㅎ

D : 이 說法師를 갖가지로 이롭게 하되 安樂 無障하고 身心 泰然하고 하게 하며,

E : 이 경을 설하는 법사에게 가지가지 이익으로 안락하고 장애가 없이 몸과 마음이 편안하도록

N : 是說法師。令得利益安樂。無障身意泰然。

　　(이 경을 설하는 법사로 하여금 이익과 안락을 얻게 하고 아무 장애 없이 몸과 뜻을

40　자토와의 대응을 고려하면 〈15:07〉의 '快'에 현토된 54~55(\\)와 함께 'ㅁㅅノㅓㅎ'일 가능성이 있다. 하지만 〈15:09〉의 '盛'에 현토된 +45~55(-)도 자토의 'ㅁㅅノㅓㅎ'와 대응되므로 확실치는 않다.

41　[교감] 'ノアㅅ'에 대응되는 점토가 있어 'ノアㅅ'의 오기일 가능성이 있으나 분명치 않아 교감에 반영하지는 않았다.

42　[교감] '今'의 자형으로 적었으나 'ㅅ'를 적은 것으로 이해할 수 있다.

편안케 하여 주겠으며,)

<금광3, 15:07>

P: 我𢒿等ㅅ丨丨皆當八盡ㅌ七心灬供養ㅅ白⺀

Q: {我}𢒿 等ㅅ丨丨 皆 當八 盡ㅌ七 心灬 供養ㅅ白⺀

A: 我等[32~33(/)]皆[42(·)]當[32~42(·)]盡[11~21(-),42(·)]心[43(·)]供養[11~12(·),55(·)]

B: 我等[ㅅ丨丨]皆[七]當[八]盡[ㅌ,七]心[灬]供養[白,⺀]

C: 我 等ㅅ丨丨 皆七 當八 盡ㅌ七 心灬 供養(ㅅ)白⺀

D: 우리들은 모두 마땅히 다하는 마음으로[마음을 다하여] 供養드리며,

E: 저희들이 다 마땅히 마음을 다하여 공양하고

N: 我等皆當盡心供養。
(저희들은 모두 반드시 정성을 다하여 공양하겠으며,)

<금광3, 15:07>

P: 令[刂口口七ノ𢒿⺀]諸聽衆乙皿刀安隱快樂ㅅ丶

Q: 諸 聽衆乙皿刀 安隱 快樂ㅅ{令}刂口口七ノ𢒿⺀

A: 令諸聽衆[34(·),32(·),14(·)]安隱快[54~55(\)[43]]樂[23~24(·),+15(·),지시선[44]]

B: 令諸聽衆[乙,皿,刀]安隱快樂[厶刂,口,x⺀]

C: 諸 聽衆乙皿刀 安隱 快樂{令}厶刂口x⺀

43 54~55(\)의 유일례이다. 자토의 '口七ノ𢒿⺀'에 대응된다.

44 '樂'자에는 35위치와 55위치에서 시작되는 두 개의 묵선이 사진상으로 보인다. 그러나 원본 실사 결과 35위치에서 시작하는 선은 묵흔이 아니고 사진에서 보이는 것보다 훨씬 길어서 현토자가 의도적으로 기입한 것으로 보기 어렵다. 따라서 55위치에서 시작되는 선이 지시선이다.(▶231페이지 ⑳번)

D: 모든 聽衆으로 하여금도 安隱하고 快樂하게 하고자 할 것이며,

E: 모든 청중이 안온하고 쾌락하도록 할 것입니다.

N: 亦令聽衆安隱快樂。
(듣는 이들로 하여금 편안하고 기쁘게 하겠으며,)

<금광3, 15:08-09>

P: 是所刂㇆國土3十㇆無[刂ソ𢒅]諸怨賊亠恐怖ノ令七之難亠ノ尸乙、無[刂ソ𢒅]飢饉七畏ノ尸入乙、無[刂ソ𢒅]非人七畏ノ尸入乙、人民興盛ソ𢒅令[45]刂ロロ七ノ矛ㄅ

Q: 是 所刂㇆ 國土3十㇆ 諸 怨賊亠 恐怖ノ令七{之} 難亠ノ尸乙 無刂ソ𢒅 飢饉七 畏ノ尸入乙 無刂ソ𢒅 非人七 畏ノ尸入乙 無刂ソ𢒅 人民 興盛ソ𢒅亽刂ロロ七ノ矛ㄅ

A: 是所[33~43(·)]國土[44(·)]無諸怨賊[53(·)]恐怖[24(\),42(·)]之[35(·)]難[53(·),+35(\),지시선[46]]無飢饉[42(·)]畏[+45(\)#45(\),35(·)]無非人[42(·)]畏[+45(\)#45(\),35(·)]人民興[35(·)]盛[35(·),23~24(·),+15(·),+45~55(-)[47]]

B: 是所[刂㇆]國土[十]無諸怨賊[亠]恐怖[ノ令,七]之難[亠,ノ尸乙,𢒅]無飢饉[七]畏[ノ尸入乙,𢒅]無非人[七]畏[ノ尸入乙,𢒅]人民興[𢒅]盛[𢒅,亽刂,ロ,xㄅ]

C: 是 所刂㇆ 國土十 諸 怨賊亠 恐怖ノ令七{之} 難亠ノ尸乙 無(刂ソ)𢒅 飢饉七 畏ノ尸入乙 無(刂ソ)𢒅 非人七 畏ノ尸入乙 無(刂ソ)𢒅 人民 興(ソ)𢒅 盛(ソ)𢒅亽刂ロxㄅ

D: 이 곳인 國土에, 여러 怨賊이니 두려워할 만한 難이니 하는 것을 없애고, 飢饉의 두

---

45 [교감] '令'의 자형으로 적었으나 '亽'를 적은 것으로 이해할 수 있다.

46 지시선이 두 개 있는 것처럼 보이는데, 왼쪽의 것은 취하지 않고 오른쪽의 것만을 취했다.(▶231페이지 ㉑번)

47 +45~55(-)의 유일례이다. 자토의 'ロ七ノ矛ㄅ'에 대응된다. 이 자료에서는 15장 6행의 '衆'에 현토된 54~55(.\)과 7행의 '快'에 현토된 54~55(\)도 자토의 'ロ七ノ矛ㄅ'에 대응된다.

려움을 없애고, 非人의 두려움을 없애고, 人民이 興하고 盛하고 하게 하고자 할 것이며,

E: 이곳의 국토는 모든 원수와 도적의 두려움과 같은 어려움이 없고 기근의 두려움도 없고 사람 아닌 이의 두려움도 없을 것이며 인민이 번성할 것입니다.

N: 所住國土。無諸怨賊恐怖厄難飢饉之苦。人民熾盛。
(그들이 사는 나라에 모든 원수와 도적의 두려움과 재난과 굶주림의 고통이 없게 하겠고, 백성들이 치성하게 하겠나이다.)

<금광3, 15:09-11>

P: 是說法處乙火一切諸天∽人∽非人∽等ソ1∥∽及諸衆生∽ノア乙不[余ソロロヒノホヒ1]得ろホ從[ヒ]上乙、而∽過ソろ汗漫[ᅀ⁴⁸∥ア、]說法ヒ之處乙、

Q: 是 說法處乙火 一切 諸 天∽ 人∽ 非人∽ 等ソ1∥∽ 及 諸 衆生∽ノア乙 得ろ ホ 上乙 從ヒ 而∽ 過ソろ 說法ヒ{之} 處乙 汗漫ᅀ∥ア 不余ソロロヒノホヒ1

A: 是說法處[34~44(·),구결자(乙火)]一切諸天[53(·)]人[53(·)]非人[53(·)]等[=52~53(/)#=53(/)]及[42(·)]諸[33(·)]衆生[53(·),+35(\)]不得[15(·)]從上[34(·),42(·)]而[43(·)]過[22(·)]汗漫說法[42(·)]之處[34(·),23~24(·),15~25(-),+15(·),+41~51(-)⁴⁹#+41(-)]

B: 是說法處[火]一切諸天[∽]人[∽]非人[∽]等[ソ1∥∽]及[ヒ]諸[1]衆生[∽,ノア乙]不得[ホ]從上[乙,ヒ]而[∽]過[ろ]汗漫說法[ヒ]之處[乙,ᅀ∥,ア,ロ,ロヒノホヒ1]

C: 是 說法處火 一切 諸 天∽ 人∽ 非人∽ 等ソ1∥∽ 及ヒ 諸1 衆生∽ノア乙 得(ろ)ホ 上乙 從ヒ 而∽ 過ろ 說法ヒ{之} 處乙 汗漫ᅀ∥ア 不(ソ)ロロヒノホヒ1

D: 이 說法處에 대해서는, 一切 여러 天이니 人이니 非人이니 하는 것 등이니 여러 衆

---

48 [교감] 'ᅀ'의 자형으로 적었으나 'ᅀ'를 적은 것으로 이해할 수 있다.

49 +41~51(-)는 15장 14행의 '足'과 여기에 두 번 나온다. 자토의 'ロヒノホヒ1'에 대응된다.

生이니 하는 것으로 하여금 능히 위를 따라[위로] 지나다녀 說法의 장소를 더럽히지 못하게 할 것입니다.

E : 이 설법하는 곳은 일체 모든 하늘과 사람이나 사람 아닌 이들 및 모든 중생이 위로 지나가거나 설법하는 곳을 더럽게 하지 못할 것입니다.

N : 此說法處。道場之地。一切諸天人非人等一切衆生。不應履踐及以汚穢。
(이 법을 설하는 곳, 도량의 땅은 온갖 모든 하늘과 사람과 사람이 아닌 온갖 중생이 밟거나 더럽히지 못하게 하겠나이다.)

<금광3, 15:11>

P : 何以故ᅩᄡ白ノㅋ尸入ㄱ說法ㅌ之處ㅣ卽ノ是ㄱ其塔ㅣᄼ口ㄱ入ᄯᅩ

Q : 何以故ᅩᄡ白ノㅋ尸入ㄱ說法ㅌ{之}處ㅣ卽ノ是ㄱ其塔ㅣᄼ口ㄱ入ᄯᅩ

A : 何以故說法[42(·)]之處[22~32(·)]卽[21(·)]是[33(·)]其[=22~32(·),43(··)50,53(·)]塔 [지시선]

B : 何以故說法[ㅌ]之處[ㅣ]卽[ノ]是[ㄱ]其塔[ㅣ, xᄯ, ᅩ]

C : 何以故 說法ㅌ{之} 處ㅣ 卽ノ 是ㄱ 其 塔ㅣxᄯᅩ

D : 왜냐 하면, 說法하는 곳이 곧 그 塔이시기 때문입니다.

E : 왜냐 하면 설법하는 곳은 곧 이곳이 그 탑이기 때문입니다.

N : 何以故。說法之處卽是制底。當以香花繒綵幡蓋而爲供養。我等常爲守護令離衰損。
(왜냐 하면 법을 설하는 곳은 곧 제저(制底: 塔)이기 때문입니다.)

<금광3, 15:11-13>

P : 若善男子ᅩᄼ善女人ᅩノ尸ㄱ應[ㅌᄡ口ㅣ]當以ㇰ諸香ᅩ花ᅩ繒ᅩ綵ᅩ幡ᅩ蓋ᅩノ

ア乙、供養[ノ ヰ、]是說法處乙、⁵¹

Q: 若 善男子ー 善女人ーノア1 當 諸 香ー 花ー 繒ー 綵ー 幡ー 蓋ーノア乙 {以}氵
是 說法處乙 供養ノ ヰ 應セッロ |

A: 若善男子[53(·)]善女人[53(·),+15~25(-),33(·)]應當[32~42(·)]以諸香[53(·)]
花[53(·)]繒[53(·)]綵[53(·)]幡[53(·)]蓋[53(·),+35(\),24(·)]供養是說法處
[34(·),42(\),52(·)]

B: 若善男子[ー]善女人[ー,ノ,ア,1]應當[ハ]以諸香[ー]花[ー]繒[ー]綵[ー]幡[ー]蓋
[ー,ノア乙,氵]供養是說法處[乙,ノ ヰ セ,ナ]

C: 若 善男子ー 善女人ーノア1 當ハ 諸 香ー 花ー 繒ー 綵ー 幡ー 蓋ーノア乙 {以}
氵 是 說法處乙 供養ノ ヰ {應}セ(ッ)ナ(丨)

D: 가령 善男子니 善女人이니 하는 이는, 마땅히 여러 香이니 꽃이니 繒이니 綵니 幡
이니 蓋니 하는 것으로써 이 說法處를 供養해야 합니다.

E: 선남자와 선여인이 마땅히 모든 향이나 꽃, 화려한 비단 깃발, 일산을 이 설법하는
곳에 공양하면

N: 當以香花繒綵幡蓋而爲供養。
(그러므로 꼭 향·꽃·비단·깃발·일산으로써 공양하여야 하나이다.)

<금광3, 15:13-14>

P: 我 f 等ッ1 1 爲ノ作[ッ 氵]救護ッ 乙 利益ッ 乙ノア入乙、消除[ᅀ⁵² リ 彡]一切障
礙乙、隨[ノ]其所[乙、]湏セイノア、如[ハ]意乙、供給ッ 乙 ホ 悉令[リ ロ ロ セノ
ヰ セ 丨]具足ッ、

Q: {我} f 等ッ1 1 爲ノ 救護ッ 乙 利益ッ 乙ノア入乙 作ッ 乙 一切 障礙乙 消除ᅀ
リ 彡 其 湏セイノア 所乙 隨ノ 意乙 如ハ 供給ッ 乙 ホ 悉 具足ッ {令}リ ロ ロ セノ

51 역독점이 매우 희미하다.

52 [교감] 'ᅀ'의 자형으로 적었으나 'ᅀ'를 적은 것으로 이해할 수 있다.

立 七 丨

A: 我等[32~33(/)]爲[21(·)]作救護[35(·)]利益[35(·),+45(\),22(·)]消除一切障礙[34(·),23~24(·),55(·)]隨其所須[33~44(/),+15~25(-),34(·),21(·)]如意[34(·),32~42(·)]供給[15(·)]悉[22(·)]令具足[23~24(·),+15(·),+41~51(-)[53]#+41(-)]

B: 我等[ソ 1 1]爲[ノ]作救護[𢀳]利益[𢀳,ノ 尸 入 乙,氵]消除一切障礙[乙,亽 刂,㢱]隨其所須[七 彳,ノ 尸,乙,ノ]如意[乙,八]供給[ホ]悉[氵]令具足[亽 刂,ロ,ロ 七 ノ 立 七 丨]

C: 我 等ソ 1 1 爲ノ 救護(ソ)𢀳 利益(ソ)𢀳ノ 尸 入 乙 作ソ 氵 一切 障礙乙 消除亽 刂㢱 其 須七 彳 ノ 尸 所乙 隨ノ 意乙 如八 供給(ソ 氵)ホ 悉氵 具足亽 刂 ロ ロ 七 ノ 立 七 丨

D: 우리들은 (善男子 善女人을) 위하여 救護하고 이롭게 하고 하는 일을 지어 一切 障礙를 消除시키며 그들이 반드시 하고자 하는 바에 따라 (그들의) 뜻대로 供給하여서 다 具足하게 하고자 합니다."

E: 저희들은 그들을 이익되게 하고 구호할 것이며 일체의 장애를 녹여 없애고 필요한 것을 따라 뜻과 같게 공급하여 다 구족하게 할 것입니다."

N: 我等常爲守護令離衰損。
(저희들은 언제든지 지키고 옹호하여 쇠퇴치 않게 하겠나이다.")

<금광3, 15:14>

P: 佛1言刂ニ尸善男子氵如[支ソ丨]是、

Q: 佛1 言刂ニ尸 善男子氵 是 如支ソ丨

A: 佛言[14~15(|)]善男子[22(·)]如是[51(·)]

B: 佛言[ニ尸]善男子[氵]如是[丨]

53 +41~51(-)는 15장 11행의 '處'와 여기에 두 번 나온다. 자토의 'ロ 七 ノ 立 七 丨'에 대응된다.

C: 佛 言(ㅣ) ニ ア 善男子 } 是 如(ㅊ ッ) ㅣ

D: 부처님은 말씀하시기를, "善男子야, 이와 같다[옳다].

E: 부처님께서 말씀하셨다. "선남자여, 그렇게 하라.

N: 佛告大衆。善男子。

(부처님이 대중에게 말씀하시었다."선남자야,)

<금광3, 15:15-16>

P: 汝等 ッ ㄱ ㄱ 應[セ ッ ㄱ ㅗ]當 ㅅ 精勤修⁵⁴行[ッ(ㅅ?)⁵⁵ ㅎ 、]⁵⁶如[ㅊ ッ ニ ㄱ]此 、 經典 乙 、 則 ノ 法 乙 久 } 住[ㅅ⁵⁷ ㅣ 白 } ㄱ 丁 ノ ㅓ ナ ㄱ ㅣ ㅣ ッ ㅌ ㅅ ニ ㅣ]於世 } ナ 、

Q: 汝 等 ッ ㄱ ㄱ 當 ㅅ 此 如 ㅊ ッ ニ ㄱ 經典 乙 精勤 修行 ッ ㅅ ㅎ 應 セ ッ ㄱ ㅗ 則 ノ 法 乙 久 } {於}世 } ナ 住 ㅅ ㅣ 白 } ㄱ 丁 ノ ㅓ ナ ㄱ ㅣ ㅣ ッ ㅌ ㅅ ニ ㅣ

A: 汝等[32~33(/)]應當[32~42(·)]精勤[45(·)#+45(·)]修行如⁵⁸此[33(:)]經典[34(·), 42(.·)⁵⁹,=53(/)]則[21(·)#11~21(·)]法久[22(·)]住於世[44(·),23~24(·),22(··)⁶⁰,+11(·), 15(ᄀ),52(··)#51~52(··),41(:)]⁶¹

B: 汝等[ッ ㄱ ㄱ]應當[ㅅ]精勤[ㅎ]修行如此[ニ ㄱ]經典[乙,x ㅎ ㅅ,ッ ㄱ ㅗ]則[ノ]法久 [}]住於世[ナ,ㅅ ㅣ,白 },丁,ノ ㅓ,ナ ㄱ ㅣ ㅣ,ㅌ ㅅ ニ ㅣ]

---

54 '精勤修'까지 묵선이 그어져 있다.(▶231페이지 ㉒번)

55 [교감] 구결자가 아니라 'X' 모양의 어떤 부호일 가능성을 전혀 배제할 수는 없으나 구결자일 것으로 판단되며, 구결자 중에서는 'ㅅ'에 가장 가깝다. (유가17:18)의 '修'자에 현토된 'ㅅ'가 이것과 자형이 비슷하다.(▶231페이지 ㉓번)

56 'ッ ㅅ ㅎ'의 'ㅅ'와 'ㅎ' 사이 오른쪽에 조그맣게 묵서로 'ㅁ/ㅓ'라고 적어 놓은 듯이 보인다.

57 [교감] 'ㅅ'의 자형으로 적었으나 'ㅅ'를 적은 것으로 이해할 수 있다.

58 43(\) 및 42 위치의 묵권점 같은 것이 보인다.

59 42(.·)의 유일례이다. 자토의 'ッ ㅅ ㅎ 應 セ'에 대응된다.

60 22(··)의 유일례이다. 자토의 '白 }'에 대응된다.

61 11~12(·)으로 판독할 만한 것도 보인다. 그러나 원본 실사 결과 이것이 먹흔은 확실하지만 35위치의 먹이 튄 자국과 마찬가지로 구결점으로 인정하기는 어려워서 판독에 반영하지 않았다.

C: 汝 等ッ٦٦ 當ハ 精勤ゔ 此 如(ㅊッ)ニ٦ 經典乙 修行x ゔ {應}ㅅッフニ 則ノ 法
(乙) 久ゔ {於}世(ゔ)十 住ㅅㅣ白ゔ(٦)丁ノ ㅓ ナ٦ㅣㅣ(ッ)ㅌハニㅣ

D: 너희들은 마땅히 精勤히 이 같으신 經典을 修行해야 하니, (그렇게 하면) 곧 法을
오래 세상에 머무르게 하였다고 할 것이다." 하셨다.

E: 너희들은 마땅히 부지런히 정진하여 수행하여 이 경전과 같이 하면 법이 세상에 오
래 머물 것이니라."

N: 汝等應當精勤修習此妙經典。是則正法久住於世。
(너희들은 부지런히 이 묘한 경전을 닦아 익히라. 이것이 곧 바른 법을 오래 오래 세
상에 머무르게 하는 것이니라.")

사진 이미지 자료

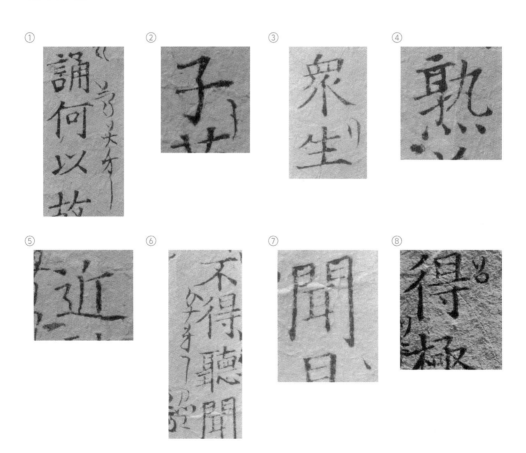

① ② ③ ④

⑤ ⑥ ⑦ ⑧

부 록

『합부금광명경』 권3 점토구결의 점도(點圖)[1]

이름		형태(위치)		사용 빈도		백분율	누적 백분율
단점		•		1744		74.72%	74.72%
선	사선	╱		132	418	17.91%	92.63%
	역사선	╲		115			
	수평선	━		134			
	수직선	┃		37			
쌍점	사향쌍점	⋮		6	121	5.18%	97.81%
	역사향쌍점	⋮		38			
	수평쌍점	••		31			
	수직쌍점	⋮		46			
눈썹	사선오눈썹	⁄⁄		2	31	1.33%	99.14%
	사선우눈썹	⁄⁄		7			
	역사선오눈썹	╲╲		17			
	역사선우눈썹	╲		5			
기타	빼침선	모양은 위치 별로 다름	(23~24)	7	13	0.56%	99.70%
			(24)	3			
			(22~32)	1			
			(43)	1			
			(51)	1			
	말발굽	◠	(15)	5	6	0.26%	99.96%
			(33~43)	1			
	느낌표	━•	(45)	1		0.04%	100%

『합부금광명경』 권3에 기입된 구결점의 형태별 사용 빈도

---

[1] 여기에 제시된 표와 그림은 장경준(2023)에서 인용한 것이다.

『합부금광명경』 권3에 기입된 구결점의 위치 구분 모형

(1) 단점

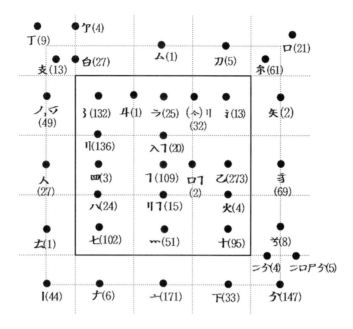

(2) 사선

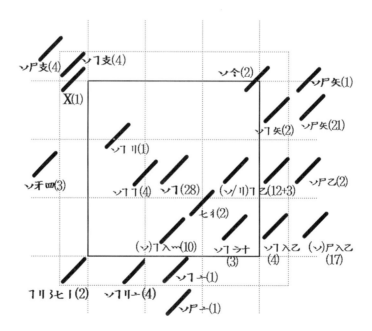

(3) 역사선

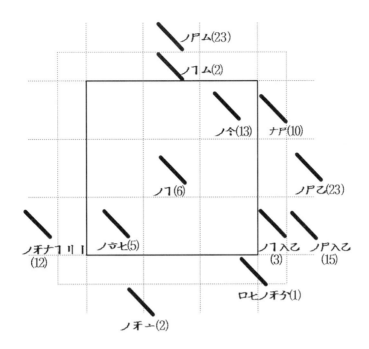

(4) 수평선

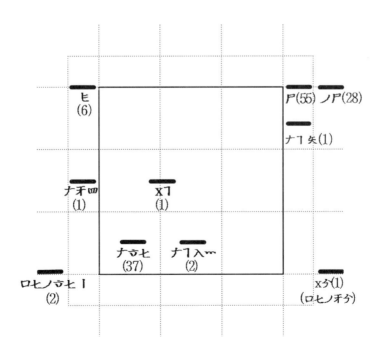

(5) 수직선

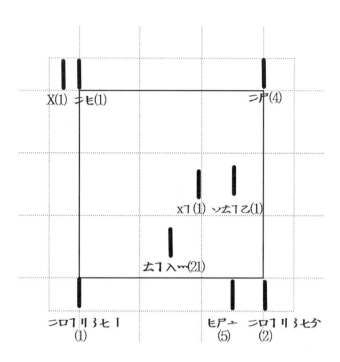

(6) 사향쌍점

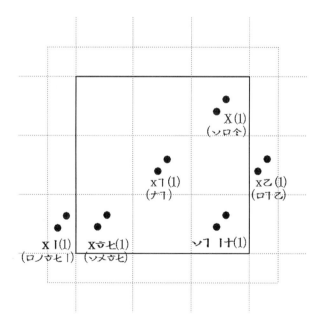

(7) 역사향쌍점

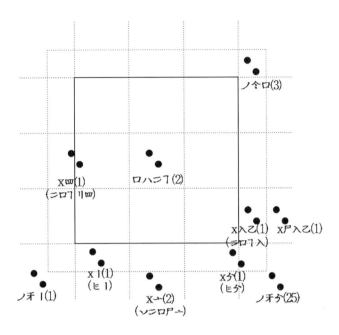

(8) 수평쌍점

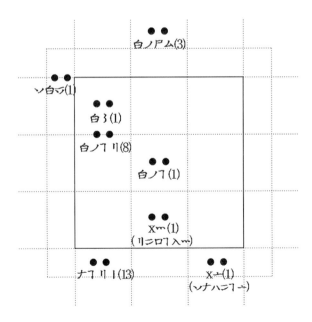

(9) 수직쌍점

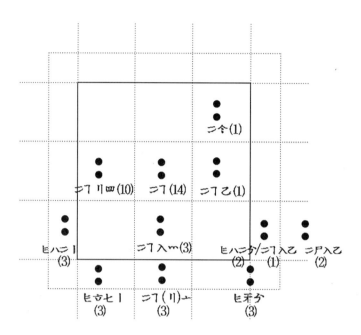

(10) 눈썹, 말발굽, 느낌표-1

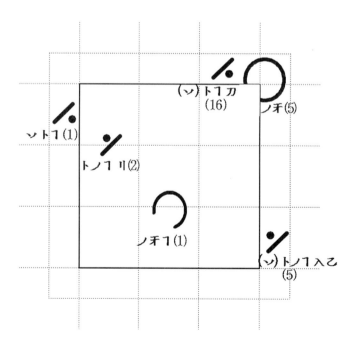

(11) 눈썹, 말발굽, 느낌표-2

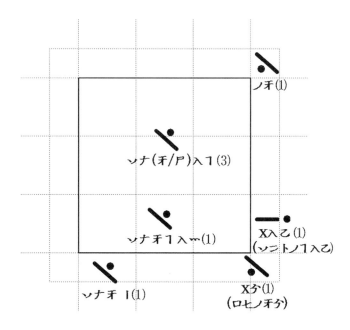

(12) 빼침선

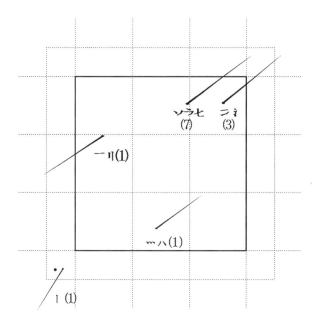

『합부금광명경』 권3에 대한 연구진의 최근 논문 요약

(1) 김성주(2019), 「석독구결본 『합부금광명경』 권제3의 불교문화사적 의의」, 『古印刷文化』 26, 청주고인쇄박물관, 57-77.

이 논문은 청주고인쇄박물관에 소장되어 있는 『합부금광명경』 권제3(이하 '이 문헌')에 대한 불교문화사적 의의를 밝힌 논문으로, 연구를 통한 본격적인 논문이라기보다는 불교문화사적 관점에서 『금광명경』에 대한 여러 관련 논의에서 『합부금광명경』 권제3에 수록된 제6 다라니최정지품과 이 문헌에 기입된 점토·자토석독구결에 대해서 발췌 정리한 글이다.

이 글에서 다룬 주요 내용은 4권본 『금광명경』, 8권본 『합부금광명경』, 10권본 『금광명최승왕경』의 성립 과정, 한역을 포함한 번역, 주석서, 그리고 최근 집일본 형태로 연구된 원효의 『금광명경소』 중 다라니최정지품의 내용 소개, 『금광명경』의 호국적 성격과 금광명경과 관련된 금광명도량, 석독구결본으로서의 청주고인쇄박물관 소장 『합부금광명경』 권제3의 의의 등이다.

『금광명경』은 4세기 무렵 북인도에서 성립되었을 것으로 추정되는데 한역본으로 현재 전화는 것은 曇無讖의 4권본 『금광명경』, 寶貴 등이 편집한 8권본 『合部金光明經』, 義淨의 10권본 『金光明最勝王經』 등 3개이다. 이 문헌은 현재 전하지 않는 眞諦 번역 『金光明帝王經』의 다라니최정지품을 보귀가 8권본 『합부금광명경』을 편집할 때 넣은 부분이다. 『금광명경』은 『인왕경』, 『법화경』과 함께 '護國三部經'으로 일컬어지는데 바로 이러한 호국적 성격 때문에 동아시아의 여러 나라에서 『금광명경』이 많이 읽혔다. 金岡秀友(1981: 203-207)에 의하면 漢譯 이외에도 티벳역, 칼믹어역, 몽골어역, 만주역, 위구르역, 호탄어역 등이 있다. 신라의 사천왕사 건립도 『금광명경』을 바탕으로 이루어진 것으로 보이며 주로

7세기 중후기 이후 원효의 『금광명경소』 등을 위시한 많은 신라 스님들에 의해 주소가 작성되었다. 특히 원효의 『금광명경소』는 8권본 『합부금광명경』에 대한 주석서이어서 청주고인쇄박물관 소장 『합부금광명경』 권제3의 연구에도 크게 참고할 수 있다.

『금광명경』의 내용은 철학, 윤리, 응용의 세 가지 관점에서 말할 수 있는데, 철학적 관점에서는 究竟顯頓를 설하였고, 도덕적 관점에서는 般若를 근본으로 여러 경의 수행의 요점을 설하였으며 응용의 관점에서는 사천왕, 변재천, 지신(地神), 야차 등이 正見, 正思의 大用이 나타나게 하였다. 또 『금광명경』의 '四天王品'을 바탕으로 우리나라의 모든 절에서 볼 수 있는 四天王門이 세워졌으며, 이 경의 '張子子流水品'은 방생을 통해 十千 천자의 佛果를 증득한 인연을 밝혀 이후 '방생' 문화의 근거가 되기도 한다.

『금광명경』은 밀교적 성격이 강한 대승경전인데, 석가모니불을 호위하고 있는 四佛은 이후에 胎藏界 曼多羅의 四方四佛이 되며, 사천왕이 다라니를 설하고, 변재천의 다라니법 공양, 堅牢地神과 散脂大將의 다라니법, 대길상천의 공양법, 三十二味의 香藥法 등이 설해진다.

이 문헌에 기입된 석독구결은 자토석독구결과 점토석독구결의 두 가지가 있는데, 자토석독구결과 점토석독구결이 모두 기입되어 있는 문헌은 오직 청주고인쇄박물관 소장 『합부금광명경』 권제3뿐이어서 이 문헌은 이 점만 보더라도 국보급 문헌이라 할 수 있다. 이 문헌에 기입된 구결은 석독구결의 두 가지 계통인 화엄경 계통 석독구결과 유가사지론 계통 석독구결 중 후자에 속한다.

(2) 김성주(2022), 「『합부금광명경』의 구결과 번역의 비교 연구」, 『口訣研究』 48, 구결학회, 35-61.

이 논문은 청주고인쇄박물관에 소장된 『합부금광명경』 권제3(이하 '이 문헌')에 기입된 자토석독구결과 점토석독구결을 바탕으로 현대국어로 옮긴 글(구결 바탕의 현대역)과 한글대장경 등의 『합부금광명경』 권제3의 번역(불교계의 현대역)을 비교한 것으로 구결이 불교계의 현대역과 해석에서 차이를 보이는 부분을 짚어보고 불교계의 현대역에도 구결의 해석을 참조할 필요가 있다는 점을 강조하기 위해서 작성한 글이다.

구결문과 현대역의 비교에서는 ①諸佛菩薩聰慧大智, ②如寶女人과 散多邪花, ③得度

脫一切怖畏一切惡獸一切惡鬼人非人等災橫諸惱 부분은 불교계의 현대역보다 구결 바탕의 현대역이 더 타당한 것으로 보았으며, ④功德法藏, ⑤對治諸法之門, ⑥解脫三昧 부분은 구결과 현대역 중 어느 쪽의 해석이 더 타당한지 판단을 내리지 못하여 불교학에 이해가 깊은 전문가가 판정을 내려야 할 부분이고, ⑦眞俗勝智와 ⑧十地 依功德力陀羅尼 부분은『합부금광명경』의 경문이 어색한 부분으로 보았다. 이러한 작업을 통해서 이 문헌에 기입한 구결과 불교계의 현대역을 비교해 보면, 이 문헌에 구결을 기입한 석독구결 기입자는 10권본인『금광명최승왕경』의 경문을 많이 참조하였다는 사실도 지적할 수 있다.

몇 가지 예를 구체적으로 살펴본다.

①諸佛菩薩聰慧大智는 聰慧大智를 어떻게 해석하였는가에 대한 문제인데 구결의 해석은 佛과 菩薩과 聰慧大智를 동등한 명사구로 해석하였고 불교계의 현대역은 佛과 菩薩의 '총명한 지혜와 큰 지혜'로 해석하였다. 10권본『금광명최승왕경』의 동일 구절인 '一者常於一切諸佛菩薩及明智者'를 참조하면 ①諸佛菩薩聰慧大智의 '聰慧大智'는 佛 또는 菩薩과 동등한 명사구이어서 이 구절은 '諸 NP1+NP2+NP3' 구성으로 파악한 구결의 해석이 옳은 부분이다.

④功德法藏은 제5지 선정바라밀의 인(因)을 비유와 함께 밝히는 부분인데, '功德法藏'에 대한 해석에서 구결의 해석과 불교계의 현대역이 차이를 보인다. 구결은 '功德法藏'을 한 단위로 해석하여 '第五心이 상위의 갖가지 功德法藏에 아직 가득 차지 아니하기 때문에'로 해석하였고 불교계의 현대역은 '功德'과 '法藏'을 따로 해석하여 '뛰어난 여러 가지 공덕(선정)을 갖추기는 했지만 법장(法藏, 지혜)은 아직 원만하게 갖추지 못하였으니'나 '가지가지 공덕을 낳되 아직 법의 곳간[法藏]을 다 채우지 못함과 같으니'로 해석하였다. '功德法藏'을 CBETA에서 검색해 보면 하나의 개념으로 쓰인 예들을 많이 볼 수 있으나 일본스님 간교(願曉)가『金光明最勝王經玄樞』에서 언급하였듯이, 元曉스님은『금광명경소』에서 '功德'과 '法藏'을 따로 떼어 해석하였다. 전문가의 논의가 있어야 할 부분이다.

⑦眞俗勝智에 대해서 구결의 해석은 '眞俗勝智를 하며'로, 불교계의 현대역들은 '진제와 속제에 대해 뛰어난 지혜를 일으키는 것이고' 또는 '진과 속에 강장 훌륭한 지혜요'로 되어 있으나 10권본『금광명최승왕경』을 보면 원문이 "眞俗勝智樂善分別"이어서 8권본『합부금광명경』의 본문에는 '樂善分別'이 빠져 버린 것이 아닌가 하는 의문이 든다.

(3) 김지오(2021), 「『합부금광명경(合部金光明經)』의 부호 연구」, 『語文硏究』 49-1, 한국어문교육연구회, 257-281.

이 논문은 『合部金光明經』 권3에 기입된 부호들의 종류와 기능에 대해 살펴본 연구이다. 『合部金光明經』은 點吐 口訣과 字吐 口訣이 동시에 기입되어 있는 자료로, 부호 역시 두 가지 구결을 위한 부호가 모두 나타난다. 먼저 點吐釋讀口訣을 위한 부호로는 合符, 逆讀線, 合符逆讀線, 指示線, 境界線이 있는데, 이들은 기입 방식에 따라 角筆 부호와 墨書 부호로 구분된다. 角筆 부호는 지금껏 알려져 왔던 『瑜伽師地論(3·5·8권)』의 부호들과 큰 차이가 없다. 그러나 墨書 부호는 기존의 부호 체계와는 다른, 독특한 모양과 새로운 기능을 보이고 있다. 대표적인 특징은 아래와 같다.

첫 번째 '合符'를 살펴보면, 각필 합부가 글자들을 관통하는 긴 직선의 모양이었다면 묵서 '합부'는 한자와 한자 사이를 연결하는 짧은 선이 주된 형태를 이룬다.

두 번째 '逆讀線'이다. 각필 역독선이 글자를 관통하는 긴 반곡선인 반면 묵서 '역독선'은 한자에서 가장 돌출된 획에서 右下向, 左上向, 左下向의 짧은 직선으로 표시되고 있다. 역독 동사의 논항이 같은 줄에 배치될 때는 右下向 역독선을, 논항이 다음 줄(좌측 상단)로 넘어갈 때는 左上向 역독선을 사용한다는 기능적 차이도 발견되었다.

세 번째 '合符逆讀線'을 살펴보면, 각필은 글자를 관통하는 긴 역사선 모양인 반면 묵서는 분리형과 일체형 두 가지 유형으로 모양이 다르게 나타난다. 묵서 역독선과 마찬가지로 논항의 위치에 따라 묵서 합부역독선도 右下向과 左上向 방향이 결정되었다.

네 번째 '指示線'이다. 『合部金光明經』에는 독자적인 각필 지시선은 없고, 묵서 지시선만 나타나는 것이 특징이다. 묵서 지시선은 『合部金光明經』의 일반적인 지시선과 모양과 기능에서 큰 차이를 보인다. 먼저 모양은 글자를 관통하지 않고 역독선처럼 한자의 자획 중에 가장 돌출된 부분에서부터 우상향으로 빼쳐 올라가는 모양으로 나타난다. 그리고 『瑜伽師地論』의 지시선은 點吐가 위 글자에 달렸느냐 아래 글자에 달렸느냐에 따라 상향 지시선(/)과 하향 지시선(\)으로 구분되지만 『合部金光明經』에서는 이런 구분이 없다. 대신 지시선의 길이가 이런 차이를 함의하고 있을 가능성이 높다.

한편, 『合部金光明經』에 나타난 부호들의 대부분은 點吐와 관련을 맺지만 字吐와 관련된 부호들도 나타난다. 이들은 字吐의 잘못된 위치를 교정하거나 字吐의 수정 사항을 지시하는 기능을 하고 있으며, 그 모양은 선과 권점으로 나타나는 것이 특징이다. 이처럼 『合

部金光明經』은 구결 기입과 운용의 측면뿐만 아니라 부호 사용에 있어서도 매우 독특한 자료임을 알 수 있다.

⑷ 김지오(2022), 「〈합부금광명경〉 자토·점토의 현토 양상과 특징」, 『口訣研究』 49, 구결학회, 171-202.

이 논문은 〈합부금광명경〉에 기입된 자토와 점토 구결에 대해 수정과 오류의 측면을 중심으로 고찰한 것이다. 먼저 자토 석독구결에서는 잘못된 구결과 미숙한 구결자가 많이 나타난다. 다른 5종 자토구결 자료들에서는 오류율이 0.1%~1%에 머물지만, 〈금광〉에서는 2.6%라는 높은 오류율을 보인다. 그리고 이런 오류들은 대대적으로 수정되어 있는데, 수정 방법도 물이나 먹으로 지우기, 종이를 얇게 긁어내기, 글자를 덧쓰기, 빠진 글자를 끼워 넣기, 수정 부호를 사용하기, 난상(欄上)에 수정 사항을 설명하기 등으로 다양하다. 반면 점토 석독구결은 자토 구결에 비해 심각한 오류 없이 정확하게 기입되어 있어, 자토 구결에 비해 정확도가 높다. 다만 사선우눈썹(/.) 기입에서는 점토를 현토했다가 지운 곳이 30여 곳에 걸쳐 반복되고 있는 점이 특이하다. 자토 구결과 점토 구결의 기입 양상의 특징을 다시 정리하면 아래와 같다.

• 자토 구결의 양상과 특징
1. 5종 자료들은 모두 하나의 필체로 통일되어 있다. 〈금광〉도 전체적으로는 필체가 통일되어 있기는 하지만, 드문드문 별필이 섞여 있어 현토자가 적어도 한 명 이상일 가능성이 있다.
2. 구결자의 자간 간격이 고르지 않고 먹의 농담이 균질하지 않은 점이 다른 5종 자료와 큰 대비를 이룬다. 이는 현토의 능숙함(숙련도)의 문제와 직결되는 특징이다.
3. 다른 자료들은 0.1%~1%대의 오류율에 머문 반면, 〈금광〉 2.6%라는 높은 오류율을 보인다.
4. 다른 자료에서는 이미 기입한 현토를 수정하는 일이 거의 일어나지 않는데, 〈금광〉에서는 60여 개의 수정 사례와 8가지 다양한 수정 방법이 발견된다.
5. 그러나 수정한 곳에서 또 오류를 보이거나, 수정되지 못한 부분이 20여 곳이 넘는다.

6. 미숙한 자형이나 판독이 불명확한 자형이 80여 곳 이상 보이며, 이 가운데 군더더기 획이 덧붙은 유형이 가장 많다.

7. 한문을 스스로 해석하면서 해독 순서에 따라 현토하지 않고, 순서와 무관하게 위에서 아래로 베낀 것이 명확한 예도 있다.

• 점토 구결의 양상과 특징

1. 〈금광〉에는 묵서와 각필 점토와 부호가 함께 기입되어 있기는 하지만 각필은 전체 점토 구결의 1% 정도로, 그 사용이 미비하다.

2. 각필은 한문 문장을 해석하기 위한 용도로는 보기 힘들며, 그중 일부는 묵서 점토를 수정·보완할 목적으로 사용된 것으로 파악된다.

3. 세필 구결자도 일부는 묵서 점토구결을 수정·보완할 목적으로 사용된 예들이 있다.

4. 점토 구결의 판독과 해독의 불완전성으로 오류를 판단하기가 자토보다 어렵다. 그러나 자토에서 오류로 지적되었던 110여 곳 중 대조 가능한 부분에서 점토는 모두 바르게 현토되어 있다. 따라서 자토보다 현토의 정확도가 높다.

5. 점토를 현토했다가 지운 예가 30여 곳 나타난다. 이런 수정은 점토 〈유가〉와 비교하면 수가 많은 것이고, 특히 수정의 사례 대부분이 '사선우눈썹(/·)' 현토에서 집중되어 있다는 점이 특이하다.

한편 〈금광〉의 점토는 각필 점토와 묵서 점토가 동시에 사용된 유일 자료라는 점이 부각되어 왔다. 그러나 두 종류의 점토 중 각필 구결의 출현 비율은 전체 구결의 1%에도 미치지 못한다. 따라서 이 자료는 기본적으로 묵서 점토석독구결 자료로 분류되어야 하며, 각필은 간헐적으로 첨기된 자료라는 사실이 강조될 필요가 있다. 그런 만큼 〈금강〉의 각필 점토는 여타의 각필 점토 자료들처럼 경문을 전반적으로 해독할 용도는 아닌 것이 분명하다. 아직 각필이 사용된 목적을 정확하게 알 수 없지만, 일부 각필 구결과 세필 구결자들 가운데에는 묵서 점토 구결을 보완하거나 수정할 목적으로 사용된 예가 확인된다.

(5) 문현수(2021), 「점토석독구결 『합부금광명경』 권3에 사용된 빼침선 연구」, 『국어사연구』 33, 국어사학회, 241-270.

이 논문은 점토와 자토가 함께 현토되어 있는 고려시대 석독구결자료인 『합부금광명경』 권3의 빼침선에 대해 검토해 본 것이다. 빼침선은 『유가사지론』 계통 점토석독구결에서 사용되는 구결점으로서, 이 계통에 속하는 자료인 『합부금광명경』 권3에서도 사용되고 있다. 『합부금광명경』 권3에 쓰인 빼침선의 유형과 본고의 해독안을 제시하면 다음과 같다. ① 빼침선(22~32)는 '⼀ㅔ[일이]'이다. ② 빼침선(23~24)는 'ᆞᅔㄴ/ㅅㄴ[힛/爲有]'이다. ③ 빼침선(24)는 'ㄹㅎ[시사]'이다. ④ 빼침선(43)은 'ᆢᄉ[록]'이다. ⑤ 빼침선(51)는 '⼀ㅣ[더]-'이다.

한편 각 빼침선과 동일한 위치에 현토된 단점들의 해독안은 다음과 같다. ① 22~32(·)는 'ㅔ[이]'이다. ② 23~24(·)는 '(ㅅ)ㅔ[히]'이다. ③ 24(·)는 'ㅎ[사]'이다. ④ 43(·)은 'ᆢ[로]'이다. ⑤ 51(·)는 'ㅣ[다]'이다. 이를 고려하면 빼침선들은 동일 위치 단점의 해독을 포함한 좀 더 복잡한 형태적 구성을 나타내거나(①-④), 단점의 해독과 형태는 동일하지만 서로 변별되는 형태소를 표기하기 위해 마련된 구결점이다(⑤). 특히 빼침선(51)은 다른 빼침선과 외형에서 차이를 보이는데, 이는 위와 같은 해독 결과의 차이를 나타내기 위한 것일 가능성이 있다.

또한 빼침선(23~24)과 빼침선(43)은 대응되는 자토가 언어 변화의 결과를 반영한 후대형인 경우가 있다. 이는 『합부금광명경』 권3의 점토가 자토보다 좀 더 보수적인 표기법을 따르고 있거나 점토가 자토보다 이른 시기에 현토되었기에 나타난 현상이라고 생각된다.

(6) 성우철(2023), 「『合部金光明經』 卷3의 'ㅂ'을 포함하는 口訣點에 대한 연구」, 『口訣硏究』 50, 구결학회, 91-122.

이 논문은 『합부금광명경』 권3에서 'ㅂ'을 포함하는 것으로 알려진 5종의 구결점 11~12(·), 11~21(··), +13(··), 22~32(··), 33(··)의 예 총 40건을 전면적으로 재검토하여 일부 구결점에 대한 새로운 판독 및 해독안을 제시한 것이다. 『합부금광명경』 권3은 『유가사지론』 계통의 다른 점토석독구결 자료와 달리 'ㅂ'에 대응되는 단점이 확인되며 높임 요소의 사용 빈도도 비교적 높게 나타난다는 점에서『유가사지론』계통의 점토석독구결 자료에 나타난 '-ㅂ-'의 기능을 분석하기 위한 중요한 근거가 된다. 이러한 점에서 이 논문은 자토석독구결과 점토석독구결을 아울러 '-ㅂ-'의 기능을 더 넓은 시각에서 종합적으로 연구하기 위한 토대를 마련한 것으로 평가할 수 있다. 이 논문의 주된 논지는 크게 다음의 두 가지로 요약된다.

첫째, 15:16:01의 '世'에서 기존에 22(·)으로 판독해 온 구결점과 =23(·)으로 판독해 온 구결점은 아울러 하나의 구결점 22(··)으로 판독된다. 이 구결점은 구결자 'ㅂ ㅎ'에 대응되는데, 이때 구결점의 위치 정보는 'ㅎ'를, 형태 정보는 'ㅂ'을 각기 지시하는 것으로 파악할 수 있다. 해당 글자에서 기존에 11~12(·)으로 판독해 온 것은 인쇄 과정 또는 구결 기입 과정에서 우연히 먹이 튄 자국으로 추정된다. 같은 글자의 13 위치와 24~34 위치에도 비슷한 흔적이 보인다. 해당 부분의 대응되는 자토석독구결에 'ㅎ ㅏ'가 기입된 것은 현토자가 22(··)의 오른쪽 점을 'ㅎ'에 대응되는 단점으로 잘못 판독한 결과일 가능성이 있다.

둘째, 02:01:10의 '王'에서 글자 좌상단에 기입된 구결점은 21(·)로 판독된다. 이 구결점은 'ᆢ ㅁ ㅎ'에 대응되는데, 이때 구결점의 위치 정보는 'ㅎ'를, 형태 정보는 'ㅁ'를 각기 지시하는 것으로 파악할 수 있다. 21(·)을 'ᆢ ㅂ ㅎ'로 해독할 가능성을 기각한 것은 본문의 맥락상 주체인 '菩薩'과 객체인 '寶須彌山王' 모두 '-ㅂ-'에 의한 높임의 대상으로 보기 어렵기 때문이다. 21(·)에 대한 새로운 해독으로 'ᆢ ㅁ ㅎ'를 제시한 것은 해당 글자의 우하단에 적혀 있는 세필 구결자의 자형을 재판독한 결과이다.『유가사지론』계통의 다른 점토석독구결 자료에서는 명명 구문의 선행절에 21(··)이 반복적으로 나타나는데,『합부금광명경』권3의 21(·)은 이 구결점과 기능상 평행한 요소로 여겨진다.

(7) 안대현(2019),「청주고인쇄박물관 소장『合部金光明經』권3의 서지적 특징」,『古印刷文化』26, 청주고인쇄박물관, 3-36.

이 논문은 동아시아에서의『금광명경』유통에 대해 살펴보고, 청주고인쇄박물관에 소장된『합부금광명경』권3의 서지적 특징을 개괄한 것이다.『금광명경』은 4세기경에 북인도에서 성립되었다고 추정되는 초기 대승경전이다. 호국삼부경의 하나로서 동아시아 한·중·일 각국에서 일찍부터 존숭되었으며, 그로 인해서 사경 및 간본으로 널리 유포되었다.

현존하는 3종의 한역본 가운데 4권본 『금광명경』은 국내에 사경으로도 간본으로도 가장 많이 전하고 있으며, 고려시대 이후 널리 읽혔다는 10권본 『금광명최승왕경』은 오히려 전본이 드물다. 국내에 8권본 『합부금광명경』은 초조대장경과 재조대장경, 그리고 사간본이 전하고 있으며, 사간본 가운데 구결이 기입되어 있는 자료가 바로 청주고인쇄박물관 소장의 권3이다.

이 자료는 25행 17자의 희귀한 형식을 지닌 판본으로서 대장경과 계통이 다른 사간본의 모습을 보여준다. 간기나 序跋이 없으나 刻手名이 새겨져 있어 연대 추정에 중요한 단서가 된다. 이르면 재조대장경 『합부금광명경』(1242~1243년)보다 약간 먼저 간행되었을 수도 있고, 늦으면 재조대장경 『유가사지론』(1245~1247년)보다 조금 뒤에 간행되었을 수도 있다.

『합부금광명경』 권3은 내용적으로는 「다라니최정지품」에 해당한다. 이 품은 4권본에는 없는 부분으로서, 보살 수행의 열 단계 경지, 즉 十地와 그 각각에 대한 十種 다라니를 제시하고, 그에 따라 수행하면 얻게 되는 공덕을 설한다. 청주고인쇄박물관 소장본과 재조대장경 판본을 원문서지학적으로 비교해 보면, 큰 차이는 없고 다라니 부분의 산스크리트어 音譯字 차이나 문장 일부의 추가 및 삭제로 인한 차이가 여러 곳에서 발견된다.

이 자료는 고려시대의 자토석독구결이 달려 있어서 당시의 언어와 문자 생활을 알 수 있는 중요한 문헌이며, 또한 점토석독구결도 묵서와 각필로 달려 있기 때문에, 다른 석독구결 자료와는 구별되는 매우 독특한 가치를 지녔다. 그리고 이 자료는 다른 석독구결 자료에서 찾아보기 힘든 다양한 부호가 사용되고 있다는 점에서도 주목할 만한 가치가 있다.

한편 이 자료에 기입된 자토석독구결은 誤記가 많고 기입자가 둘 이상일 가능성이 있기 때문에 자료 이용에 유의해야 한다. 또 점토석독구결은 묵서로 기입된 부분이 많지만 일부 점토들은 각필로 기입되어 있어 육안으로 판독하기가 쉽지 않다. 특히 송진으로 변색된 부분은 각필로 점토가 기입되어 있어도 눈에 잘 띄지 않기 때문에 원본을 면밀하게 조사할 필요가 있다.

(8) 이강혁(2021), 「『합부금광명경』 권3 자토구결과 점토구결의 대응 양상과 상호 관련성」, 『국어사 연구』 33, 국어사학회, 197-240.

이 논문은 중층 구결자료인 『합부금광명경』 권3을 대상으로 자토구결과 점토구결의 대응 양상을 확인하고 이를 통해 자토와 점토 간에 어떠한 상호 관련성이 있는지 검토해 본 것이다. 2장에서는 자토와 점토 간의 대응 양상을 다룬 선행연구를 검토함으로써 본고에서 확인하고자 하는 자토와 점토의 대응 양상에 대한 방향성을 제시하였다. 3장에서는 특기할 수 있는 자토와 점토의 대응 양상을 중심으로 검토하여 처격조사를 나타내는 'ㅏ'와 관련된 오기 가능성과 'ㆍ ㅓ ㅊ ㅏ'와 'ㅏ(ㆍ) ㅕ'에 대한 해독 문제, 'ㆍㆍ'에 결합하는 'ㄷ'과 'ㅅ'의 불일치, 선어말어미 'ㅡㄹㆍ'와 수직쌍점[⠆]의 대응 양상, 문장 구조 및 정보 구조와 관련된 문제 등을 중심으로 확인하였다. 4장에서는 자토와 점토의 대응 양상에 대한 종합적 검토를 바탕으로 어떠한 상호 관련성이 있는지를 소결의 형식으로 갈음하였다. 5장은 한계와 결론이다.

(9) 이용(2019), 「『合部金光明經』 자토구결과 현대어 번역」, 『고인쇄문화』 26, 청주고인쇄박물관, 99-215.

이 논문은 자토와 점토를 동시에 가지고 있는 『合部金光明經』 권3의 나타나는 자토구결에 기반하여 현대어 번역을 제시하는 것을 목적으로 하여 작성되었다. 이를 위하여 첫째, 이 자료를 개괄하였다. 둘째, 이 자료에 나타나는 구결자 목록을 제시하고 올바른 텍스트 판독을 위해 그동안 이루어졌던 판독과 교감에 관해 정리하고 논란이 될 만한 사항에 대하여 논의하였다. 그리고 현대어 번역 과정에서 제기되는 문제를 다루어 현대어 번역 과정에서 유의할 사항에 관하여 정리하고 현대어 번역을 제시하였다. 『合部金光明經』은 자토와 점토를 동시에 가지고 있는 자료인 만큼 자토를 바탕으로 한 현대어 번역은 자토구결 그 자체에도 도움이 되겠지만 점토구결 연구에도 기여할 것으로 기대된다.

⑽ **장경준(2019), 「『합부금광명경』 권3의 점토구결 기초 연구」, 『古印刷文化』 26, 청주고인쇄박물관, 81-98.**
장경준(2023), 「『합부금광명경』 권3의 점토구결 기초 연구2」, 『口訣研究』 51, 구결학회, 123-153.

※ 장경준(2019)는 2004년부터 2008년까지 이루어진 공동 연구의 데이터를 기초로 하여 작성한 것이고, 장경준(2023)은 2019년부터 2023년까지 이루어진 공동 연구의 데이터를 반영하여 내용을 수정하고 보완한 것이다.

이 논문은 『합부금광명경』 권3의 점토석독구결에서 점토를 구성하는 구결점을 형태를 기준으로 분류한 다음, 구결점이 놓이는 위치와 사용 빈도 및 대응 구결자를 표시한 점도(點圖)를 작성하고, 기존에 연구된 『유가사지론』 권3, 5, 8(성암본), 66의 해당 점도와 비교하여 특징적인 면을 간략히 기술하였다. 이를 통해 〈금광〉과 〈유가〉의 점도는 대체로 일치하지만 일부 차이를 보이는 부분도 있음을 알 수 있었다. 〈금광〉의 점도가 〈유가〉와 차이를 보이는 몇 가지 사례를 나열하면 아래와 같다.

① 단점에서 '白'에 대응되는 위치가 있고 '乃'에 대응되는 위치는 없다.
② 단점에서 11~12와 45~55 위치가 독립적으로 설정된다.
③ 단점에서 11 위치가 세분되고 55 위치는 세분되지 않는다.
④ 역사선에서 25 위치가 'ノㄱ矢'가 아닌 'ナ尸'에 대응된다.
⑤ 역사선에서 13이 아닌 12 위치가 'ノㄱㄙ/ノ尸ㄙ'에 대응된다.
⑥ 역사선에서 'ノ𢒑ナㄱリ丨'에 대응되는 위치가 있다.
⑦ 수평선에서 'ナㄱ矢', 'ナㄱ入灬', '口七ノ示七丨', '口七ノ𢒑ㄅ'에 대응되는 위치가 있다.
⑧ 수직선에서 'ソ去ㄱ乙', 'ㅌ尸亠', 'ニ口ㄱリろ七ㄅ'에 대응되는 위치가 있다.
⑨ 사향쌍점에서 주로 기준 사각형의 안쪽에 분포되어 있다.
⑩ 수직쌍점에서 'ニㄱリ罒', 'ニㄱ乙', 'ㅌハニㄅ/ニㄱ入乙', 'ニ尸入乙'에 대응되는 위치가 있다.
⑪ 수평쌍점에서 54 위치가 '~ㄅ'로 대응되지 않고 '~亠'로 대응된다.

⑫ 수평쌍점에서 '白ノアム', '白ぅ', '白ノ丨刂'에 대응되는 위치가 있다.

⑬ 15 위치에서 역사선우눈썹(＼)과 말발굽(⌒) 형태가 모두 'ノ丫'에 대응된다.

⑭ 22~32 위치 빼침선의 방향이 위쪽이 아닌 아래쪽으로 향한다.

위에 나열한 사례 가운데 ①, ②, ⑥, ⑦, ⑧, ⑨, ⑩, ⑫는 해당 구결점이 〈금광〉과 〈유가〉 중 어느 한쪽에서만 관찰되고, ④, ⑪, ⑬은 구결점과 구결자의 대응이 일치하지 않으며, ③, ⑤, ⑭는 구결점의 형태나 위치 변이의 양상이 달리 나타나고 있다. 구결점이 어느 한쪽에서만 관찰되는 경우는 우연한 공백으로 인한 것일 가능성이 커 보이지만, 나머지 사례들은 〈유가〉 계통 점토구결 내부에서 발생한 체계적인 차이일 가능성도 있어 보이고, 혹 오류의 가능성도 배제할 수 없을 듯하다. 앞으로 면밀한 검토가 필요하다.

⑾ 장윤희(2019), 「『合部金光明經』 권3의 한국어사 자료적 가치」, 『古印刷文化』 26, 청주고인쇄박물관, 37-56.

석독구결 자료 가운데 현재 청주 고인쇄박물관 소장의 『合部金光明經』 권3은 몇 가지 점에서 그 가치를 높이 평가할 수 있다. 우선, 다른 석독구결 자료와 마찬가지로 고대 한국어의 문법사적 사실을 연구할 수 있는 양질의 자료로서, 이 안에는 문법사적 연속성을 지닌 고대 한국어 문법 요소는 물론 이 시기의 독특한 문법 요소도 발견된다. 이보다 더 중요한 사실은 이 자료에 자토 석독구결이 붓으로 기입되어 있을 뿐만 아니라, 붓으로 점토 석독구결이 표시되어 있는가 하면 각필로 점토가 찍혀 있기도 하다는 점이다. 이렇게 석독구결이 중층적으로 표시되어 있는 자료는 현재 『合部金光明經』 권3이 유일하다. 바로 이러한 사실로 인해 이 자료는 점토와 자토의 대응 관계를 수립하는 데 결정적인 기여를 함으로써 점토 석독구결의 해독 준거로서의 성격을 지닌다. 또한 이 자료는 점토를 붓을 이용해 묵서로 표시한 현재까지 유일한 모필 점토 석독구결 자료이다. 이 자료의 존재는 우리나라에서도 모필로 점토 석독구결을 표시한 자료가 존재했음을 말해 준다. 이렇듯 청주 고인쇄박물관 소장의 『合部金光明經』 권3은 한국어사 연구에서 매우 중요한 자료일 뿐만 아니라, 향후 자료 발굴의 가능성도 암시해 주는 자료이다.

⑿ 허인영(2022),「『合部金光明經』권3의 발견 및 연구사」,『口訣研究』48, 구결학회, 5-33.

이 논문은 『合部金光明經』卷3(이하 〈금광〉)의 발견 과정 및 공동연구를 중심으로 한 연구사를 정리한 것이다. 〈금광〉은 자토와 점토가 모두 기입되어 있는 유일한 중층적 구결자료이나, 그 사실이 처음부터 알려져 있던 것은 아니다. 1994년, 〈금광〉이 처음 세상에 드러났을 때에는 자토석독구결 자료로 학계에 보고되었다. 2000년 한국에서 각필점토구결 자료가 발견되면서 젊은 연구자들을 중심으로 『유가사지론』 계통 점토구결에 대한 지식이 축적되기 시작하였다. 그 결과 2004년에는 서울대 박진호 교수에 의해 〈금광〉에 기입된 점토구결이 발견되었다. 이러한 드라마틱한 과정을 거쳐 〈금광〉은 점토석독구결 자료로 재발견되었다.

이후 소장 연구자들을 중심으로 하여 〈금광〉에 대해 2004, 2005, 2008년에 걸친 세 차례의 공동연구가 이루어졌고, 이를 통하여 신속하면서도 깊이 있는 판독과 해독이 이루어졌다. 그러나 초기 조사자들의 연구 성과가 논문으로 발표되지 못한 탓에 본격적인 연구 환경이 조성되지 못한 채로 시간이 흘렀다. 2010년대 이후 석독구결 연구자가 늘어나면서, 2019년부터는 한국연구재단과 청주고인쇄박물관의 지원으로 제4차 공동연구가 시작되었다. 이 공동연구에서는 중견·신진 연구자가 함께 자료를 강독하면서 기탄없이 토론하는 한편, 실물을 조사하기도 하였다. 이 과정에서 이제까지의 공동연구 결과물을 수정·보완하는 한편 새로운 연구 주제도 발굴하였고, 학문후속세대의 성장도 도울 수 있었다. 제4차 공동연구의 성과를 정리하여 출판한 것이 바로 이 책이다.

김성주(2019), 「석독구결본 『합부금광명경』 권제3의 불교문화사적 의의」, 『古印刷文化』 26, 청주고인쇄박물관, 57-77.

김성주(2022), 「『합부금광명경』의 구결과 번역의 비교 연구」, 『口訣研究』 48, 구결학회, 35-61.

김지오(2010), 「『合部金光明經』 字吐口訣의 誤記」, 『口訣研究』 25, 口訣學會, 145-175.

김지오(2021), 「『합부금광명경(合部金光明經)』의 부호 연구」, 『語文研究』 49-1, 한국어문교육연구회, 257-281.

김지오(2022), 「<합부금광명경> 자토·점토의 현토 양상과 특징」, 『口訣研究』 49, 구결학회, 171-202.

南權熙(1998), 「高麗 口訣本 《(合部)金光明經》卷3에 관한 書誌的 考察」, 『書誌學研究』 15, 韓國書誌學會, 309-338.

문현수(2014), 「『瑜伽師地論』 系統 點吐釋讀口訣에 사용된 빼침선의 기능」, 『口訣研究』 33, 口訣學會, 249-283.

문현수(2021), 「점토석독구결 『합부금광명경』 권3에 사용된 빼침선 연구」, 『국여사연구』 33, 국어사학회, 241-270.

문현수(2022), 「犭와 亽의 변별성 -점토석독구결의 현토 양상을 중심으로-」, 『口訣研究』 48, 口訣學會, 63-92.

박진호(1997), 「借字表記 資料에 대한 통사론적 검토」, 『새국어생활』 7-4, 국립국어연구원, 117-145.

박진호(2019), 「합부금광명경 권3 점토구결 발견 경위」, '중층적 구결 자료 <합부금광명경> 권3의 종합적 연구' 연구모임 발표 자료(2019년 7월 23일).

백두현(1997), 「高麗本 金光明經에 나타난 特異 형태에 대하여: 'ロロ七', 'リハ', '言乃ニ尸' 및 '言リニ尸'」, 『국어학 연구의 새지평』, 성재 이돈주 선생 화갑 기념 논총간행위원회, 121-137.

성우철(2023), 「『合部金光明經』 卷3의 '白'을 포함하는 口訣點에 대한 연구」, 『口訣研究』 50, 口訣學會, 91-122.

안대현(2009), 「『유가사지론』 점토석독구결의 빼침선에 대하여」, 『口訣研究』 22, 口訣學會, 197-218.

안대현(2019), 「청주고인쇄박물관 소장 『合部金光明經』 권3의 서지적 특징」, 『古印刷文化』 26, 청주고인쇄박물관, 3-36.

이강혁(2021ㄱ), 『합부금광명경』 권3 자토구결과 점토구결의 대응 양상과 상호 관련성, 『국어사 연구』 33, 국어사학회, 197-240.

이강혁(2021ㄴ), 『瑜伽師地論』 系統 點吐釋讀口訣의 過去와 現在, 그리고 未來, 『어문연구』 49-4, 한국어문교육연구회, 71-108.

이강혁(2022), 『유가사지론』계통 점토석독구결 수직쌍점 해독에 대한 試論, 『國語學』101, 국어학회, 271-318.

이건식(1997), 「釋讀口訣의 省略表記와 難解吐의 解讀」, 『國語史研究: 午樹 田光鉉·宋敏 先生의 華甲을 紀念하여』, 國語史研究會, 1055-1090.

이용(2013), 「합부금광명경』권3 석독구결의 현대어역」, 제46회 구결학회 전국학술대회 발표자료집, 구결학회, 141-225.

이용(2019), 「『合部金光明經』자토구결과 현대어 번역」, 『古印刷文化』26, 청주고인쇄박물관, 99-215.

장경준(2009), 「점토구결 자료의 문법 형태에 대하여」, 『國語學』56, 國語學會, 249-279.

장경준(2017), 「『瑜伽師地論』點吐口訣의 몇 가지 특징」, 『口訣研究』38, 口訣學會, 83-108.

장경준(2019), 「『합부금광명경』권3의 점토구결 기초 연구」, 『고인쇄문화』26, 청주고인쇄박물관, 81-98.

장경준(2023), 「『합부금광명경』권3의 점토구결 기초 연구2」, 『口訣研究』51, 口訣學會, 123-153.

장경준 편(2022), 「석독구결 자료 6종 전산입력본(sktot_2022_09)」, 구결학회/국어사학회 배포(미간행).

장윤희(2019), 「『合部金光明經』권3의 한국어사 자료적 가치」, 『古印刷文化』26, 청주고인쇄박물관, 37-56.

정재영(1998), 「合部金光明經(卷三) 釋讀口訣의 表記法과 한글 轉寫」, 『口訣研究』3, 口訣學會, 113-193.

정재영·남권희·남경란(2006), 「<금광명경> 부호 구결 연구」, 제32회 구결학회 전국학술대회(2006.2.7.) 발표 원고.

崔然柱(2005), 「『合部金光明經』간행과 『高麗大藏經』각성사업」, 『古文化』66, 韓國大學博物館協會, 37-56.

최중호(2005), 「고려대장경의 각성인의 표기 유형과 연구 방법」, 『한말연구』17, 한말연구학회, 291-316.

한명숙(2017), 「元曉 『金光明經疏』輯逸의 현황과 그에 대한 비판적 검토(Ⅰ)」, 『보조사상』50, 보조사상연구원, 259-288.

한명숙(2018), 「元曉 『金光明經疏』輯逸의 현황과 그에 대한 비판적 검토(Ⅱ)」, 『보조사상』50, 보조사상연구원, 117-144.

한명숙 옮김(2019), 『집일 금광명경소』, 동국대학교 출판부.

허인영(2022), 「『合部金光明經』卷3의 발견 및 연구사」, 『口訣研究』48, 口訣學會, 5-33.

황선엽·이전경·하귀녀 외 편(2009), 『釋讀구결사전』, 박문사.

저자 소개

장경준(책임연구원)　고려대학교 국어국문학과 교수
『유가사지론 점토석독구결의 해독 방법 연구』, 『유가사지론 권20의 석독구결
역주』(공저) 외 다수.

권인한(공동연구원)　성균관대학교 국어국문학과 교수
『조선관역어의 음운론적 연구』, 『중세한국한자음훈집성』 외 다수.

김성주(공동연구원)　동국대학교 국어국문문예창작학부 조교수
『석보상절 권3』, 『역주 분류두공부시언해 권1』 외 다수.

김지오(공동연구원)　동국대학교 다르마칼리지 조교수
『(언해불전총서) 주해 석보상절 권19』, 「『合部金光明經』 字吐口訣의 誤記」 외 다수.

문현수(공동연구원)　인하대학교 한국학연구소 전임연구원
『주본 『화엄경』 점토석독구결의 해독 연구』, 『유가사지론 권20의 석독구결 역
주』(공저) 외 다수.

안대현(공동연구원)　한국기술교육대학교 교양학부 강사
『각필구결의 해독과 번역 5』(공저), 『언어학으로 풀어 본 문자의 세계』(공역) 외 다수.

이　용(공동연구원)　서울시립대학교 교양교육부 객원교수
『언어학으로 풀어 본 문자의 세계』(공역), 「문자언어로서 한국어의 발생과 발달
에 관한 시론적 접근」 외 다수.

장윤희(공동연구원)　서울대학교 국어국문학과 교수
『중세국어 종결어미 연구』, 『몽산법어언해』 외 다수.

하정수(공동연구원) 동국대학교 교육연구원 전문연구원
『봉래일기』(공역), 「『고양 원각사 소장『능엄경』의 서지(書誌)와 판본(板本) 연구」
외 다수.

허인영(공동연구원) 인하대학교 한국어문학과 조교수
『『유가사지론』권20의 석독구결 역주』(공저), 「『合部金光明經』 권3의 발견 및 연구사」 외 다수.

황선엽(공동연구원) 서울대학교 국어국문학과 교수
『석독구결사전』(공저), 『각필구결의 해독과 번역』(공저) 외 다수.

강서현(보조연구원) 고려대학교 국어국문학과 박사과정
「한국어 추측부사의 의미 변화 연구」.

성우철(보조연구원) 고려대학교 국어교육학과 박사과정 수료
『흠정만주제신제천전례: 만주족의 제사와 무속』(공저), 『정본 언해본 삼강행실도: 효자』(공저) 외 다수.

이강혁(보조연구원) 서울대학교 국어국문학과 박사과정 수료
「《유가사지론》계통 점토석독구결의 수직쌍점 해독에 대한 試論」, 「『瑜伽師地論』 系統 點吐釋讀口訣의 過去와 現在, 그리고 未來」 외 다수.

이용규(보조연구원) 서울대학교 국어국문학과 박사과정 수료
「중세 한국어 부사격 조사 비실현에 관한 연구」.

장지혜(보조연구원) 고려대학교 국어국문학과 석사
「한국어 미각어의 통시적 변화 연구」.

최준호(보조연구원) 서울대학교 국어국문학과 박사과정 수료
「한국어 어미 '-을'의 역사적 연구」.

『합부금광명경』 권3 석독구결의 해독과 번역

초판1쇄 인쇄 2023년 11월 23일
초판1쇄 발행 2023년 11월 30일

지은이 장경준 권인한 김성주 김지오 문현수 안대현 이용 장윤희 하정수
        허인영 황선엽 강서현 성우철 이강혁 이용규 장지혜 최준호
펴낸이 이대현
편집   이태곤 권분옥 임애정 강윤경
디자인 안혜진 최선주 이경진
마케팅 박태훈

펴낸곳   도서출판 역락
출판등록 1999년 4월 19일 제303-2002-000014호
주소   서울시 서초구 동광로 46길 6-6 문창빌딩 2층 (우06589)
전화   02-3409-2060
팩스   02-3409-2059
홈페이지 www.youkrackbooks.com
이메일   youkrack@hanmail.net

ISBN 979-11-6742-667-3 93710

이 책은 2019년 대한민국 교육부와 한국연구재단의 지원을 받아
수행된 연구임(NRF-2019S1A5A2A03044646).